Herb Stumpf

Wenn das Wochenende 7 Tage hat

Berufsende – Rente – Älterwerden

... und alles, was Sie dazu wissen sollten

Bibliografische Information der Deutschen Nationalbibliothek:
Die Deutsche Nationalbibliothek verzeichnet diese Publikation in der Deutschen Nationalbibliografie; detaillierte bibliografische Daten sind im Internet über http://dnb-nb.de abrufbar.

Vierte überarbeitete Neuauflage: April 2019

Herstellung und Verlag: Books on Demand GmbH, Norderstedt
Umschlagfoto: iStockphoto.com
Autorenfoto: Lauer, Nürnberg
Satz: peterdesign.de

ISBN: 9783744855921

Inhaltsverzeichnis

Worum es geht

Wenn das Wochenende 7 Tage hat

„Im Ruhestand muss man nicht mehr tun,
was sich rentiert, sondern kann das tun, was sich lohnt."
(Ernst Reinhardt Schweizer Publizist)

Für viele Berufstätige ist das Wochenende das lang ersehnte Ziel am Ende einer Arbeitswoche. Wie aber ist das, wenn ein langes Arbeitsleben insgesamt zu Ende geht und der Montag sich wenig vom Samstag oder Sonntag unterscheidet?

Ein Wochenende ohne Ende, das bedeutet für den einen die Erfüllung eines lang ersehnten Traums, für den anderen mag es ein Horrorszenario sein. Ein Leben ohne feste Arbeit, ohne klar definierte Strukturen, ohne den gewohnten Status, die damit verbundene Macht und Sicherheit, das kann man als ein hohes Maß an Freiheit sehen – oder auch als ein Leben ohne Sinn und Inhalt. Beide Sichtweisen, wenn auch völlig unterschiedlich, sind von grundlegender Bedeutung, und in jedem Fall völlig individuell.

Häufig ist der Schritt in die Rente oder Pensionierung mit großen Ängsten und Unsicherheiten verbunden, in jedem Fall taucht eine Menge an sachlichen und emotionalen Fragen auf, die sehr individuell beantwortet werden wollen. Diese zu verdrängen oder sich mit der Situation nicht rechtzeitig auseinanderzusetzen, wird schwerlich in einen gelungenen Übergang vom Berufsleben in die Zeit danach führen. Schließlich begibt man sich nach vielen Berufsjahren in einen völlig neuen Lebensabschnitt, den man selbst noch nie durchlebt haben kann. Der eigentliche Abschied vom Job passiert dabei häufig von heute auf morgen, aber ähnlich wie bei einer Reise in ein neues Land beginnt der eigentliche Trip nicht mit dem Herumdrehen des Wohnungsschlüssels, sondern mit der durchdachten Vorbereitung. Dabei geht es in diesem Fall nicht nur um Geld, Gesundheit und Sicherheit, sondern in erheblichem Maße auch darum, wie man diese wesentliche Veränderung seelisch und geistig verarbeiten kann und wie man die Weichen für die verbleibenden Jahre neu zu stellen vermag.

Es geht in diesem Buch nicht nur um die relative kurze Zeitspanne des Übergangs vom Beruf in die Pension oder Rente, sondern insgesamt um die vielen Fragen, die mit dem Prozess des Älterwerdens und dem Alter an sich zu tun haben. Dieser gewichtige Komplex und die damit verbundenen Aspekte der „dritten Lebensphase" sollen unter verschiedensten Blickwinkeln beleuchtet werden. Es soll angehenden Rentnern mit Erfahrungen von denen helfen, die diesen Weg, so wie ich selbst, bereits gegangen sind oder sich mittendrin befinden. Gleichermaßen möchte es auch denjenigen Anregungen geben, die schon in dieser Phase „Leben nach dem Beruf" stecken, aber dennoch den einen oder anderen Aspekt nochmals betrachten wollen.

Die Fragen an das Leben und die damit verbundenen Lebensinhalte sind im Alter um die sechzig und danach in vieler Hinsicht ganz anders als diejenigen in den Zeitabschnitten davor. Die ersten fünfundzwanzig Lebensjahre waren verknüpft mit den eigenen Eltern und dienten der Vorbereitung auf einen Beruf, den man dann häufig, in verschiedensten Facetten, drei oder auch vier Jahrzehnte ausübte. Damit einher ging in der Regel die Gründung einer eigenen Familie, oder der Versuch, das private Leben mit einem oder verschiedenen Partnern möglichst freudvoll zu gestalten. Lange Jahre, bis weit in die Lebensmitte hinein, schien alles oder zumindest vieles möglich zu sein, und ein Ende unabsehbar. Diese Sichtweise ändert sich in aller Regel so um die fünfzig, und spätestens um die sechzig wird klar, dass es nicht mehr um all das geht, was bisher wichtig war, sondern dass andere Prioritäten gesetzt werden müssen. Die eigenen Realitäten sind schlicht und einfach anders als die, um die es in den Zeitabschnitten davor ging. Da kann sein, dass man spürt, dass die eigene Kraft und Gesundheit nicht mehr die der früheren Jahre ist, es kann sein, dass man in seinem Job nicht mehr gewollt oder gebraucht wird, es können auch wesentliche familiäre Veränderungen sein, wie der Wegzug der Kinder oder der Verlust einer Partnerin oder des Partners. Das Leben verläuft bekanntlich nicht statisch, sondern dynamisch, nur ist die Dynamik in den späteren Jahren eine andere als in der Jugend und in der Lebensmitte. Die Auswirkungen sind ebenso entsprechend anders. Das Glas ist inzwischen weder halb leer, noch halb voll. Es geht viel mehr darum, sich der letzten verbleibenden Schlucke bewusst zu sein, und diese noch möglichst intensiv zu genießen. Diese unausweichliche Erkenntnis kann negativ behaftet sein, muss es aber nicht! Und zwar dann nicht, wenn man sich darauf einlässt, sich dem Alter nicht entgegenstellt, und diesem Lebensabschnitt die positiven Seiten abgewinnt, die dieser durchwegs bieten kann. Das kann zum einen die berühmte *Entdeckung der Langsamkeit* sein, oder auch die Weisheit, dass *man nicht mehr tun muss, was sich rentiert, sondern was sich lohnt*. Für einen selbst – oder auch für andere.

Warum ich dieses Buch schreibe

„Tun" ist schöner als „Nichtstun"

Als ich mich mit knapp 56 Jahren, von dem Computerkonzern Hewlett-Packard in die sogenannte Frühpensionierung verabschieden ließ, habe ich diesbezüglich ein erstes Buch geschrieben („Ausstieg mit Mitte 50 – Frühpensionierung als Chance zum Neubeginn") und in der Folge zu dieser Thematik zahlreiche Seminare für Einzelpersonen und Unternehmen abgehalten. Die positiven Rezensionen, die Rückmeldungen meiner Leser und Seminarteilnehmer/innen haben mich ermutigt, in diesem Bereich weiter zu arbeiten. Davor, auf meinem eigenen Weg in diesen neuen Lebensabschnitt, lagen aber eine ganze Reihe von Fehltritten, in die ich aufgrund von mangelnden oder auch falschen Informationen hinein tappte und korrigieren musste. Logischerweise mangelte es mir auch an Praxis, da ich diese Lebensphase ja selbst erst noch durchleben musste.

Diesen Weg einer völligen Neuorientierung nach einem langen Berufsleben bin ich in einer Reihe von Jahren persönlich gegangen, und habe dabei für mich neue, befriedigende Lösungen gefunden. Dabei konnte ich aus Tiefen, die damit leider verbunden waren, eine Menge lernen und teilweise in völlig neue Höhenflüge verwandeln.

Meine eigenen Erfahrungen und die Fülle von Erkenntnissen, sowie die Themen, welche die Teilnehmer/innen meiner Seminare intensiv beschäftigt haben, sind somit in dieses Buch – in dem es um den gut geplanten Umstieg in die Rente oder Pension geht – mit eingeflossen.

Mir persönlich hat diese erfüllende, neue Tätigkeit, die Begleitung von Menschen in ihr Leben nach dem Beruf, ganz wesentliche und positive Impulse gegeben, mir den Blick in die individuellen Schicksale und Wege vieler Frauen und Männer geöffnet, wofür ich mich an dieser Stelle bei diesen für ihre Offenheit und Ehrlichkeit ganz herzlich bedanken möchte. Es ist mir ein Anliegen und eine große Freude, diese und meine eigenen Erfahrungen an ein erweitertes Publikum weiter geben zu können.

Ich habe festgestellt, inzwischen bin selbst verrentet, dass mich das Thema „Rente/Pensionierung", verbunden mit dem Älterwerden an sich, noch immer sehr beschäftigt. Die wesentliche Frage, *„Wie gestalte ich mein Leben hier und jetzt"*, muss ich ständig neu und flexibel beantworten. Ich habe durch den Ausstieg aus dem Berufsleben zwar ein enormes Stück Freiheit erhalten – aber die Struktur, die definierte Aufgabe, die Zielsetzungen, die mir ein fester Arbeitsplatz gegeben hatten, fehlen dafür völlig. Ich kann zwar tun und lassen was ich will, doch die Verlockung „nichts zu tun" ist dabei sehr groß. So sollte ich erfahren, dass das „Tun" deutlich schöner ist, als das „Nichtstun". Das Tun ist nämlich das eigentliche Leben, wogegen sich das Nichtstun schnell in Öde, Leere, Langeweile verwandelt. Letzteres kann bekannterweise tödlich werden! Zur buchstäblichen „tödlichen Langeweile" ausarten.

Im Berufsleben nicht mehr gebraucht oder auch nicht mehr gewollt zu werden ist zunächst einmal „Ablehnung", in jedem Fall eine Verletzung. Dabei ist es egal, ob einen die Firma in Rente schickt, weil man das magische Alter erreicht hat an dem alle zu gehen haben oder sollen. Vielleicht kommt man jedoch auch selbst zu dem Entschluss, sein Arbeitsleben zu beenden, weil man nicht mehr will oder kann. Die Konsequenzen sind die gleichen und ähneln häufig einer Situation, die man schon als Kind im Sandkasten erlebt hat, verbunden mit einem Gefühl, das man ebenso kennt: Wenn die Anderen mit einem plötzlich nicht mehr spielen wollten. Man selbst war schlagartig außen vor und mit sich selbst alleine. Damals konnte man beleidigt und wütend schreien, vielleicht auch zurückgezogen eine Weile schmollen – irgendwann ging jedoch das Spiel von vorne los. Man war ja schließlich jung und die Palette der Möglichkeiten erschien endlos. In diesem fortgeschrittenen Alter funktioniert das anders.

Man geht eher still und leise und es ist mehr als sinnvoll, gut vorbereitet zu sein, denn die Möglichkeiten sind nicht mehr endlos und die verbleibenden Tage schon gar nicht. Man ist gut beraten, sich dabei auf seine ureigenen Kräfte zu beziehen, nämlich auf das, was und wer man selbst - nämlich persönlich und außerhalb seines Berufslebens ist. Nun zählen insbesondere die eigenen Stärken und die persönlichen Interessengebiete. Denn in jedem Fall muss man im Pensionsalter für sich selbst einen neuen Platz und eine neue Rolle finden. In erheblichen Maß muss man sich sogar völlig neu definieren.

Schon die Bezeichnung „Rentner" oder „Pensionär", mit der man von heute auf morgen konfrontiert wird, ist in diesem Kulturraum negativ besetzt, nämlich abwertend! Inzwischen gibt es sogar Bestseller zu diesem Thema, z. B. mit dem unverschämten Titel „Die gierige Generation – Wie die Alten auf Kosten der Jungen abkassieren" (Bernd W. Klöckner, Eichborn) oder auch so genannte, aber durchaus fragwürdige Sozialwissenschaftler, wie einen Reimer Gronemeyer, der in seinem Buch „Die Entfernung vom Wolfsrudel" die Alten gar als „gierige Greise, als unersättliche Parasiten" bezeichnet. Derartige Kraftsprüche auf unterstem Niveau garantieren wohl eine höhere Auflage, zudem erwecken sie durchwegs Medieninteresse. Dem Umsatz dienen diese Geschmacklosigkeiten damit allemal. Auch „Das Methusalem Komplott" von Frank Schirrmacher (Spiegel-Buch, 2004) war ein recht medienwirksamer Titel, in dem auf grelle Art und Weise die Folgen der demographischen Entwicklung aufgezeigt, und sowohl den Jungen vor den Alten, als auch den Alten vor den Jungen, mit hoher Polemik fragwürdige Ängste eingeflößt werden. Übrigens steht unter „Komplott" im Duden „heimlicher Anschlag, Verschwörung". Man mache sich dazu bitte seine eigenen Gedanken! Lösungen wird man in diesen Werken ohnehin vergeblich suchen, genauso wenig, wie man diese von den Politikern und damit von der Gesellschaft erhoffen darf. Das Rezept für ein gelungenes Alter muss man leider, wie so häufig im Leben, schon für sich selbst finden. Denn das hat sehr viel damit zu tun, wie man persönliches Glück und Zufriedenheit definiert, und dies in einer gewissen Unabhängigkeit von Geld und Status.

Man kann den Abend des Lebens nicht nach demselben Programm leben wie den Morgen!

Wer sich aus seinem Berufsleben verabschiedet, für den geht es im Wesentlichen darum, sich in diese begrifflich negativ besetzte Schublade „Rentner oder Pensionär“ erst gar nicht packen zu lassen, bzw., sich möglichst schnell durch neues Tun und Kreativität daraus zu entfernen!

Dies schafft man nicht durch „Warten auf Godot“, Aussitzen oder mit Resignation über das Ende eines aktiven und möglicherweise sehr erfüllten Berufslebens, sondern nur durch eine solide Vorbereitung und – darauf aufbauend – durch neue Inhalte, die Freude und vor allem Zufriedenheit bereiten. Es ist auch klar, dass man den Abend des Lebens nicht nach dem selben Programm leben kann wie den Morgen!

Sich dieser Erkenntnis zu verschließen, sie zu verdrängen, wäre grundsätzlich falsch. Denn irgendwann ist es soweit! Das Finale eines Berufslebens kann plötzlich und unerwartet kommen – beispielsweise durch Betriebsschließungen oder Betriebsverlegungen, durch Personalabbau oder auch geplant, im Regelalter irgendwo zwischen 65 und 67 oder mittels Frühpension ab 63. Selbständige und Freiberufler „dürfen“ etwas länger, beispielsweise Firmeninhaber, Rechtsanwälte oder Ärzte, aber irgendwann merken auch diese, dass die eigene Kraft immer schwächer wird und dass Leben gut woanders stattfinden kann. Ein berufliches Ende zu verleugnen oder auf unbestimmte Zeit vor sich her zu schieben, hieße das Alter oder den unaufhaltsamen Prozess des Älterwerdens an sich zu verleugnen - dessen Ende mit voller Sicherheit der Tod ist. Es hieße aber auch, eine enorme Chance zu verschenken, nämlich die eines Neuanfangs, eines Lebensabschnitts, in dem es nicht mehr ums Materielle, ums Aufbauen geht, verbunden mit viel Stress und mit Sich-verbiegen-müssen, sondern ums Konsolidieren. Es handelt sich um eine Zeit, in der man sich seinem eigenen geistigen und seelischen Wachstum widmen kann, in der man all das genießen sollte – sofern man noch bei einigermaßen guter Gesundheit ist – was man in den vielen Jahren davor geschaffen hat. Wobei man davon durchwegs noch eine Menge an Positivem weiter geben kann (nicht nur Geld!). Was Sie in jedem Fall erreicht haben, ist ein großes Stück an Freiheit und Selbstbestimmung - die zu nutzen Sie möglicherweise wieder erlernen müssen!

„Wie man in den Beruf hinein geht, dafür gibt es viele Helfer. Wie man aber wieder heraus kommt – dafür gibt es wenige", hat mir ein guter Freund gesagt, als ich selbst diesen Schritt vollzog. Tatsache ist, die meisten Menschen haben vor dieser Lebensphase erhebliche Angst und begehen sie mit großer Unsicherheit, weil die Frage „Was kommt jetzt?" im Vorfeld nur schwer zu überschauen ist. In aller Regel ist jeder Einzelne für diese gewaltige Veränderung schlecht oder gar nicht vorbereitet. Illusionen und Wünsche, oft auch Bedenken und Ängste, trüben den Blick in die Zukunft, eine Krise scheint häufig vorprogrammiert. Es ist irgendwie so, als ob man in ein neues, leeres Haus zieht – und dieses muss nun völlig neu eingerichtet werden. Wenn man Glück hat, hilft einem bei der Planung ein vertrauter Lebenspartner, aber im Wesentlichen muss man die alten Kisten alleine verpacken und die neuen Möbel für sich selbst aussuchen. Es sind zwar in aller Regel noch ein paar weitere Menschen mit involviert, möglicherweise die eigenen Kinder, die Ehefrau oder der Ehemann, den eigentlich Schritt in diese „dritte Lebensphase" macht jedoch zunächst jeder mit sich alleine.

Die vielen Fragen, die da plötzlich auftauchen „Wie fülle ich meine Tage sinnvoll", „Reicht mein Geld", „Wer bin ich ohne meinen Job", etc., die muss schließlich jeder mit sich selbst austragen und dafür passende, individuelle Antworten finden. Es gibt hierzu Straßenkarten und Wegweiser, jedoch keine Patentrezepte.

Diesen Weg möglichst strukturiert zu begehen, ihn aus allen relevanten Winkeln zu beleuchten, die wesentlichen und richtigen Fragen zu stellen und auch neue Denkrichtungen anzuzeigen, ist das Anliegen dieses Buchs. Es versucht Ihnen Anstöße und

Richtungen aufzuzeigen - namentlich für die innere Verarbeitung und die geistige Vorbereitung auf diesen neuen Lebensabschnitt. Das Buch soll Ihnen aber auch ein sachlicher Ratgeber mit vielen praktischen Tipps sein, um in der schwierigen Situation des Berufsausstiegs, für sich selbst einen befriedigenden und individuellen Einstieg in einen völlig neuen Lebensabschnitt zu finden.

Der erste Teil befasst sich mit den formellen und finanziellen Vorbereitungen des Berufsabschieds, der zweite Teil ist der inneren Phase, den geistig-seelischen Aspekten dieses Prozesses gewidmet, gefolgt vom dritten Abschnitt, einer Themenreihe mit häufigen Fragen und dem Versuch von Antworten, die auf dem Weg in die Pensionierung sowie auch generell im Verlauf des Älterwerdens auftauchen können. Es obliegt Ihnen, diese Abschnitte zunächst in dieser Reihenfolge, oder auch unabhängig voneinander zu lesen.

Aufgrund der konstanten Nachfrage sowie der positiven Reaktionen der Leser halten Sie inzwischen die vierte, völlig überarbeitete Ausgabe in der Hand, in die ich versucht habe, alle Reformen und relevanten Neuigkeiten (bis April 2019) mit aufzunehmen.

Unvollständigkeiten oder Fehler, die sich eingeschlichen haben können, bitte ich zu entschuldigen. Wesentliche Neuerungen versuche ich einigermaßen zeitgemäß und aktuell auf meinem blog: *www.blog.50plusconsulting.de* zu beschreiben.

Die Hierarchie der Bedürfnisse – und was jetzt dran ist

„Viele Wege entstehen erst beim Gehen – aber allen gemeinsam ist der erste Schritt!"

Bevor man (oder frau!) bezüglich seiner/ihrer bevorstehenden (oder auch schon erfolgten) Verrentung oder Pensionierung in einen wilden Aktionismus verfällt, ist es ratsam sich erst einmal zu besinnen, wo man im Leben – so im Alter zwischen Ende fünfzig und Mitte sechzig eigentlich steht, welche Bedürfnisse man sich inzwischen erfüllt hat und was eigentlich noch so dran sein könnte oder sollte. Eine umfassende individuelle Standortbestimmung werden wir erst im zweiten Teil vornehmen; zunächst aber möchte ich anhand der Maslow'schen Bedürfnispyramide diese nur einleiten und gewissermaßen ein begriffliches, gemeinsames Fundament legen. Sie werden rasch merken, wie eng diese Bedürfnisse mit unserem Berufsleben zusammenhängen und durch dieses abgedeckt werden.

Abraham H. Maslow (1908 - 1970) gehörte zu den Gründervätern der Humanistischen Psychologie, deren Ziel die seelische Gesundheit und die menschliche Selbstverwirklichung ist. 1954 veröffentlichte er sein hierarchisch angeordnetes Fünf-Stufen-Modell von allgemein gültigen Bedürfnissen, die aufeinander aufbauen und in ihrer Reihenfolge befriedigt werden wollen. Diese grundsätzlichen Bedürfnisse sind jedem Menschen angeboren, werden aber im Laufe der persönlichen Entwicklung unterschiedlich beeinflusst und ausgeprägt. Sie steuern ursächlich unsere Motivation und unser Handeln, solange sie unbefriedigt bleiben. Dabei kann sich erst nach der Befriedigung der jeweiligen unteren Ebene die nächst höhere Stufe entfalten. Die einzelnen Abschnitte stellen nicht zwangsläufig eine zeitliche Entwicklung dar, sondern eher eine sich stets ablösende Gewichtung der Bedürfnisse.

5. Selbstverwirklichung

4. Wertschätzung und Anerkennung

3. Soziale Beziehungen

2. Sicherheit

1. Körperliche Grundbedürfnisse

Jeder kennt sie genau, diese *körperlichen Grundbedürfnisse*: Wir brauchen Luft zum Atmen, wir können maximal fünf Tage ohne Wasser leben, etwa vier Wochen ohne Essen, spätestens nach 24 Stunden brauchen wir den regelmäßigen Schlaf, der Körper braucht Wärme und damit ein Dach über dem Kopf, und die Hormone zur Fortpflanzung – bekannt als Sexualtrieb – können beim durchschnittlich veranlagten Mensch auch nur begrenzte Zeit unterdrückt werden. (Selbst katholische Priester sollen damit Probleme haben...)

Haben wir das alles einigermaßen befriedigt, wollen wir dafür *Sicherheit*, wir streben nach festen Spielregeln, Gesetzen, definierten Grenzen, nach einem festen Job, kaufen uns Versicherungen, wir planen, haushalten und legen Vorräte an – ganz wie schon zur Steinzeit, um festzustellen, „alleine ist es im Himmel nicht schön". Wir brauchen also *soziale Beziehungen* und finden sie auch: Erst einen Partner oder eine Partnerin – zunächst des Triebs und des Liebesgefühls wegen, dann aber wird der Kreis sehr rasch erweitert, wir brauchen zusätzliche Personen – früher im Team zum Jagen, für den Ackerbau, die Viehzucht – heutzutage für unsere Geschäfte, unseren Job, für die Erhaltung unserer Gesundheit. Im Beruf sind es Kollegen und Kolleginnen, Geschäftspartner, wir brauchen den geistigen Austausch, wir brauchen Kommunikation und Information. Sicher fallen Ihnen dabei auch einige Personen ein, die man eigentlich *nicht* braucht ... (ich frage mich beispielsweise, ob wir wirklich mehr als 700 Bundestagsabgeordnete brauchen oder dieses Heer von hoch bezahlten Bürokraten in der Europäischen Union. Ihnen fällt vielleicht Ihr letzter Chef ein...). In jedem Fall streben wir nach einem Freundeskreis, nach einer Familie, nach intellektuellem Kontakt. Wir entwickeln positive Gefühle wie Liebe, Nächstenliebe und Fürsorge – aber leider auch das Gegenteil. „Wo Menschen sind, da menschelts" – und schon befinden wir uns zurück in Stufe 2, denn zur Absicherung der Liebe und Partnerschaft erfinden wir die Ehe, für den Umgang miteinander einen Kodex und einen Haufen Gesetze, für deren Erfindung brauchen wir Politiker, für die Umsetzung Richter und Rechtsanwälte, weil wir die ganze Arbeit nicht mehr alleine erledigen können, gründen wir Unternehmen, für die Absicherung unseres Jobs wollen wir Gewerkschaften... Es wird immer komplexer und komplizierter!

Aber nun, da wir schon so eine ganze Menge erreicht haben, wollen wir, dass dies auch gesehen wird! Wir streben klar nach *sozialer Anerkennung*, nach *Wertschätzung*. Und so kommen Begriffe wie Status, Hierarchien, Macht, Prestige und Karriere ins Spiel, wir streben nach beruflichen und sportlichen Auszeichnungen, heften uns gerne Medaillen an die Brust, freuen uns über unsere Titel – und merken lange nicht, dass wir wie ein Hamster in einem merkwürdigen runden Käfig laufen. Angepasst, konform, konsumfreudig, sind gute Staatsbürger - die wir auch sein sollen. Der Bauch ist längst voll, das Konto einigermaßen, die Partnerschaft fängt zu kriseln an, die Kollegen und Freunde bekommen den Touch des allzu vertrauten – auf einmal will man mehr, man will woanders hin.

Plötzlich ist es da, dieses Wort *„Selbstverwirklichung"*, und will nicht mehr aus dem Kopf. *„Wie geht es weiter?" „Was ist da sonst noch?"* sind so typische Fragen, die beantwortet werden wollen. Man schaut sich um, entdeckt seine Individualität, man will seinen tieferen Talenten nachgehen, man interessiert sich für die verschiedenen Künste und stellt immer neue Fragen. Irgendwann tauchen interessante Philosophien auf, häufig erst politischer Art, dann im Bereich der Ethik, der Moral und ganz oft der Religionen, der Spiritualität, etwas, das höher und weiter ist als man selbst. Immer wieder taucht die Frage auf, ob man denn wirklich den richtigen Beruf erlernt hat oder ob man sich in seiner Firma oder jetzigen Tätigkeit weiter entwickeln kann, wie lange all dies noch so weiter gehen kann, *„ob das schon alles war"*. Irgendwann fängt man damit zu spielen an, versucht sich selbst, will nicht nur unbeteiligter Zuschauer oder braver Konsument sein. Und es macht Spaß! Weil man endlich auf der höchsten Stufe angelangt ist – nämlich mehr und mehr bei sich selbst. Doch ein Jeder verspürt dabei auch Ängste, weil Fragen Antworten verlangen, manche Antworten jedoch unbequem sind, weil sie Veränderungen nach sich ziehen würden. Und Veränderungen sind wiederum in vielen Fällen so eine Sache, weil sie Ungewissheiten, Risiken und Unvertrautes beinhalten, was bei vielen Menschen instinktiv eine große Scheu hervorruft. Selbstverwirklichung ist häufig etwas, wovon man träumt und gerne täte – und dann siegt doch dieses Bedürfnis nach Sicherheit. Oder man *lässt* es siegen ...

Anmerkung:
Maslow hat etwas später diese fünf auf acht Ebenen erweitert – zwischen Wertschätzung und Selbstverwirklichung hat er das „Kognitive" (Neues, Wissen, Erkennen) und „Ästhetik" (Ordnung, Schönheit) als eigene Stufe benannt, über die Selbstverwirklichung setzte er „Transzendenz" (Spiritualität, Höheres Bewusstsein). Diese Begriffe sind wichtig im Einzelnen genannt zu werden, sie passen jedoch auch alle in den Bereich „Selbstverwirklichung", nämlich als Voraussetzung oder als Teil dieser höchsten Stufe. Wegen der Überschaubarkeit bleibe ich weiterhin in der etwas vereinfachten Darstellungsform.

Es wäre befriedigend, könnte man, nachdem man sich zu dieser Sphäre der Selbstverwirklichung einmal hochgearbeitet hat, dort auf Dauer verbleiben. Geht aber nicht oder nur selten. Denn irgendwann kommt ein Crash. Immer wieder mal im Leben, genau wie an der Börse! Ein Unfall, eine Krankheit, der Job ist weg, die Ehe ist kaputt, das Bankkonto wird geteilt, der Gürtel muss enger geschnallt werden. Status, Titel, Prestige, Macht ... alles relativ, alles vergänglich.

Auch die Pensionierung kommt. Unausweichlich. Ständig stellt uns das Leben vor neue Situationen und Herausforderungen, stets reagieren wir nach demselben Mechanismus. Unser Geist und unser Handeln gehen sofort eine oder auch zwei Stufen tiefer. Die grundsätzlichen Bedürfnisse der Bereiche 1 bis 3 müssen ständig und dauerhaft befriedigt werden, dann erst geht's wieder nach oben. Wer urplötzlich zur Arbeitsagentur gehen muss, weil er seinen Job verloren hat, wird nicht vorher ins Museum gehen und sich an Picasso ergötzen. Im Vordergrund stehen wieder erst eine bezahlte Beschäftigung, als Voraussetzung zur Befriedigung der Grundbedürfnisse, und folglich deren Absicherung. Dann erst kommen erneut Wertschätzung (auch der *Selbst*wert, die Bestätigung) und der freie Luftraum der eigenen Verwirklichung.

Somit durchlaufen wir sämtliche Stufen immer wieder zeitversetzt, bleiben nie ganz oben, erreichen nie den Zustand einer Konstanten. Häufig bleiben wir viel zu lange auf einer Stufe hängen, ohne zu merken, dass wir eigentlich weitergehen könnten oder sollten. Etwas anderes wäre dran – wir machen aber lieber die Augen zu, verharren in der Trägheit, lassen das Leben lieber an uns vorbei ziehen, machen uns selbst was vor, bleiben in der Bequemlichkeit. Dennoch: Wir bewegen uns wellenförmig, im Modus einer Sinuskurve. Festhalten bringt nichts. Auch nicht am Job, am Beruf, in dem man selten noch ab fünfzig, noch seltener mit sechzig gewollt ist – auch wenn es finanziell und vor allem politisch opportun wird, dass man bis siebenundsechzig oder gar darüber hinaus arbeiten soll. Doch keiner hat gesagt, wo dafür die Jobs herkommen und ob alle dazu rein körperlich, oder auch geistig und fachlich in der Lage sind!

Es bietet sich daher an, in dieser Lebensphase des beruflichen Ausstiegs Bilanz zu ziehen, ehrlich und kritisch mit sich selbst; eine Bestandsaufnahme des Ist-Zustands mit aller Sachlichkeit zu machen – aber insbesondere unter Einbeziehung aller nicht gelebten Träume und Wunschschlösser. Denn dafür gäbe es jetzt viel Zeit – und nicht immer ist deren Realisierung mit Geld verbunden!

Gehen wir's somit an, mit dem nächsten Schritt: Viele Wege entstehen erst beim Gehen – aber allen gemeinsam ist der erste Schritt! Tun wir also diesen ersten Schritt, indem wir versuchen, bei der eigentlichen Trennung von unserem bisherigen Arbeitsleben möglichst wenig falsch zu machen. Die folgenden Abschnitte in diesem Buch sollen dafür ein Leitfaden sein, der allerdings auf ihre individuelle, sehr persönliche Situation jeweils abgestimmt werden muss!

Damit schauen wir uns zunächst an, frei nach Maslow, wie wir unsere materiellen Grundbedürfnisse, unsere zukünftige Existenz finanzieren und möglichst gut geplant einen hoffentlich noch langen Lebensabend absichern können. Zu diesem Fundament darf aber nicht nur ein voller Bauch gehören, sondern mindestens gleichwertig, eine solide Vorbereitung von Geist und Psyche. Eine Überprüfung des bisherigen Wertgefüges darf dabei nicht fehlen. Diese Bereiche schließen sich somit folgerichtig und ausführlich an die Kapitel „Formalitäten" und „Finanzierung" an. Danach sind Sie eingeladen, Ihr soziales Umfeld zu untersuchen, Ihre jetzigen und künftigen Kommunikationspartner zu betrachten, und schließlich versuchen Sie herauszufinden, wo neue sinnvolle Herausforderungen liegen könnten, die Ihnen die erforderliche Bestätigung und Wertschätzung – auch ohne die bisherigen Tätigkeiten – zu schenken vermögen.

Irgendwann werden Sie wahrscheinlich feststellen, dass nun plötzlich enorm viel Zeit für Sie selbst da ist, für die weitere Entwicklung, für persönliches Wachstum, für vieles, was man immer tun *wollte*, aber aus verschiedenen Gründen nicht tun *konnte*. Sie werden merken, dass Sie ein ungeheures Stück Freiheit geschenkt bekommen haben mit diesem Abschied vom Beruf – dass man sich an diese Freiheit aber erst mühsam gewöhnen muss. Schließlich hatten andere Prioritäten, Notwendigkeiten und Strukturen bisher den Alltag geprägt und fremdbestimmt. Vieles fällt nun von einem ab. Aber es ist dennoch so wie mit dem Fisch, der sein Leben lang im Aquarium verbracht hat und dann ins offene Meer darf: Er muss sich an sein neues Leben erst gewöhnen. Auch

Freiheit und Unabhängigkeit wollen gelernt sein. Und gut geplant! Aber sich auf diesen Prozess mit ganzem Herzen einzulassen – das lohnt sich!

ERSTER TEIL

Der äußere Prozess

A. Formalitäten und was man beachten sollte

Wie man aus seinem Berufsleben heraus kommt – verschiedene Möglichkeiten und formale Voraussetzungen

„Drum prüfe, wer sich ewig bindet ...“
(Friedrich Schiller, Das Lied von der Glocke)

In diesem Abschnitt versuche ich die wesentlichen Punkte zu beschreiben, die man sorgfältig betrachten möge, wenn man sich von seinem Berufsleben, und damit von seiner Firma oder auch aus einer selbstständigen Tätigkeit, verabschiedet. Dies betrifft insbesondere die verschiedenen Arten eines permanenten Abschieds aus dem Job sowie den daraus resultierenden Umgang mit den Krankenkassen, der Rentenversicherung, gegebenenfalls mit der Arbeitsagentur und anderen Behörden. Dabei kann ich weder einen Anspruch auf Vollständigkeit noch für die Genauigkeit meiner Hinweise erheben, da sich namentlich gesetzliche Gegebenheiten laufend verändern. Auch will ich nur eine Übersicht anbieten, verweise aber auf Adressen, wo man genaue und vor allem aktuelle Informationen einholen kann. Für die Leser in der Schweiz und in Österreich gelten diesbezüglich ohnehin andere Bedingungen. Es ist daher in jedem Fall sinnvoll, sich individuell und personenbezogen mit seiner jeweiligen Behörde, Versicherung oder auch einem Rentenberater auseinander zu setzen! Auf Friedrich Schillers geflügeltes Zitat sei verwiesen, obgleich ursprünglich in anderem Zusammenhang verfasst, handelt es sich doch auch beim Gang in den so genannten dritten Lebensabschnitt um eine Reihe von anstehenden Entscheidungen, die, ähnlich eines ehelichen Ja-Worts, in der Folge etwas Unumstößliches haben.

Am klarsten – längst nicht am einfachsten (!) – ist die Situation für **Selbstständige** oder **Freiberufler**. Sie übergeben oder liquidieren ihre Firma, und wenn sie nicht Pleite gehen, bestimmen sie den Termin diesbezüglich selbst, ansonsten der Insolvenzverwalter. In den meisten Fällen erübrigt sich ein eventuell notwendiger Gang zur Arbeitsagentur; bezüglich Krankenversicherung und Rentenversicherung ergeben sich oft Überschneidungen zu dem was Arbeitnehmer beachten sollten, weil viele Freiberufler und Selbständige eine Teil ihres Berufslebens als Angestellte verbracht haben.

Beamte haben auch nicht viele Möglichkeiten. Ihre „Firma", also unser Staat, ist im Prinzip schon längst bankrott, aber sie existiert dennoch weiter, obwohl der Schuldenberg, den dieser Arbeitgeber angehäuft hat, nie mehr zurückzahlbar ist. Aber anders als ein privates Unternehmen kann der Staat bei knappen Einnahmen die Steuern oder Gebühren erhöhen, und damit die Einnahmen. Die Kontrollen der Ausgaben werden von eigenen Staatsdienern (den Rechnungshöfen) durchgeführt – was jedoch noch nie viel am Verhalten dieser Geldvernichtungsmaschinerie geändert hat. Zwar können ein paar Köpfe abgewählt werden, aber der Staat an sich nicht – und einen Wettbewerber, anders als jeder Privatbetrieb, muss dieser Arbeitgeber auch nicht fürchten. Inzwischen hat diese Institution sage und schreibe die unvorstellbare Summe rund 2.000.000.000.000 € (das sind 2.000.000 Millionen oder 2.000 Milliarden oder kurz und ungut 2,00 Billionen) Schulden angesammelt. Jedoch die Politiker dreschen Sprechblasen, wie dieser Riesenberg jemals getilgt werden soll – in Realität also nie! Schließlich braucht man ständig Wahlgeschenke und außerdem ist, laut Bibel, Geben viel seliger als Nehmen. Steuereinnahmen werden verschleudert, als ob es nicht nur unser aller Geld wäre, sondern auch noch unsere Schulden, die an nachfolgende Generationen weiter gereicht werden müssen. Der einzelne Bürger kann höchstens mit den Füßen abstimmen – aber er wird rasch merken, dass woanders die Uhren auch nicht anders ticken. Siehe die Euro-Krise der Jahre 2010/2011 und folgende, verbunden mit den enormen Schulden, namentlich der Südeuropäer und der Iren, für die wir zwar überhaupt nichts können, aber jetzt noch zusätzlich, in einer Form von europäischer Solidarität, aufkommen müssen. Dank eines Euros, der mit viel Enthusiasmus, aber wenig Realitätssinn und ohne großen Sachverstand, viel zu schnell eingeführt wurde. Also, bleiben wir lieber hier und vererben nicht nur unsere Güter, sondern auch unsere Schulden – und Sünden. Daher der Name „Erbsünde", verwandt mit „Erbgut" oder auch „Erblast". Zum Glück und Trost für die Erbengeneration, dies sei hier angemerkt, ist die gesamte Erbmasse dennoch weitaus höher als der Schuldenberg dieser Hinterlassenschaft. Das Privatvermögen der Deutschen liegt nämlich bei über 5 Billionen Euro – und das muss schließlich genauso vererbt werden, in Realität etwa 400 Milliarden pro Jahr!

Aber zurück zum Ausstieg aus dem Beruf: Beamte haben ihren Status bekannterweise auf Lebenszeit. Ein absoluter Sonderfall! Ein Beamter kann – falls ihm oder ihr dieses Modell angeboten wird – genauso wie ein Angestellter, zum Arbeitsende das Modell der Altersteilzeit wählen (siehe folgende Beschreibung), er kann aufgrund von Krankheit vorzeitig pensioniert werden, ansonsten scheidet er in der Regel im Alter von irgendwo zwischen 65 und 67 aus und geht nahtlos in Pension. Er (oder Sie) könnte zwar, wie jeder Mensch, seinen Job beliebig kündigen und ausscheiden wann er will – aber im fortgeschrittenen Alter ist dies die totale Ausnahme und bedarf deswegen keiner weiteren Erläuterung.

Bei **Angestellten und Arbeitern** sind die Möglichkeiten des Abschieds vom Berufsleben am vielfältigsten und damit auch die Zahl der Punkte, auf die man genau achten sollte, am zahlreichsten. Auf diesen Komplex soll nun im Folgenden eingegangen werden. Die anderen Berufsgruppen mögen bei Nichtzutreffen über einzelne Hinweise hinweg lesen.

Die **Finanzierung des Alters** ist dagegen völlig neutral zu betrachten, unabhängig von einer beruflichen Zugehörigkeit und auch davon, ob Sie ein Leser in Deutschland, in Österreich, in der Schweiz oder auch in Südtirol sind. Diesem Themenbereich ist deshalb ein eigener Abschnitt gewidmet.

Altersteilzeit: Es gibt sie immer noch

Hinweis: „Weiterhin möglich und beliebt."

Wer noch einen Vertrag zur Altersteilzeit in der Tasche hat, der vor dem 31. Dezember 2009 signiert war, dürfte inzwischen die Rente angetreten haben und deshalb bedarf es diesbezüglich keiner weiteren Erläuterungen.

Seit 1. Januar 2010 allerdings ist die bis dahin gültige Form im Wesentlichen abgeschafft, da die Bundes-Arbeitsangentur ihre Fördermittel für Aufstockungen zum Gehalt und zur Rentenversicherung für Neuverträge ab diesem Datum eingestellt hat. Trotzdem gibt es Altersteilzeit noch – jedoch in abgewandelter Form für bestimmte Beamten- und Lehrergruppen, sowie unterschiedliche Industriebereiche, wie dem der IG-Metall , der Chemie, oder auch im Bereich von Verdi. Sie kann angeboten werden – muss dies aber nicht! Es besteht also nicht notwendigerweise ein Anspruch für jede Person.

Ursprünglich war die zum 1. August 1996 eingeführte Altersteilzeit für den gleitenden Übergang der Arbeitnehmer in den Ruhestand gedacht. Die Mehrheit der Betroffenen entschied sich jedoch für das sogenannte Blockmodell und damit zu einem vorzeitigen Ausstieg aus dem Berufsleben. Für die Inanspruchnahme der Fördermittel der Bundesagentur für Arbeit war Voraussetzung, dass der Arbeitgeber die Stelle für jeden „Altersteilzeiter" mit einem Arbeitslosen oder zuvor Ausgebildeten wieder besetzt. In Praxi wurde jedoch die Belegschaft gekürzt oder verjüngt. Über zwei Drittel der Arbeitgeber verzichteten daher auf die Fördermittel und bezahlten die entsprechenden Aufstockbeträge aus eigener Tasche. Somit hat sich also für Beschäftigte, die beispielsweise im Tarifbereich der IG-Metall beschäftigt sind, wenig geändert. Wer bei Google das Stichwort „IG Metall Altersteilzeit" eingibt, findet diesbezüglich eine detaillierte Beschreibung der neuen Regelung, zum neuen *„Tarifvertrag zum flexiblen*

Übergang in die Rente (FlexÜ)". Analog : „Verdi Altersteilzeit" oder auch bei der Gewerkschaft für Erziehung und Wissenschaft „GEW Altersteilzeit". Nachdem die Bedingungen je nach Tarifbereich und Arbeitgeber schwanken, muss hier auf eine allgemein gültige Beschreibung verzichtet werden. Man sollte vielleicht wissen, dass dieses Angebot nicht jedem Arbeitnehmer angeboten werden muss, sondern in der Regel auf einen bestimmten Prozentsatz der Gesamtbelegschaft beschränkt vergeben wird. Es handelt sich also um ein „Kann-Angebot" und nicht um einen fixen Anspruch.

Generell scheint sich dabei das Modell der maximal sechsjährigen, bzw. minimal 24-monatigen ATZ durchgesetzt zu haben. Will heißen – sie können im Blockmodell die ATZ frühestens mit Lebensalter 57 beginnen, drei Jahre voll, wie bisher arbeiten, dann drei Jahre „Die-Arbeit-los-sein" und mit 63 in den vorgezogenen Ruhestand überwechseln. Dabei werden Ihnen pro Monat des vorgezogenen Ruhestands 0,3 % Rente dauerhaft, also für den Rest Ihres Lebens, abgezogen. Oder (im obigen Fall) ohne Abzug: „Reguläres Rentenalter (65+) minus 6 Jahre". Voraussetzung: Sie haben 35 Jahre Beitrags- bzw. Anrechnungszeiten.

Dabei werden Ihnen im Durchschnitt der Modelle etwa 85% Ihres bisherigen Netto-Monatsgehalts überwiesen werden, bei entsprechenden Einzahlungen in die gesetzliche Rentenversicherung. Letztere „darf" (nicht „muss") Ihr Arbeitgeber auf 100 % Ihres bisherigen Einkommens aufstocken, damit die (leicht) reduzierten Überweisungen an die RV zu keinen (geringfügigen) Abschlägen der späteren Rente führen.

Bei alten ATZ-Verträgen (vor dem 31.12.2009), bei denen die Bundesagentur für Arbeit mittels Aufstockbeträgen beteiligt war, galten für „Altersteilzeiter" in der passiven ATZ bei Nebentätigkeiten gewisse Hinzuverdienstgrenzen. Da es diese Aufstockung durch die BA seit 1.1.2010 nicht mehr gibt, gilt nur noch die allgemein gültige Meldepflicht einer Nebentätigkeit beim Arbeitgeber. Dieser muss üblicherweise jeder Nebentätigkeit zustimmen! Den entsprechenden Passus diesbezüglich werden Sie in Ihrem Arbeitsvertrag finden. Er gilt so lange, wie Ihr Arbeitsverhältnis besteht (also auch in der passiven ATZ). Zum Beginn einer möglichen Frührente ab 63 gelten dann andere Regeln (dazu mehr im Kapitel zur Frührente).

Entsprechend flexibler könnte damit auch – nur bei beidseitigem Einvernehmen – eine Unterbrechung der ATZ (bisher max. ein Jahr) im Bedarfsfall geregelt werden. Zusätzliche und namentlich betrieblich bedingte Informationen erhalten Sie bei Ihrer Personalabteilung oder auch beim Betriebsrat oder der Personalvertretung.

Übrigens: Muss man nach Beendigung der ATZ zwangsläufig in Rente gehen? Nein! Vielleicht soll man, vielleicht wird es erwartet. Ist Ihre ATZ beendet, ist damit auch Ihr Arbeitsverhältnis beendet und sind Sie ein freier Mann oder Frau – und können sich folglich auch arbeitslos melden – quasi „dem Arbeitsmarkt wieder zur Verfügung stehen". Was durchwegs finanzielle Vorteile haben könnte! Allerdings müssen Sie dann mit Vermittlungsversuchen der Arbeitsagentur rechnen, was im Einzelfall durchwegs nervig werden kann. Auch in Ihrem Arbeitsvertrag könnten Bedingungen vermerkt sein, wie z. B. eine Abfindung, die nur ausbezahlt wird, falls Sie nach der ATZ in Rente gehen. Bitte genau überprüfen!

Das Konstrukt der Altersteilzeit ist nur eine von mehreren Möglichkeiten um Personal zu reduzieren. Solange Personal abgebaut werden muss, die Firmenkassen voll und betriebsbedingte Kündigungen schwierig oder gar ausgeschlossen sind, wird man voraussichtlich weiterhin verstärkt auf ein Werkzeug zurück greifen, das es schon sehr lange gibt, nämlich dem der Zahlung einer Abfindung, bzw. wie es im Amtsdeutsch heißt, einer „Entlassungsentschädigung". Diese soll im Folgenden etwas genauer betrachtet werden.

Abfindung oder Entlassungsentschädigung und der Mythos vom „Goldenen Handschlag“

Eine Abfindung für die Aufgabe eines Arbeitsplatzes kann grundsätzlich und völlig altersunabhängig ausgehandelt werden. Sie ist auch davon unabhängig, ob die Voraussetzungen zu einer betriebsbedingten Kündigung vorliegen oder nicht. Es „darf“ immer gezahlt werden – solange ein Arbeitgeber dazu in der Lage ist. Wenn er tatsächlich pleite ist, ist auch nichts mehr zu holen. Wenn eine Firma von einer anderen Firma übernommen wird, tritt diese – außer im Vergleichsfall – voll in die Verpflichtungen der ersten ein. Bei großen Unternehmen werden Abfindungszahlungen in aller Regel zwischen Betriebsrat und Geschäftsleitung verhandelt und haben damit weitgehend Allgemeingültigkeit. Bei kleinen Firmen ist der oder die Betroffene meist auf sich alleine gestellt. In dieser Situation sei auf jeden Fall, bevor es zu einer Unterschrift kommt, das Hinzuziehen eines kundigen Rechtsanwalts empfohlen, mit dem ausgewiesenen Spezialgebiet „Arbeitsrecht“.

Für die Höhe einer Abfindung gibt es keine fixe Rechtsgrundlage. Die durchschnittliche Höhe der Abfindung liegt industrieweit jedoch bei 0,67 Monatsgehältern pro Jahr der Firmenzugehörigkeit. Kommt es allerdings zum Prozess, entscheiden Arbeitsgerichte meist nach der Formel: *„Pro Jahr der Firmenzugehörigkeit ein halbes Monatsgehalt“*; macht also bei zehn Jahren in Lohn und Brot 5 Monatsgehälter. Gelegentlich kommt dazu ein bestimmter „Sockelbetrag“, der, je nach Finanzkraft eines Unternehmens, zwischen „sehr mager oder null“ und „sehr gut“ angesiedelt sein kann. Im Streitfall wird Ihr Arbeitgeber sich um so „kulanter“ geben, je klarer die von ihm ausgesprochene Kündigung im Bereich der Unwirksamkeit liegt. Im umgekehrten Fall dürfte es schwierig sein, überhaupt eine Abfindung zu erhalten. Der Rat eines qualifizierten Rechtsberater dürfte sich im Zweifelsfall also schnell auszahlen!

Die absolute Summe einer Abfindung erweist sich allerdings häufig als Blender, auch wenn sie satt im fünfstelligen Bereich angesiedelt ist, denn Grausamkeiten und Realitäten müssen betrachtet werden! Zunächst zur Grausamkeit: Früher gab es reelle Freibeträge, aber zur Erinnerung sei erwähnt, als der linke (man beachte den Doppelsinn!) Herr Lafontaine unter Rot-Grün 1998 Finanzminister wurde, war – obwohl er nur ein sehr kurzes Gastspiel gab – eine seiner ersten Amtshandlungen die drastische Reduzierung dieser Freibeträge. Schwarz-Rot führte diese unfaire Praxis auf Kosten derjenigen, die für ihr Alter tatsächlich jeden Cent benötigen konsequent fort, und verfügte die völlige Streichung zum Januar 2008. Aus die Maus! Heißt im Klartext: Die Abfindung wird im Jahr des Zuflusses, also der Zahlung, voll auf Ihr bis dahin angelaufenes Jahresentgelt addiert und erreicht damit sehr schnell einen Steuersatz, der im Höchstbereich von 42 % angesiedelt sein kann, plus eventuell „Reichensteuer" von 3 %, plus Solidaritätszuschlag, plus (im gegebenen Fall) Kirchensteuer. Es entfallen zwar keine zusätzlichen Sozialabgaben, falls Sie die Beitragsbemessungsgrenzen erreicht haben, einen Großteil kassiert in jedem Fall der Staat. Für diese unsoziale Staatsabzocke gibt es nur wenige Möglichkeiten, um die Steuerlast zu mildern:

Erstens: Sie verteilen den Zufluss der Abfindung so, dass zumindest der größte Teil auf das Jahr entfällt, in dem Sie nicht mehr (oder nur ein paar Tage oder Monate) arbeiten und damit das Gesamteinkommen aus angelaufenen Arbeitsentgelt und Abfindung **auf zwei Kalenderjahre verteilen**. Damit können Sie im Einzelfall den Höchststeuersatz mildern. Voraussetzung dafür ist jedoch die Zustimmung des Arbeitgebers!

Zweitens: Sie haben unter bestimmten Voraussetzungen die Möglichkeit des so genannten **„Fünftelungsverfahrens"** nach § 34, EStG, das Ihre Steuerlast im gegebenen Fall leicht senken kann. Eine Abhandlung geht über den Rahmen dieses Buchs hinaus, ich empfehle deshalb dringend und in jedem Fall die sachkundige Bewertung durch einen Steuerberater! Eine erste

Berechnung können Sie über einen „Abfindungsrechner" machen, den Sie leicht über Google finden, wenn Sie diesen Suchbegriff eingeben.

Drittens: Die so genannte **„Rürup-Rente"**, die vor allem für Arbeitnehmer ab 50 interessant ist. Zahlt ein 55-jähriger aus einer höheren Abfindung einmalig rund 37.000 € ein, so kann er ab 65 mit einer Zusatzrente von etwa 300 € pro Monat rechnen. Einen guten Teil der Einzahlungssumme kann dabei steuerlich verrechnet werden. Ein Rechenbeispiel diesbezüglich findet sich mittels Google-Suchbegriff „Rürup-Rente Abfindung". Einen guten Überblick bietet auch Wikipedia.

Viertens: Fortschrittliche Unternehmen haben ein sogenanntes **„Zeitwertkonto"** (auch „Langzeitarbeitszeitkonto" genannt). Hier können nicht genommene Urlaubstage, manchmal auch Sonderzahlungen (Weihnachtsgeld, Boni) „eingezahlt" werden und später (z. B. zum Berufsende) genommen werden. ACHTUNG: In Abstimmung mit dem Finanzamt (!) können dort auch Abfindungen eingebucht werden – so dass in Realität ihr Arbeitsverhältnis deutlich länger läuft, obwohl sie früher „frei" sind. Ihr jährlicher Steuersatz dürfte dann einigermaßen stabil bleiben und die Abfindung nicht zu beinahe 50% ans Finanzamt fließen. Damit verbunden oder separat sollten Sie über die folgende Möglichkeit nachdenken:

Fünftens: Verwendung von Abfindungszahlungen zum Ausgleich von Rentenkürzungen: Die Abschläge durch Frührente, wegen einer Scheidung (!) oder auch bei „Rente wegen Erwerbsminderung" können Sie neuerdings durch Sonderzahlungen ausgleichen; sogar steuerbegünstigt, wenn Sie diese aus einer Abfindung zahlen (auch der Arbeitgeber kann diesen Betrag direkt überweisen). Notwendig ist dafür eine „besondere Rentenauskunft ab Alter 50" bei der DRV, die Sie dort beantragen müssen. Die Zeitschrift „Rente & Co." hat in Heft 3/2015 ausgerechnet, dass eine Einmalzahlung von 12.814 € eine monatliche gesetzliche Rente von 54 € (648 € p. a.) bringt. Im Vergleich dazu: In einer privaten Rente würde diese Einmalzahlung in selber Höhe lediglich um die 44 € bringen. Bitte beachten Sie, dass Sie dadurch weder fehlende Beitragszeiten ausgleichen, noch eine generelle Rentenerhöhung finanzieren können, sondern nur die genannten Rentenabschläge wegen Frührente, Scheidung oder Erwerbsminderung! Vorteil: Sie sind mit dieser Summe lebenslang bei allen Rentenerhöhungen dabei – und ebenso ein(e) eventuelle Witwe/r. **Empfehlenswert:** Berechnen Sie mit einem spitzen Bleistift und einem Taschenrechner die (im gegebenen Fall) steuerlichen Vorteile und wie alt Sie werden müssen, bis Sie von der DRV mehr ausbezahlt bekommen als Sie einbezahlt haben. Seien Sie dabei nicht zu pessimistisch, vor allem wenn Sie es sich leisten können und keine bessere und vor allem sichere Anlagemöglichkeit sehen. Die DRV schneidet dabei, aufgrund von Draghis Nullzinspolitik, allemal besser als eine private Rentenversicherung ab. Früher war das einmal anders.

Und nun zu weiteren traurigen Realitäten bei Annahme einer „Entlassungsentschädigung“

Wer sich im Alter zwischen 30 und knapp 50 befindet, für den mag eine Abfindung eine interessante Lösung sein, um die eigene Kasse aufzufüllen, sofern um ein oder zwei Ecken ein neuer Job, mit etwa dem gleichen Gehalt, wartet. Ab 50 und insbesondere ab Mitte 50 ist es jedoch meist schwierig, bis nahezu unmöglich, zu denselben oder gar besseren Kondition neu einzusteigen. Die Regel sind eher endlos viele Bewerbungsschreiben, an deren Ende vielleicht tatsächlich eine neue Stelle steht, mit häufig deutlich schlechteren finanziellen Bedingungen. Dies ist die traurige Praxis, auch wenn die Politik zur Zeit die Zahl der neu geschaffenen Stellen weichspült bzw. schön redet und fest behauptet, die „Alten“ werden zunehmend gebraucht. Am 21. April 2011, dem absoluten „Aufschwungjahr“, war in der SZ zu lesen: *„Alt und arbeitslos – Menschen über 50 profitieren kaum vom Aufschwung in Bayern“* und *„...ist jeder dritte Arbeitslose in Bayern 50 Jahre und älter“*. *„Mit 5,8 % liegt die Arbeitslosenquote in dieser Altersgruppe* *deutlich über dem Gesamtwert von 4,3 %"*. Und dies im Bundesland mit der niedrigsten Arbeitslosenquote... Am 5. August 2014 greift die SZ das Thema wieder auf und titelt: *„Karriere-Knick – Immer mehr ältere Menschen wollen arbeiten. Viele von ihnen sind gut ausgebildet – und doch finden sie keinen Job. Ist der Fachkräftemangel in technischen Berufen also nur ein Mythos? Oder hat man mit Mitte 50 einfach keine Chance mehr?"* Die Antwort liegt nahe, jeder Betroffene kann davon ein Lied singen. (Anmerkung zur Ausgabe 2019: Es hat sich wenig geändert; Ausnahmen diesbezüglich sind alles andere als die Regel!). Die Erwerbstätigenquote lag 2017 bei den 60- bis 64-Jährigen aufgrund der Anhebung des allgemeinen Renteneintrittsalters inzwischen wieder bei 58 %. Anders ausgedrückt: Rund zwei Fünftel der Gruppe 60 - 64 Jahre befindet sich nicht mehr im Arbeitsleben.

Allein schon deshalb ist Fakt, dass eine Abfindungszahlung für den Verlust eines guten Jobs im Alter ab 50⁺ meist dringend dazu benötigt wird, um folgende Verdienstminderungen oder gar Totalausfälle zu kompensieren. Ist dem Staat aber egal, er kassiert erst einmal so viel Steuer wie irgend möglich! Zusätzlich dürfen seit Rot-Grün und den Hartz-IV-Gesetzen ältere Arbeitslose noch ziemlich schnell einen guten Teil ihrer Alterssicherung auflösen, bevor sie Arbeitslosengeld II (ist Hartz-IV) erhalten: Der Freibetrag liegt seit dem 17.4.2010 bei höchstens 48.750 € (davor betrug – Doppelsinn beachten! – er, noch unter den Parteien mit dem quasi-sozialen Anstrich – Rot-Grün – bei mageren 16.250 €) für den Personenkreis, der vor dem 1.1.1958 geboren wurde. Details finden Sie, falls Sie davon betroffen sind, mit Google-Suche und dem Schlagwort „Hartz IV Schonvermögen".

Wie war das eigentlich mit „dem goldenen Handschlag", wenn davon rund die Hälfte der Staat kassiert? Er ist, wenn es ihn je im mittleren und oberen Angestelltenbereich gab, längst vorbei und gehört eher in den Bereich der Mythen. Wenn es ihn dennoch gibt, dann im Bereich „Geschäftsführer" oder „Vorstand" und in der Politik ab dem Level „Staatssekretär" oder „Minister". Gratuliere, wenn Sie zu diesem erlauchten Kreis gehören! Für den Rest handelt es sich eher um einen eisernen Faustschlag ins Genick und ein Steuergeschenk an den Staat.

Abfindung „Nein Danke?"

Was ist nun eigentlich, wenn Ihnen gekündigt wird und Sie dennoch Ihren Arbeitsplatz retten wollen, weil die Abfindung zu mager ist oder Sie tatsächlich weiter arbeiten möchten? Nun, es ist nicht immer ganz einfach! In jedem Fall sollten Sie innerhalb einer Drei-Wochen-Frist *„Kündigungsschutzklage"* beim Arbeitsgericht, nach § 4 KSchG, einreichen und sich unverzüglich mit einem Rechtsanwalt für Arbeitsrecht in Verbindung setzen. Und falls es in Ihrem Betrieb einen Betriebsrat gibt, so sollten Sie sich sofort an diesen wenden, damit dieser der Kündigung *„ordnungsgemäß"* widerspricht. Dann gilt nämlich nach §102 Betriebsverfassungsgesetz der *betriebsverfassungsrechtliche Weiterbeschäftigungsanspruch*, was bedeutet, dass der Arbeitgeber den Arbeitnehmer auf dessen Verlangen bis zum rechtskräftigen Abschluss eines Rechtsstreits weiter beschäftigen muss, und zwar bei *unveränderten Arbeitsbedingungen.* Weitere Informationen finden Sie im Internet über die Stichworte *„Kündigung Arbeitsplatz"/„Kündigungsschutzklage"/„Weiterbeschäftigungsanspruch"*.

Vorsicht Fallen!

Auf eine verhängnisvolle Situation, die Bargeld kostet, sei an dieser Stelle zusätzlich verwiesen, falls Ihnen beispielsweise folgendes Angebot gemacht wird: *„Das Beschäftigungsverhältnis endet zum 30. November 20xy, im gegenseitigem Einvernehmen werden Sie schon davor, zum 1. März 20xy, unwiderruflich von der Arbeitsleistung freigestellt."* Achtung: Die Spitzenverbände der Krankenkassen, der Rententräger und der Bundesagentur für Arbeit einigten sich 2006 zu der Festlegung, dass ein sozialversicherungspflichtiges Arbeitsverhältnis – anders als bis dahin – damit endet, sobald der Arbeitnehmer *„einvernehmlich und unwiderruflich freigestellt"* ist. Will heißen, Sie bekommen zwar Ihren Arbeitslohn weiter bezahlt bis 30. November 20xy, aber Ihre Sozialversicherungspflicht endete vorher, mit allen negativen

Konsequenzen, nämlich dass Sie rechtlich nicht mehr versichert sind, selbst wenn Ihr Arbeitgeber die Versicherungsbeiträge bis 30. November weiter zahlt. Prüfen Sie also in jedem Fall, bevor Sie einen Aufhebungsvertrag unterschreiben, wie Sie einen lückenlosen Versicherungsverlauf sicher stellen! Eine Möglichkeit kann sein, das Wort *„unwiderruflich“* durch die Formulierung *„bis auf Weiteres/widerruflich“* zu ersetzen. Bitte beachten Sie, dass nur lückenlose Beitragszeiten einen eventuell später notwendigen Anspruch auf eine „Rente wegen Erwerbsminderung“, bzw. „Invalidität“ aufrecht erhalten können. Falls dieser Hinweis in Ihrem Kopf spontan ein geistiges Warnsignal hervorrief, so freuen Sie sich, dass Sie dieses Buch so günstig gekauft haben, denn möglicherweise ist es einer dieser Tipps der Ihnen soeben sehr viel mehr Geld gespart hat als die paar Euroletten die Sie dafür hingeblättert haben!

Ein weiterer Wermutstropfen, der in den guten Wein der meist mediokren Abfindungen geschüttet wird, ergibt sich unter der Voraussetzung, dass man seinen Job *„freiwillig“* aufgegeben hat und dann bei der Arbeitsagentur hofft, nahtlos Arbeitslosengeld zu bekommen: Wenn beispielsweise bestimmte Kündigungsfristen oder sonstige Bedingungen (siehe oben) nicht fein säuberlich eingehalten werden, verhängt das Arbeitsamt Sperrfristen von bis zu drei Monaten und/oder auch einen Ruhenszeitraum; womit die Anspruchszeit für Arbeitslosengeld um bis zu 6 Monate reduziert werden kann, weil die dreimonatige Sperrfrist am Anfang die Zahldauer um weitere drei Monate am Ende verkürzt. Ich gehe an dieser Stelle absichtlich nicht auf Details ein, denn die Konditionen werden immer wieder geändert und sind möglicherweise zwischen Redaktionsschluss und Drucklegung dieses Buchs veraltet. In jeder größeren Stadt gibt es in den Arbeitsagenturen diesbezüglich einen kostenlosen Rechtsberatungsservice, der qualifiziert und neutral über die aktuelle Rechtslage verlässliche Auskünfte erteilt und dessen Inanspruchnahme vor grundlegenden Entscheidungen dringend angeraten sei!

Arbeitslos und nix wie hin zur Agentur für Arbeit

Wer nach einer Altersteilzeit oder im Regelalter ab 65+ (Geburtsjahrgänge ab 1947 in Schritten erst ab 67) nahtlos in Rente geht, wer Beamter ist, als Selbständiger oder Freiberufler außerhalb der gesetzlichen Sozialversicherungen steht, der möge diesen Abschnitt weitgehend, bis zum letzten Absatz, überspringen. Dort findet sich allerdings auch für diesen Personenkreis noch eine möglicherweise wertvolle Information. Wer „seine Arbeit los ist" und nicht unmittelbar verrentet wird, sollte nicht nur wegen des Arbeitslosengelds zur Agentur für Arbeit gehen, sondern auch deshalb, weil mit der rechtzeitig gemeldeten Arbeitslosigkeit erhebliche Konsequenzen in Bezug auf die anderen Sozialversicherungen verbunden sind.

Zunächst sei das Wörtchen „rechtzeitig" aufgegriffen. Dieses besagt, dass Sie sich unverzüglich zu melden haben, sobald Sie wissen, wann Ihr Arbeitsverhältnis endet (z. B.: sobald Sie einen Aufhebungsvertrag unterschreiben oder eine Kündigung akzeptieren) damit Sie *„dem Arbeitsmarkt wieder zur Verfügung stehen und vermittelt werden können"*. Ansonsten kann ein unmittelbarer Zahlungsbeginn Ihres Arbeitslosengelds nach Verlust des Arbeitsplatzes gefährdet sein! Die Zeiten, in denen es sogar noch staatlich unterstützt wurde, wenn Menschen ab Mitte 50 Ihren Job aufgaben, bis zu drei Jahre „stempelten", vom Arbeitsamt von Vermittlungsversuchen verschont wurden, dann mit 60 unbehelligt und ohne Abschläge in Rente gehen konnten, sind längst vorbei. Die Vermittler in den Agenturen sind angehalten genau hinzuschauen, die Zahldauer des Arbeitslosengelds ist insgesamt kürzer, und es wird ernsthaft versucht, die Arbeitslosen wieder unter zu bringen – auch zu deutlich schlechteren Konditionen als im vorherigen Job!

Schon wieder eine Falle

Falls Sie einen Aufhebungsvertrag akzeptiert haben und Ihnen die Agentur für Arbeit möglicherweise eine dreimonatige Sperrzeit verordnet hat, so überprüfen Sie bitte, dass bezüglich der Zahlung Ihrer Rentenversicherung und auch der gesetzlichen Krankenkassen (sofern Sie nicht privat versichert sind) keine Lücken entstehen! Generell zahlt die Arbeitsagentur nämlich die gesetzlichen Sozialversicherungen erst ab Leistungsbezug – also wenn Arbeitslosengeld fließt. Die gesetzliche Krankenversicherung und Pflegeversicherung zwar zu Beginn des zweiten Monats der Sperrfrist (also ein Monat Lücke), die Rentenversicherung jedoch erst nach Ablauf der drei Monate. Die Konsequenzen bei nicht lückenloser Versicherungszeiten können bitter sein. Bezüglich der Rentenversicherung beachten Sie bitte obige Hinweise; in Bezug auf die Krankenversicherung kann eine zeitweise Nichtversicherung im Krankheitsfall sehr teuer werden, namentlich wenn Sie zusätzlich mitversicherte Familienmitglieder haben! Die Sperrzeiten werden im übrigen von der Gesamtbezugszeit des Arbeitslosengeld I gleich zwei Mal abgezogen (siehe vorne). Bitte beachten Sie diesen Hinweis in den folgenden Aussagen zur Zahldauer.

Wie lange gibt es Arbeitslosengeld I ?

Ab dem 1.2.2006 wurde die Bezugsdauer von Arbeitslosengeld I grundsätzlich auf 12 Monate und nach Vollendung des 55. Lebensjahres auf 18 Monate begrenzt. Voraussetzung war allerdings ein vorheriges versicherungspflichtiges Arbeitsverhältnis von mindestens 24 Monaten, bzw. 36 Monaten im Fall der 55-jährigen. Seit Anfang 2008 gelten wieder günstigere Regeln: Bis Vollendung des fünfzigsten Lebensjahres 12 Monate, für über 50-jährige 15 Monate, ab 55 maximal 18 Monate und ab 58 gibt es 24 Monate. Allerdings wurden die Bedingungen für diese Bezugsdauer verschärft: 58-jährige müssen in den fünf Jahren vor ihrer Arbeitslosigkeit mindestens 48 Monate sozialversichert gewesen sein, für Menschen über 55 sind es 36 Monate und für über 50-jährige 30 Monate.

Und was passiert danach? Es wird eng! Falls Sie die Bedingungen für Sozialhilfe erfüllen, steht Ihnen Arbeitslosengeld II, genannt „Hartz IV", zu. Die Aufzählung der dafür notwendigen Kriterien geht jedoch deutlich über die Intentionen für dieses Buch hinaus. Bei jeder Arbeitsagentur oder auch im Internet gibt es diesbezüglich eine Fülle von kostenlosen Broschüren und auch Rechtsauskünfte. Wer sich ungefähr in der klassischen Schichtenbezeichnung „Mittelstand" einreiht (also nicht der des Arbeitgeberverbands, bei dem auch noch Arbeitgeber mit weit über 1000 Mitarbeitern als „Mittelständler" zählen) und innerhalb der Bezugsdauer von Arbeitslosengeld I keinen Job mehr findet, für den wird es tatsächlich unangenehm. Er muss nämlich gnadenlos ran an die Reserven! Und dies möglicherweise bis zur Rente und danach. Das soziale Netz ist seit Schröder, Müntefering, Clement und Joschka Fischer deutlich weitmaschiger geworden und recht viel enger wird es nicht mehr werden; auch wenn ständig irgendwo Wahlkampf ist und die Steuern mehr als munter sprudeln. Firma Merkel und Co. braucht sehr viel Geld und weiß sehr gut, wie man es anderweitig verteilen kann!

Und wie viel Geld bringt Arbeitslosengeld I ?

Davon ausgehend, dass Sie vor Ihrer Arbeitslosigkeit mindestens 12 Monate pflichtversichert waren, gibt es hierzu eine recht einfache Daumenregel: Bis zur Beitragsbemessungsgrenze der gesetzlichen Renten- und Arbeitslosenversicherung (2019: D-West: Brutto 6.700 €/Monat oder 80.400 € p. a. und D-Ost: Brutto 6.150 €/Monat oder 73.800 € p. a.) abzüglich Beiträge für Sozialversicherung (pauschal etwa 20 %), Lohnsteuer und Solidaritätszuschlag ergibt das Netto-Leistungsentgelt. Davon gibt es dann für Arbeitslose mit Kindern 67 % und für alle anderen 60 %. Der sogenannte Leistungssatz wird tagesgenau berechnet. Wer z. B. im Westen monatlich 6.700 € brutto oder darüber verdient, kann in Lohnsteuerklasse III, mit Kind, mit knapp 80 € pro Tag rechnen bzw. multipliziert mit 30 Tagen ca. 2.400 € netto im Monat. Eine genaue Berechnung bietet Wikipedia unter der Sucheingabe „Arbeitslosengeld I“ oder auch die Website der Bundesagentur für Arbeit www.arbeitsagentur.de.

Im Übrigen finden sich auch für Leser in der Schweiz oder in Österreich bei Wikipedia gezielte Aussagen zu den Spezifika in diesen Ländern!

Hinweis für Personen mit einer privaten Krankenversicherung

Solange Sie arbeitslos sind, sind Sie grundsätzlich wieder pflichtversichert in einer gesetzlichen Krankenversicherung. Die Mitgliedschaft in Ihrer privaten KV ruht, bis Sie entweder wieder eine neue Tätigkeit annehmen mit einem Verdienst, der über der Versicherungsgrenze liegt, oder in Rente gehen. Nur wenn Sie entweder das fünfundfünfzigste Lebensjahr erreicht haben oder vor der Arbeitslosigkeit länger als 5 Jahre privat versichert waren, können Sie sich auf Antrag von der gesetzlichen KV befreien lassen. Allerdings zahlt die Arbeitslosenversicherung Beiträge lediglich bis zur Höhe einer vergleichbaren gesetzlichen Krankenversicherung. Das heißt: Wollen Sie auch als älterer oder (vorher) besser verdienender Arbeitsloser privat versichert bleiben, müssen Sie den Unterschied der monatlichen Beiträge zwischen Ihrer privaten KV und einer gesetzlichen KV selbst berappen und vom oben genannten Betrag abziehen. Wer glaubt, dass er als Rentner über eine vorherige Arbeitslosigkeit unbemerkt in der meist günstigeren gesetzlichen Krankenversicherung bleiben kann, hat jedoch Pech. Denn diese bedingt, dass Sie mindestens 90 % der zweiten Hälfte Ihres Erwerbslebens Mitglied in einer gesetzlichen Krankenkasse waren, egal ob pflichtversichert, freiwillig versichert oder als Familienmitglied. Und dieses Kriterium wird fein säuberlich nachgeprüft! Wer dieses nicht erfüllt fliegt wieder raus und findet sich wieder in der (meist teureren) Privatversicherung.

Da die private KV namentlich für Rentner unverhältnismäßig teuer werden kann, sollten diese prüfen, ob sie nicht innerhalb ihrer Versicherung einen günstigeren Tarif wählen oder die versicherten Kriterien reduzieren können.

Arbeitslos und gleich in Rente?

Der nahtlose Weg in die vorgezogene Rente aufgrund von Arbeitslosigkeit oder Altersteilzeit ist nicht immer gewährleistet! Da inzwischen alle Geburtsjahrgänge vor 1951 das Lebensalter von 63 überschritten haben, kann ich mich auf die Geburtsjahrgänge ab 1951 beschränken. Für diesen Personenkreis gilt die einfache Regel, dass sie 35 Jahre Versicherungszeiten benötigen. Hierzu zählen Beitrags- und Anrechnungszeiten. Ersteres sind, wie der Name sagt, Zeiten in denen Beiträge zur Rentenversicherung bezahlt wurden (u. a. Zeiten einer Beschäftigung und Arbeitslosigkeit 1), Anrechnungszeiten sind u. a. Wehrdienst, Ausbildung an einer Fachschule, Studium, Kindererziehung oder auch Pflegezeiten. Zu den einzelnen Kriterien könnte man ein eigenes Werk verfassen, es würde den davon nicht betroffenen Leser aber rasch langweilen. Deshalb auch hier nur ein kurzer Hinweis auf die Voraussetzungen für ein vorgezogene Rente wegen Arbeitslosigkeit oder Altersteilzeit, die man beachten möge. Detaillierte Auskünfte erteilen die erwähnten Sozialversicherungen. Ein Beratungstermin dort ist unerlässlich!

Hinweis für Selbstständige und Freiberufler

Das Angebot, eine *„freiwillige Arbeitslosenversicherung"* abzuschließen gibt es für diesen Kreis seit 2006 unter bestimmten Voraussetzungen. Da diese interessante und im Einzelfall hoch lukrative Möglichkeit auch für Leser in Frage kommt, die bereits selbstständig sind oder eine solche Tätigkeit im Altersbereich 50 Plus aufnehmen wollen – oder müssen, sei an dieser Stelle lediglich darauf verwiesen. Eine Detaillierung geht über die Intention dieses Buchs hinaus. Weitere Informationen finden Sie jedoch im Internet, wenn Sie die Stichworte eingeben *„Arbeitslosenversicherung für Selbstständige"* oder bei der Arbeitsagentur.

Ebenso sei erwähnt, dass es sich durchaus lohnen kann, im Falle einer Selbstständigkeit oder in Zeiten einer beruflichen Pause die Mindestbeiträge (oder sogar einen höheren Beitrag) für die gesetzliche Rentenversicherung weiterhin zu zahlen. Es kann sich für Frührentner (ab 63) sogar rechnen, den dauerhaften Abzug von 0,3 % pro Monat (= 3,6 % pro Jahr) durch eine Einmalzahlung an die Rentenversicherung auszugleichen, – wie beispielsweise mit dem Geld aus einer Abfindung (siehe vorne). Eine eingehende Beratung und Berechnung durch die „Deutsche Rentenversicherung", mit Niederlassungen in allen Städten, ist auch diesbezüglich dringend und in jedem Fall empfohlen! Zusätzlich und ergänzend können auch unabhängige Rentenberater ihr Geld wert sein.

„Die Wege des Herrn sind unergründlich" – die in die Rente verschieden

Beim Versuch, die unterschiedlichen Kriterien zum Bezug einer gesetzlichen Rente für Frauen, für Männer, für Arbeitslose, für Berufsunfähige, für verschiedene Berufsgruppen und so weiter, kurz und allgemein zu halten, um dieses Buch nicht in ein langweiliges Regelwerk ausarten zu lassen, bin ich, ehrlich gesagt, nach einigem Hin und Her, kläglich gescheitert! Es ist ein Ding der Unmöglichkeit, weil es viel zu viele Faktoren gibt. Also bleiben mir nur einige allgemeine Hinweise und die wiederholte Bitte an Sie, sich in Ihrem individuellen Fall und zur Klärung Ihrer persönlichen Hintergründe und Ihres Versicherungsverlaufs an eine der örtlichen Beratungsstellen der Rentenversicherung zu wenden. Davon ausgehend, dass Sie bestimmte *„versicherungsrechtliche und warterechtliche Voraussetzungen"* grundsätzlich erfüllt haben (siehe oben), beschränke ich mich im Folgenden auf einige Hinweise, die bei Ihren Planungen für den Zeitpunkt und zum Weg in die Rente eine zusätzliche Rolle spielen könnten. Dabei versuche ich die häufigsten, allgemeinen Fragen aufzugreifen und den gängigsten Irrtümern vorzubeugen:

Mit welchem Alter kann ich in Rente gehen?

Die sogenannte Regelaltersrente gibt es für Personen, die überhaupt rentenberechtigt sind, ab dem 65. Lebensjahr plus einige Monate. Die Altersgrenze wird seit 2012 (und dem Jahrgang ab 1947) schrittweise auf 67 Jahre angehoben (inzwischen gilt diese Neuerung auch für Beamte). Für die Jahrgänge bis 1946 änderte sich nichts. Wer 1947 geboren wurde, kann erst mit 65 Jahren und einem Monat die gesetzliche Altersrente erhalten. Das Renteneintrittsalter steigt dann von Jahrgang zu Jahrgang um einen Monat pro Jahr, bis bei den im Jahr 1958 Geborenen eine Regelaltersgrenze von 66 Jahren erreicht ist. Danach wird die Altersgrenze um 2 Monate pro Jahr erhöht. Ab dem Jahrgang 1964 gibt es dann die Rente erst mit 67.

Die folgende Übersicht zeigt Ihnen, wann Sie die Regelaltersgrenze erreicht haben:

Jahrgang	**Renteneintrittsalter**
1951	65 Jahre + 5 Monate
1952	65 + 6 Monate
1953	65 + 7 Monate
1954	65 + 8 Monate
1955	65 + 9 Monate
1956	65 + 10 Monate
1957	65 + 11 Monate
1958	66 Jahre
1959	66 + 2 Monate
1960	66 + 4 Monate
1961	66 + 6 Monate
1962	66 + 8 Monate
1963	66 + 10 Monate
1964 und jünger	67 Jahre

Gibt es dabei Ausnahmen?

Ja. **Langjährig Versicherte mit mindestens 35 Jahren Versicherungs- und Anrechnungszeiten** können bereits **mit 63 Frührente** beantragen. Anrechnungs- bzw. Ausfallzeiten wie Erziehungsjahre, Arbeitslosigkeit, Ausbildung ab dem 17 Lebensjahr und Studium (bis zu 8 Jahren, bzw. 96 Monaten, auch ohne Abschluss), u. a. zählen mit. Pro Monat einer vorgezogenen Rente fallen allerdings Abschläge in Höhe von 0,3 % pro Monat an, macht pro Jahr also 3,6 % (in Summe maximal bis 14,4 %) – und dies lebenslang! Lesen Sie hierzu auch meine Hinweise zu Sonderzahlungen in die Rentenkasse! Für einen eventuellen Hinzuverdienst gibt es die gleichen Grenzen – wie für alle vorgezogenen Renten!

Frührente für besonders langjährig Versicherte – Die Rente ab 63 nach 45 Jahren Versicherungszeit – ohne Abschläge.

Dazu gibt es folgende Haken und Ösen zu beachten:

- Rentenbeginn mit 63 gilt nur bis inklusive Jahrgang 1952. Danach (ab 1953): 63 + 2 Monate pro Jahrgang, steigend bis Geburtsjahr 1964, dann Altersgrenze = 65!
- Schul-, Fachschul-, Hochschulausbildungen zählen nicht! Damit entfällt diese Möglichkeit praktisch für alle Akademiker.
- Erziehungszeiten zählen: pro Kind zwei Jahre (geboren vor 1992) und drei Jahre (Kind geboren ab 1992).
- Eventuell zählen Pflegezeiten (ab zwei Monaten und entsprechend Pflegestufe).
- Freiwillige Beitragszeiten zählen nur wenn vorher mindestens 18 Jahre Pflichtbeiträge entrichtet wurden (Wichtig für Selbständige und Freiberufler!).
- Volle Anrechnung von Zeiten der Arbeitslosigkeit (Alg. 1/nicht Alg. 2!). Ausnahme: die letzten beiden Jahre der Arbeitslosigkeit zählen derzeit nicht. Ausnahme von der Ausnahme: Ihr Betrieb wird insolvent oder stillgelegt.
- Höhe des erlaubten Hinzuverdiensts bis zur Regelaltersgrenze (wie bei jeder vorgezogenen Rente): 450 € pro Monat (max. 14 mal, ab 1.7.2017 pauschal 6.300 € pro Jahr) plus eventuell Ehrenamts- und Übungsleiterpauschale (Details siehe unten).

Gibt es auch Sonder-Altersgrenzen?

Ja, für bestimmte Berufsgruppen wie etwa Piloten und Luftfahrtbegleiter. Nach einer Entscheidung des Bundesarbeitsgerichts sollen diese mit einem Alter über 60 Jahren nicht eingesetzt werden und können somit verrentet werden. Auch für Polizisten, Vollzugsbeamte, die Feuerwehr und Berufssoldaten gelten Sondergrenzen.

Darf ich eine „vorgezogene Rente" ab 63 in Anspruch nehmen und trotzdem weiter arbeiten?

„Jein". Es gelten nämlich Hinzuverdienstgrenzen, und diese liegen seit Juli 2017 bei 6.300 € pro Jahr, analog „geringfügiger Beschäftigung" oder sogenannter „Minijobs" bis 450 € pro Monat. Davon werden pauschal 3,9 % für die Rentenversicherung abgezogen. Diese 450 € können pro Jahr 14 mal ausbezahlt werden (z. B. wenn Sie als Stellvertreter für einen anderen Minijobber einspringen). Seit 1. Juli 2017 gibt es die sogenannte **Flexi-Rente** ab 63 mit folgenden Änderungen:

Den 450 € pro Monat wird die Starrheit genommen, indem das Ganze in einen „Jahresverdienst" umgewandelt wird: 6.300 € p. a. Ein Verdienst, der über diesen Betrag hinaus geht, wird zu 40 % von der Rente abgezogen (bisher: feste Reduzierungen in Schritten von ein Drittel, zwei Drittel, voll). Als Obergrenze dieses erlaubten Zuverdienstes gilt der durchschnittliche Verdienst der letzten 15 Jahre.

Rentenabschläge bei Frührente können durch Sonderzahlungen, (auch in mehreren Tranchen) ausgeglichen werden (siehe vorne).

Und ein weiterer Vorteil gegenüber dem Zeitraum vor Juli 2017: Falls Sie bereits Rente beziehen und bei Erreichen der Regelaltersgrenze (65+) doch noch weiter arbeiten, steigt Ihre Rente. Bisher zahlte der Arbeitgeber zwar brav Beiträge an die DRV, aber wer bereits Rente bezog, ging leer aus. Hinweis: Sie dürfen dann auch so viel hinzuverdienen wie Sie wollen oder können, ohne dass Ihre laufende Rente gekürzt wird!

Hinweis: Einkünfte aus Miete und Verpachtung, sowie Kapitaleinkünfte zählen bei Frührenten nicht zu dieser Hinzuverdienstgrenze! Was allerdings hinzu zählt, falls Sie so etwas auf dem Dach haben, sind Einkünfte aus einer **Solaranlage**. Denn dies ist so etwas wie ein Gewerbebetrieb.

Es gibt allerdings noch weitere „anrechnungsfreie Hinzuverdienste“: Zusätzlich zum erlaubten Nebenverdienst von 6.300 € p. a. dürfen Sie noch eine Aufwandsentschädigung für eine ehrenamtliche Tätigkeit kassieren, sowie für einen Nebenjob als Übungsleiter. Als „Übungsleiter“ etwa in Sportvereinen können nach § 3,26 des EKStG bis zu 2.400 € im Jahr (seit 2014) als Entschädigung gezahlt werden, und zwar steuer- und sozialversicherungsfrei. Zusätzlich gibt es eine sogenannte „Ehrenamtspauschale“ von bis zu 720 € im Jahr. Beide Beträge können sogar kombiniert werden, wenn Sie beispielsweise Trainer sind und zusätzlich noch ehrenamtlich an der Kasse sitzen. Nur brauchen Sie dazu einen Verein, der dies auch tatsächlich überweist! Kann in Summe noch mal 260 € im Monat (3.120 € p. a.) ausmachen, ohne dass die Frührente gekürzt wird. Für die Definition von Übungsleiter und Ehrenamt – auf die kommt es an! – empfehle ich u. a. bei Wikipedia nachzuschlagen, damit nichts falsch und gegen die vorzeitige Rente läuft.

Nochmal: Ab Erreichen der Regelaltersgrenze gibt es diese Grenzen nicht mehr. Jeder Hinzuverdienst ist dann straffrei!

Die **Flexi-Rente** seit 1. Juli 2017 bringt aber noch eine weitere interessante Möglichkeit, eine Mini-Teilrente und einen zeitlich reduzierten Job zu kombinieren: Sie können ab 63 eine Teilrente bis zu minimal 10 % Ihrer Rente beantragen und weiterarbeiten, mit dem Vorteil, dass der steuerpflichtige Anteil der gesamten Rente für das Jahr der Erstinanspruchnahme auf Lebenszeit festgeschrieben wird (2019 = 78 %). Dieser Prozentsatz bleibt Ihnen auch erhalten, wenn Sie drei Jahre später (also mit 66) schließlich die Vollrente beziehen (im Jahr 2020 wäre Ihr steuerpflichtiger Anteil 80 %). Der zweite Vorteil: Wer Teilrente und Teilzeitarbeit kombiniert, verringert seine Abschläge wegen Frührente. Dies reduziert bei beispielsweise 10 % Teilrente die Abschläge von ansonsten 0,3 % pro Monat der vorgezogenen Rente um ebensolche 10 %. Was zunächst nach wenig aussieht, summiert sich über ein langes Rentnerleben. Dazu kommt ein Rentenplus dadurch, dass durch den Teilzeitjob weiter in die Rentenkasse einbezahlt wird und somit Ihr späterer Anspruch steigt. Aber Achtung: Sie haben dann einen „Hinzuverdienst zur Rente" – und diesem sind Obergrenzen gesetzt. Das Gespräch mit einem Rentenberater, der die Vorteile genau durchrechnet, ist daher dringend zu empfehlen.

Mütterrente

Wer eines oder mehrere Kinder erzogen hat, erhält dafür Rentenpunkte. Dies kann auch für Väter gelten – falls diese das Kind überwiegend erzogen haben. Allerdings erhält diese Pluspunkte nur jeweils ein Elternteil! Für Kinder, die vor 1992 geboren wurden, gibt es 2,5 Rentenpunkte, für Kinder ab 1992 sogar 3 Rentenpunkte. 1 Rentenpunkt bringt derzeit (2019) im Westen 32,03 € mehr an monatlicher Rente und im Osten 30,69 Euro.

Gibt es Sonderregeln bei Erwerbsminderung?

Ja, wenn Sie mindestens einen anerkannten Grad von 50 % Erwerbsminderung vorweisen. Vorteil: Hierfür gibt es keine Altersgrenzen, und bei voller Berufsunfähigkeit liegen die Rentenabschläge bei maximal 10,8 % des erreichten Rentenwerts. Detailauskünfte erteilt die Deutsche Rentenversicherung.

Kann ich über das 65. Lebensjahr hinaus arbeiten?

Grundsätzlich ja. Das Erreichen des 65. Lebensjahr (+ x-Monate) ist kein Automatismus um in Rente zu gehen. Allerdings müssen Sie Ihren Arbeitsvertrag prüfen, ob da eine entsprechende Klausel bezüglich „Altersbefristung" vereinbart ist. Länger zu arbeiten kann sogar Vorteile haben: Wer die Rente später beantragt, erhält pro Monat des späteren Einstiegs 0,5 % mehr Rente und dies wiederum ein Leben lang! Pro Jahr also 6 %. Außerdem sind Sie in aller Regel weiterhin rentenversicherungspflichtig und zahlen damit noch Beiträge – was Ihre Rente zusätzlich erhöht.

Seit dem 1.7. 2017 können Sie gleichzeitig mit 65+ die Rente beziehen und trotzdem weiterarbeiten, – bei zusätzlich steigenden Rentenansprüchen. Bitte beachten Sie hier den Hinweis bei der Flexi-Rente (oben)!

Kommt die Rente automatisch oder muss ich einen Antrag stellen?

Kein Antrag, keine Rente! Das einzige, was bekanntermaßen von selbst kommt, ist der Tod. Stellen Sie den Antrag mindestens drei Monate vor der entsprechenden Altersgrenze, denn so lange dauert die Bearbeitung. Falls Sie den Antrag wegen Wohlstand verpennt haben, können Ihnen bis zu zwei Monate nachbezahlt werden.

Stimmt alles, was im „Versicherungsverlauf" der „Renteninformation" steht, die ich von meinem Rentenversicherungsträger bekomme?

Vielleicht! Auch hier gilt der Grundsatz: „Vertrauen ist gut, Kontrolle ist besser". Prüfen Sie unbedingt deutlich bevor Sie einen Antrag auf Rente stellen, ob alle erfassten Zeiten und auch die Höhe der gezahlten Beiträge in Ihrem Versicherungsverlauf stimmen. Zufolge einer etwas älteren Statistik der DRV (Deutsche Rentenversicherung) erteilte diese im Zeitraum 2003 bis 2006 in Summe 6,36 Millionen Rentenbescheide. Zu diesen gingen 870.547 Widersprüche ein, von denen 216.964, also rund ein Viertel anerkannt wurden. Damit wurden gut 3 % aller Bescheide korrigiert. Eine nicht unwesentliche Anzahl, die in aller Regel auf der Tatsache beruht, dass die zukünftigen Rentner selbst nicht darauf geachtet hatten, dass alle Daten gemeldet wurden, wie zum Beispiel bei einem Jobwechsel, einer Tätigkeit im Ausland oder auch Zeiten der Arbeitslosigkeit, der Kindererziehung und dergleichen.

Mit wie viel Rente kann ich rechnen?

Ihre „Renteninformation", die Ihnen die DRV zusendet, enthält diesbezüglich Zahlen. Das Thema Rentenhöhe, durchschnittliche Rente, Höchstrente, Pensionen, etc. wird weiter hinten, im Teil **Finanzierung** ausführlich behandelt.

Falsch: Auf meine Rente gibt es keine Abzüge wie Steuern oder Kranken- und Pflegeversicherung

Es ist wie im Märchen, die alle damit beginnen „Es war einmal...". Und dieses Märchen wird damit entzaubert, dass Ihnen, falls Sie in einer gesetzlichen Kranken- und Pflegeversicherung sind, mehr als die Hälfte des gängigen Satzes der Krankenversicherung (Stand 2019: ca. 15,5 %, je nach Kasse) automatisch abgezogen werden. Ab 2019 beteiligt sich die RV wieder zur Hälfte am gängigen Satz der KV, Sie selbst tragen die andere Hälfte. Dazu werden Ihnen 2019 allerdings 3,05 %, nämlich die volle Höhe zur Pflegeversicherung abgezogen – im Fall dass Sie Kinder haben, und wenn Sie kinderlos sind, sogar 3,3 %. Macht in Summe also rund 11 % Abzug alleine für die Kranken- und Pflegeversicherung!

Falls Sie privat krankenversichert sind, dann gilt entweder Ihr bisheriger Satz (zu dem die Rentenversicherung auf Antrag einen Beitrag in Höhe des entsprechenden Satzes der gesetzlichen KV zuschießt) oder Sie nutzen die günstigeren Angebote, die Ihnen Ihre private KV auf Antrag machen muss, sobald Sie Rentner sind, bzw. Sie reduzieren ihre versicherten Leistungsarten.

… und wie ist es mit der Steuer?

Ende des Märchens, Teil 2, jedoch mit Differenzierung. Die Rentenbesteuerung begann im Jahr 2005 aufgrund der Klage eines Beamten und einem folgenden Urteil des Bundesgerichtshofs. Seit dem Jahr 2005 haben alle Rentner (auch die damals bestehenden Rentenempfänger) mindestens 50 % ihrer gesetzlichen Rente bei der Einkommenssteuer anzurechnen, mit einer steigenden Tendenz für Neurentner von jeweils zusätzlich 2 % pro Jahrgang. Damit werden bis zum Rentnerjahrgang 2040 (ist Geburtsjahrgang 1975) volle 100 % der Rentenzahlung zu versteuern sein. Neurentner im Jahr 2019 müssen somit 78 % ihrer Rente versteuern; Neurentner im Jahr 2020 + 2 % u. s. w.. Dieser Steueranteil wird ein Mal festgelegt und bleibt Ihnen als Absolutbetrag für den Rest ihres Lebens erhalten. Will heißen: Da Absolutbetrag, sind alle künftigen Rentenerhöhungen voll zu versteuern! Somit wäre ein Großteil der Rentner auf Sozialhilfe angewiesen, wenn da nicht auch Freibeträge wären. Momentan (2019) liegt der Grundfreibetrag bei 9.168 € pro Person pro Jahr und damit für Ehepaare bei 18.816 €. 2010 soll er pro Person auf 9.408 € ansteigen(18.816 € für Ehepaare). Für zusätzliche Einkommen (außer für Renten und Pensionen) kann ab dem fünfundsechzigsten Lebensjahr ein weiterer Altersentlastungsbetrag von (Renteneintritt 2019) bis zu 836 € in Abzug gebracht werden, sowie ein Versorgungsbeitrag (Renteneintritt 2019) von 1.320 €, der auch für Betriebspensionen genutzt werden kann. Tendenz bei beiden Beträgen: jährlich sinkend! Als Faustformel kann gelten, wer keine zusätzlichen Einkünfte hat wie Mieten, Betriebspensionen, Kapitaleinkünfte oder andere Leibrenten, bleibt als Single-Rentner (Stand 2019) steuerfrei bis zu einer Rente von etwa 1.000 € und Verheiratete bis rund 2.000 € im Monat.

Seit 2010 müssen übrigens alle Rentner eine jährliche Einkommenssteuererklärung abgeben. Nur „Kleinrentner“ ohne zusätzliche Einkommen können eine Befreiung beantragen. Insbesondere wer noch zusätzliche Einkünfte hat, wie beispielsweise aus einer privaten Rentenversicherung, einer Betriebspension, Kapital- oder Mieteinkünfte, wird wahrscheinlich wie bisher einen schönen Teil seines Einkommens ans Finanzamt abführen müssen. Genau wie Beamte – nur dass ihre Rente deutlich kleiner sein wird als eine staatliche Pension.

Witwenrente für die Ehefrau und den Ehemann

Seit 1986 gibt es Witwerrente sowohl für die Frau als auch für den Mann. Ist Ihre Ehe nicht so ganz aus Liebe, sondern „überwiegend aus Versorgungsgründen geschlossen" (Originaltext DRV), sollten Sie allerdings mindestens ein Jahr verheiratet gewesen sein und 45 Lebensjahre erreicht haben (auf Alter 47 steigend bis 2029), damit Sie, bzw. die/der Hinterbliebene Anspruch auf Vollrente haben. Sie können dann mit 55 % (Eheschließung nach dem 1. Januar 2002) bzw. maximal 60 % (Ehe vor 31.12.2001) Witwenrente rechnen, wenn Sie keine wesentlichen andere Einkünfte haben. Diese werden nämlich zu 40 % bis zu einem Freibetrag (2019 – West) von 845,59 € (Ost: 810,22 €) zu 40 % angerechnet (pro Waisenrenten berechtigtem Kind zusätzlicher Freibetrag 179,37 €, bzw. 171,86 €). Hierzu empfohlene pdf-Broschüre der DRV: hinterbliebenenrente-hilfe-in-schweren-zeiten.

Vereinfachtes Rechenbeispiel (Werte 2019): Angenommen, Sie sind ein Mann, haben keine waisenrentenberechtigten Kinder, und eine Rente von brutto 1.600 €. Ihre Frau ist noch berufstätig und verfügt über ein eigenes Einkommen von derzeit netto 1.000 €. Sie leben im Westen und Ihre Eheschließung war vor dem 1.2.2002. Damit ergibt sich ein Anspruch auf Witwenrente für Ihre Frau wie folgt:

Monatlicher Freibetrag eigenes EK der Witwe (West): 846 € (gerundet)

1. Eigenes monatliches Einkommen der Witwe: 1.000 €
2. Anrechnung eigenes EK (Witwe) minus Freibetrag x 40 % => (1.000 - 846) = 154 € (x 40 %) = 61,60 € Anrechnungsbetrag
3. Brutto-Rente Verstorbener = 1.600 € (davon 60 %) = 960 € abzüglich Anrechnungsbetrag (61,40 €) => ergibt Witwenrente von 898,60 € brutto.
4. Abzüglich Eigenanteil gesetzliche KV / PV (ca. 11 %)
5. Ergibt netto summa summarum magere 799,45 € Witwenrente.

Vorschlag: Rechnen Sie nun mit Ihren eigenen Zahlen.

Ich fürchte damit bei einigen Lesern wieder eine Illusion zerstört zu haben, denn traurige Tatsache ist, dass viele Witwen – namentlich Frauen – nach dem Tod des Partners deutlich schlechter gestellt sind als vorher, denn als Paar lebt es sich bekanntlich günstiger als zwei Mal alleine und als Single. Der wesentliche Kostenfaktor ist dabei Wohnen, bzw. Miete, und alle damit verbundenen Kosten, die dann vom Überlebenden alleine getragen werden müssen – bei meist deutlich verringertem Einkommen. Sie sollten also die Versorgung für den oder die Hinterbliebene genau nachrechnen, um später für die Betroffene unangenehme Überraschungen zu vermeiden! Falls einer der Partner noch eine Betriebspension bezieht, dann beachten Sie auch mögliche Finessen diesbezüglich (siehe unten). Und nun, zur Erinnerung, noch der letzte mögliche Wermutstropfen: Auch diese Rente ist steuerpflichtig – falls der oder die Hinterbliebene die mageren Freibeträge überschreitet (siehe vorne).

Für einen ersten Überblick Ihrer eigenen Situation finden Sie auf der Website der Deutschen Rentenversicherung einen brauchbaren Brutto-Rechner. Sie finden ihn auch unter dem Suchbegriff „Berechnung Hinterbliebenenrente“ bei verschiedenen anderen Anbietern.

Und was ist mit Betriebsrenten?

Es gibt verschiedene Arten von Betriebsrenten und damit verschiedene Besteuerungsmodalitäten. Die meisten Betriebsrenten sind jedoch eine Betriebspension und werden auch als solche (also wie beispielsweise eine Beamtenpension) versteuert, und zwar in voller Höhe und mit den normalen Steuersätzen, plus Solidaritätszuschlag, plus (gegebenenfalls) Kirchensteuer. Hinzu kommt, falls Sie einer gesetzlichen Kranken- und Pflegeversicherung angehören, der Abzug für diese Kassen in voller Höhe der entsprechenden Beitragssätze (also knapp 20 %), den Sie gänzlich selbst zu berappen haben! Im Gespräch ist allerdings eine Rückkehr zur Regel vom Jahr 2005 und davor, so dass nur wieder die Hälfte dieser Beiträge bei Betriebsrenten und auch bei Direktversicherungen abgezogen werden. Finanzminister Scholl hat dazu im März 2019 jedoch schon verkündet, dass er dafür kein Geld hat.

Was ist bei Betriebsrenten/-pensionen zusätzlich zu beachten?

Betriebspensionen bzw. Betriebsrenten unterliegen Vereinbarungen zwischen Arbeitgeber und Arbeitnehmer, deren Bedingungen und Konditionen unterschiedlich sind. Auskünfte hierzu gibt Ihre Personalabteilung oder Ihr Betriebsrat. Über die durchschnittliche Höhe dieser Alterseinkunftsart erfahren Sie etwas im Kapitel „Finanzierung". An dieser Stelle sei Ihr Augenmerk auf zwei häufig unterschiedliche Konditionen gerichtet, die Sie überprüfen sollten:

Erstens: **Wann setzt die Zahlung ein?** Es gibt sehr großzügig bemessene Betriebspensionen, bei denen die einzige Voraussetzung ist, dass Sie ein bestimmtes Lebensalter erreicht haben (z. B. 50), verbunden mit einer gewissen Anzahl von Dienstjahren (z. B. 20) und dass Sie aus dem Betrieb ausscheiden. Und dann zahlt Ihre Firma die Rente bis an Ihr Lebensende. Möglicherweise enthält der Vertrag noch eine so genannte „Wettbewerbsklausel", die besagt, dass Sie nicht für einen bestimmten Konkurrenten arbeiten dürfen, aber ansonsten sind Sie frei. Dies ist sicherlich die nobelste Version. Die weitaus üblichere Variante ist, dass Ihre Betriebspension erst dann fließt, wenn Sie tatsächlich auch um die gesetzliche Rente eingeben, also wenn Sie insgesamt verrentet werden – etwa mit 65 Jahren plus x, oder möglicherweise über eine vorzeitige Rente ab 63.

Zweitens: **„Witwenklausel"**. Meist wird eine Betriebsrente auch an die Witwe oder den Witwer mit dem üblichen Abschlag von 40 % bzw. 45 % weiter bezahlt (entsprechend der gesetzlichen Rente). Allerdings bedingt diese Vereinbarung häufig den Zusatz, dass Sie mit dieser Person die letzten fünf Jahre vor dem Ausscheiden aus dem Betrieb, oder auch vor Inanspruchnahme Ihrer Pension, verheiratet gewesen sein müssen. Dies ist schlecht für all diejenigen, die sich im fortgeschrittenen Alter zu einer nochmaligen Ehe entscheiden, denn der neue Ehepartner geht in diesem Fall gänzlich leer aus! Auch dies ist häufig eine böse Überraschung – wie die Abzüge des eigenen Einkommens im Fall der gesetzlichen Witwenrente zeigen (siehe vorne). Und wer mit einer Person verheiratet ist, die 10 Jahre (und mehr) jünger als man selbst ist, dem können Arbeitgeber die Witwenrente mindern – um zusätzlich bis zu 5 % pro jüngeres Lebensjahr.

Werden Betriebsrenten bzw. Betriebspensionen regelmäßig erhöht?

Gute Nachricht: Es besteht für die entsprechenden Betriebe die Pflicht, die Betriebsrenten alle drei Jahre bezüglich einer Anpassung zu überprüfen. Hierbei spielen sowohl die allgemeinen Preissteigerungen, wie auch die wirtschaftliche Lage des jeweiligen Unternehmens eine Rolle. Erhöht Ihr Betrieb nicht, so haben Sie die Möglichkeit, innerhalb von drei Monaten (nach Ablauf der entsprechenden Dreijahresfrist) diese einzufordern. Ihr Klagerecht sollten Sie im zutreffenden Fall durchwegs ausüben, da die richterlichen Entscheidungen hier eindeutig für Sie sprechen. Nach Rechtsprechung des Bundesarbeitsgerichts hat die Anpassung dieser betrieblichen Leistung mindestens in Höhe der Teuerungsrate zu erfolgen. Diese Verpflichtung kann Ihr Betrieb umgehen, wenn er sich freiwillig verpflichtet, laufende Leistungen pro Jahr (nach jeweils drei Jahren) um 1 % anzupassen. Freuen Sie sich schon jetzt, denn dies könnte mehr sein als die Erhöhungen bei der gesetzlichen Rentenversicherung.

Schlechte Nachricht, quasi zur Erinnerung: Praktisch alle Arten von Betriebsrenten werden voll besteuert und wer gesetzlich krankenversichert ist, kann rund weitere 20 % für KV und PV in Abzug bringen (soweit der Höchstbeitrag nicht erreicht ist), weil er sowohl Arbeitgeber- als auch Arbeitnehmeranteil selbst zahlen muss. Mehr dazu im Abschnitt „Finanzierung".

Weitere Formalitäten, die (nicht nur) mit dem Älterwerden verbunden sind

Davon ausgehend, dass Sie die oben beschriebenen Klippen erfolgreich genommen, sich die notwendigen Informationen für Ihren individuellen Fall besorgt haben, und auf Ihrer persönlichen Checkliste so ungefähr beim vorletzten Punkt angekommen sind, erlauben Sie mir, dass ich Ihren soeben erreichten Zufriedenheitsgrad noch mal störe. Da ist nämlich noch etwas, das gerne verdrängt, ausgeblendet oder sogar regelrecht verleugnet wird – die unangenehme Frage: *„Was ist, wenn ich ins Krankenhaus komme, ein Pflegefall werde, mein Bewusstsein oder sogar meine Geschäftsfähigkeit verliere, einen gesetzlichen Betreuer benötige, und was ist, wenn ich mich schließlich auf die lange Reise vom Diesseits in Jenseits begeben muss?"*

Dann: Ist da eine **Patientenverfügung**, noch besser eine zusätzliche **Betreuungsverfügung**, habe ich ein **Testament** gemacht, wer ist die Person oder die Personen, denen ich vertrauen kann, wer soll mich beerben? Die Patientenverfügung brauchen Sie dann, wenn Sie nicht wollen, dass in einer kritischen gesundheitlichen Situation die Ärzte beispielsweise Ihren Körper durch Versorgungsschläuche auch dann noch am Leben halten, wenn die Chancen auf Reanimierung gleich Null sind. Allerdings muss eine Person Ihres Vertrauens wissen, dass es so eine Verfügung überhaupt gibt und wo man diese findet.

In diesem Kontext ist eine **Betreuungsverfügung** genauso wichtig, damit eine bestimmte Person im Falle einer Notsituation alle oder auch nur bestimmte Angelegenheiten für Sie wahrnehmen kann. Damit umgehen Sie im Eventualfall einen anonymen gesetzlichen Vertreter, der Ihre Interessen zwar (möglicherweise) rechtlich sauber regelt, aber vielleicht nicht Ihrem Willen entsprechend. Achtung: Einen vom Gericht einmal festgelegten Betreuer werden Sie oder auch Ihre Familie nur sehr schwer wieder los! Und ein großer Irrtum ist, dass der/die Ehepartner oder die Kinder automatisch als Betreuer bestellt oder auch nur vorher gefragt werden müssen. Dem ist keinesfalls so – ist allerdings im Gespräch (schon seit 2017).

Außerdem ist in jedem Fall eine generelle **Vollmacht** sinnvoll, mit der eine Person Ihres Vertrauens alle anstehenden Geschäfte oder Vorgänge regeln kann, wenn Sie selbst dazu nicht mehr in der Lage sind – z.B. wenn Sie Geld für die Einweisung in ein Heim benötigen und dafür etwas verkauft werden muss. Und dies kann leider oft sehr schnell und vor allem ungeplant passieren!

Ergänzend dazu sollten Sie trotzdem bei Ihrer Bank eine **Bankvollmacht** mit den Formularen dieser Bank ausstellen, die über Ihren Tod hinaus reicht. Die bevollmächtigte Person kann ein Ehepartner sein, ein Verwandter, ein vertrauenswürdiger Freund, aber auch ein Notar oder Rechtsanwalt. Liegt eine derartige Vollmacht nicht vor, kann es – selbst für Ihren guten Ehepartner – mehrere Monate dauern, bis ein Erbschein vorliegt und somit über ein Bankkonto verfügt werden kann.

Und schließlich ist da noch ein **Testament,** das immer dann notwendig ist, wenn Sie die Verteilung Ihres Nachlasses nicht der gesetzlichen Erbfolge überlassen wollen. Dieses kann handschriftlich verfasst werden, solange Ihr klarer und letzter Wille daraus hervorgeht, versehen mit Ort, Datum und Ihrer Unterschrift. Ratsam ist das vorherige Gespräch mit einem Steuerberater und die Hinterlegung bei einem Notar; noch besser die vorherige Beratung durch eine derartige Amtsperson oder einen Rechtsanwalt. Übrigens: Die Gebühren für den Erbschein und den Notar sind in etwa die selben – und ein notarielles Testament erfordert keinen Erbschein mehr. Außerdem wird ein notarielles Testament zentral hinterlegt und damit sicher. Hinweis: Ich empfehle dringend sich mit diesem Komplex eingehend zu befassen. Eine detaillierte Beschreibung geht über den Kontext dieses Buches hinaus.

Was an diesen genannten Vorsorgehandlungen so denkbar einfach und auch selbstverständlich erscheint, bleibt dennoch in den allermeisten Fällen eine Auseinandersetzung zwischen der Ratio, die deutlich sagt „Ja, das muss ich machen" und der inneren Trägheit, die meldet „Ja, das sollte ich irgendwann machen" – und dann nichts tut. Auch der Begriff „mal tun" ist im Übrigen nur eine andere Form von „nie tun". Oder haben etwa Sie persönlich alle diese Formalitäten schon erledigt? Oder auch Ihre Freunde, falls Sie dort mal nachfragen. Wenn ja, dann herzlichen Glückwunsch, denn Sie gehören damit zu einer absoluten Minderheit in der deutschen Bevölkerung. Falls Sie an dieser Stelle zumindest leicht ins Grübeln geraten sind, so möchte ich anregen, dass Sie wenigstens Ihre nun aufgetretene Neugier etwas befriedigen, indem Sie Ihren Computer einschalten und die entsprechenden Begriffe, von *„Patientenverfügung"* bis *„Testament"*, bei Wikipedia eingeben und sich noch etwas schlauer machen. Und wenn Sie im Folgenden auf die Suche nach den entsprechenden Formularen gehen wollen, dann geben Sie dieselben Begriffe bei Google oder einer sonstigen Suchmaschine, nochmal ein und Sie treffen auf eine Reihe weiterer brauchbarer Vorschläge. Wenn Sie mit dem Computer grundsätzlich nichts zu tun haben wollen, dann sollten Sie zumindest einen Rechtsberater aufsuchen und mit diesem über dieses verständlicherweise unbequeme Thema reden! Vom Verlag C. H. Beck gibt es zwei sehr empfehlenswerte Hefte um wenig Geld, die alle diese genannten Formulare beinhalten und auch beschreiben, mit den Titeln *„Vorsorge für Unfall, Krankheit, Alter durch Vollmacht, Betreuungsverfügung, Patientenverfügung"* und *„Vorsorge für den Erbfall durch Testament, Erbvertrag, Schenkung"*. Noch ein Tipp: Sollten Sie sich jemals in die Hände eines Krankenhauses begeben müssen, nehmen Sie die Patientenverfügung stets mit, legen Sie diese in den Bettschrank und reden Sie darüber mit dem behandelnden Arzt. Er wird Ihnen im Bedarfsfall sehr dankbar sein, – da damit auch für ihn klar ist, wie er sich verhalten muss (Betonung auf „muss“).

Wenn Sie dennoch in absehbarer Zeit weder das eine noch das andere machen – nun, dann haben Sie auch eine klare (aber hoffentlich bewusste) Entscheidung getroffen. Nämlich die, dass keine Entscheidung auch eine Entscheidung ist und dass Sie sich somit entschieden haben, das Ganze dem Zufall oder auch dem Schicksal zu überlassen, im Sinne von „nach mir die Sintflut“ oder auch „ist mir egal“.

Bevor ich nach diesen mahnenden Worten gänzlich Ihren Unmut auf mich ziehe und Sie dieses Buch genervt zuklappen, möchte ich Ihr Interesse auf den folgenden Abschnitt lenken, der zwar ebensolche Emotionen und Vorbehalte hervorrufen könnte, der sich jedoch mit einigem guten Willen auf der relativen Neutralität von Fakten und Zahlen abspielen lässt. Es geht im Folgenden um die **Finanzierung des Älterwerdens**, wobei ich genauso wenig wie bei den **Formalitäten** den Anspruch auf Vollständigkeit und Unfehlbarkeit erheben kann, sondern lediglich Hinweise und Anregungen geben möchte, die der einzelne Leser auf das individuelle und persönliche Zutreffen überprüfen möge. Einige der im obigen Text gemachten Angaben versuche ich dabei mit praktischen Beispielen zu ergänzen und zu vertiefen. Falls Sie zu dem beneidenswerten Kreis derer gehören, die mit Überzeugung von sich sagen können „Ich habe längst ausgesorgt“, dann überspringen Sie dieses Kapitel und gehen gleich über zu dem Teil, der sich mit dem **inneren Prozess** und der konkreten **Umsetzung** des Ausstiegs aus dem Berufsleben befasst. Ich gebe mich der Hoffnung hin, dass Sie dort noch auf eine Anzahl von Gedanken und Anregungen stoßen, die Sie zum Weiterlesen und Nachdenken veranlassen.

B. Finanzierung des Alters

Allgemeine Betrachtungen

Wenn Sie lediglich eine gesetzliche Rente erhalten, keine oder nur geringe Ersparnisse haben, dann ist die Finanzierung der Zeit nach Ihrem Beruf sehr einfach: sie ist nämlich bereits erledigt, denn wo nichts ist, gibt's auch nichts zu verteilen und noch weniger zu investieren. Falls Ihnen diese Bemerkung herzlos oder unsozial erscheint, erzeugen Sie damit durchaus Sympathie, am System und an den nüchternen Fakten ist dennoch nichts zu ändern. Hatten Sie jedoch im Laufe Ihres Lebens die Gelegenheit zu sparen und verschiedene Rücklagen zu bilden, Sie verfügen möglicherweise über eine oder mehrere Immobilien, haben Anspruch auf eine Betriebspension, stehen vor der Auszahlung einer Lebensversicherung, denken über eine private Rentenversicherung nach, Sie erwarten sogar noch eine Erbschaft, und schließlich und endlich wollen Sie Ihr Vermögen so anlegen, dass Sicherheit und Verfügbarkeit sinnvoll aufeinander abgestimmt sind, dann stellen sich die verschiedensten Fragen. Auch wenn nur einer der genannten Fälle zutrifft, dann lesen Sie weiter, denn darum geht es im folgenden Abschnitt.

Als ersten Schritt bedarf es einer Bestandsaufnahme des Gesamtvermögens und der zu erwartenden regelmäßigen Alterseinkünfte, dann eine Abstimmung mit der Lebensplanung für die noch verbleibende Zeit, und folglich eine Auswahl möglicher Finanzierungsinstrumente, mit einer eventuellen Umschichtung des vorhandenen Vermögens in altersgerechte Anlageinstrumente. Dabei dürften die Sicherheit Ihres Geldes und eine regelmäßige Entnahme im Vordergrund stehen, das Wachstum Ihres Vermögens nicht mehr ganz so sehr – es sei denn, Sie machen dies zu einem wesentlichen Inhalt Ihres Lebens nach dem Beruf.

Um keinen Sozialneid aufkommen zu lassen und um mir den Vorwurf zu ersparen, im folgenden handelt es sich nur um Hinweise für Menschen mit viel Geld, so möchte ich gleich zu Anfang festhalten, dass es mir lediglich darum geht, möglichst viele

Fragen zur Altersfinanzierung aufzuwerfen, diese im Vergleich zu beantworten, und Vor- bzw. Nachteile zu verschiedenen Möglichkeiten heraus zu stellen. Es sollen auch nur Kriterien betrachtet werden, die für einen „Normalverbraucher" im mittleren Wohlstandsbereich relevant sein können, denn alles was darüber liegt, verfügt in der Regel ohnehin über mehr oder minder begabte Finanzberater. Zusätzlich liefere ich Ihnen einige Zahlen und Daten, die ich für wichtig halte, damit Sie sich mit Ihrem jeweiligen Einnahmen als Rentner und „Silver Ager" in Relation zu den anderen Betroffenen Ihrer Lebensphase einordnen können, frei nach dem Motto: „Den Anderen geht's auch nicht besser!" oder vielleicht auch „Ich darf nicht jammern!".

In diesem Zusammenhang ist interessant, auf welche Einkommenshöhe der durchschnittliche Rentner- bzw. Pensionärshaushalt in Deutschland kommt und wie das Geld schließlich ausgegeben wird. Leider sind die verfügbaren Statistiken teilweise Jahre alt oder weichen bei verschiedenen Quellen erheblich von einander ab. Bitte betrachten Sie die von mir vorgelegten Daten daher nicht mit der Lupe, sondern nehmen Sie diese lediglich als Richtwert.

Ihr Einkommen kennen die meisten; ihre Ausgaben und wohin diese fließen, dagegen die wenigsten. Ein Haushaltsbuch, um den Ist-Stand für ein oder zwei Jahre zu erfassen, ist deshalb dringend empfohlen, sobald Sie irgendwie an Rente denken! Dazu gleich mehr.

Damit Sie eine erste Orientierung haben wie hoch das Gesamt-Nettoeinkommen privater Haushalte in Deutschland nach Berufsgruppen ist, hierzu ein paar Zahlen aus dem Jahr 2015 (genaue Daten werden lediglich alle 5 Jahre erhoben, also erst wieder für 2020) in Euro und pro Monat:

Rentner	1.961 €	Angestellte	3.224 €
Pensionäre	3.850 €	Beamte	4.138 €
Arbeiter	2.801 €	Selbständige	4.065 €
		Durchschnitt	**2.706 €**

Anmerkung: Ein „Haushalt" besteht aus einer oder mehreren Personen. Das „Gesamt-Einkommen" kann sich aus mehreren Bezugsquellen zusammensetzen. (Quelle: Das Statistik-Portal)

Alterssicherung in Deutschland – Rentnereinkommen

Nachdem Sie inzwischen sicherlich gelesen haben, dass man die durchschnittliche Höhe der gesetzlichen Rente in Deutschland berechtigterweise als mau bezeichnen kann, muss man an dieser Stelle einfügen, dass viele Rentnerhaushalte – zum Glück! – über mehr als ein Einkommen aus der gesetzlichen Rente verfügen. Dazu wieder ein paar interessante Durchschnittszahlen für die „Über-65-Jährigen" vom Bundesministerium für Arbeit und Soziales, entnommen der FAZ vom 27. Oktober 2016:

Alterssicherungssystem	**Bezieherquote [%]**	**Nettobetrag [€]**
Gesetzliche Rente	90	861
Betriebliche Altersversorgung	35	503
Zusatzversorgung öffentlicher Dienst	11	289
Beamtenversorgung	6	2.293
Alterssicherung der Landwirte	3	368
Berufsständische Versorgung	1	2.047

Was hier fehlt sind Zahlen für zusätzliche Einkommen wie z. B. aus Miete und Verpachtung oder aus Vermögen und Kapital; womit sich wieder ein völlig neuer Netto-Wert für den durchschnittlichen „Haushalt-im-Alter" (65- bis 85-Jährige) ergibt, nämlich monatlich 2.410 € (Quelle: Altersstudie 2017, Institut für Demoskopie Allensbach). Obige Angaben sind für Gesamt-Deutschland, also nicht unterteilt in Ost/West.

Dass es sehr viele alte Menschen in unserem Land gibt, die mit wesentlich weniger Geld auskommen müssen, ist leider traurige Tatsache – weswegen der eine oder andere Leser an dieser Stelle wahrscheinlich zu dem bekannten Spruch neigt „Traue keiner

Statistik, die Du nicht selbst gefälscht hast". So ist es mit den berühmten griechischen Statistiken – und die aus unserem eigenem Land haben eben auch nur einen begrenzten Aussagewert!

Kassensturz und Haushaltsbuch

Wie wir anhand der obigen Tabellen ersehen können, haben es Pensionäre und Beamte besonders schwer, denn sie müssen mehr Geld ausgeben als alle anderen Gruppen – und das auch noch im späteren Leben als sogenannte Ruheständler.

Weil jedoch das Gros der deutschen Rentner im Alter den Gürtel etwas enger schnallen muss, kann es hilfreich sein, zunächst einmal zu betrachten, wie und wo der durchschnittliche deutsche Privathaushalt sein Geld ausgibt. Laut dem Statistischem Bundesamt (Destatis 2017) verfügt dieser dafür über 2.391 €, die er monatlich für die folgenden Bereiche ausgibt (Die folgenden Zahlen mögen Ihnen dabei als Richtwert und zur Überprüfung für Ihren eigenen Haushalt dienen.)

Wohnen, Energie, Wohnungsinstandhaltung	861 €	36 %
Nahrungsmittel, Getränke, Tabakwaren	335 €	14 %
Verkehr	310 €	13 %
Freizeit, Unterhaltung, Kultur	263 €	11 %
Bekleidung, Schuhe	96 €	4 %
Sonstige Konsumausgaben	526 €	22 %
Summe	**2.391 €**	**100 %**

Anmerkung: Ein „Haushalt" besteht aus einer oder mehreren Personen. (Zahlen aus „Laufende Wirtschaftsrechnung 2015", Destatis – nächste größere Erhebung: 2020)

Nachdem, wie schon aus der Einkommens-Übersicht auf der vorherigen Seite ersichtlich, ein Großteil der Rentner mit seinen Bezügen deutlich unter dieser Summe des durchschnittlichen Haushalts liegt, bleibt nur die bittere Erkenntnis, dass bei den meisten Menschen im Alter „Sparen“ angesagt ist, wobei dies zwangsläufig nicht auch zu einer Reduktion der Lebensqualität führen muss!

Weil kaum jemand gewissenhaft, wie in alten Zeiten üblich, Haushaltsbuch führt, das Geld jedoch auch im Alter reichen muss, sei zunächst das Augenmerk insbesondere auf diesen unbequemen Teil gelenkt, eine Kladde, in der Sie für eine Dauer von mindestens einem Jahr (besser zwei) penibel jeden Tag eintragen, wie viel Geld Sie wofür ausgegeben haben. Wie schon erwähnt sollten Sie damit anfangen, sobald die Rente in Sichtweite kommt. Wenn Sie allerdings zu dem erlauchten Kreis derjenigen gehören, deren monatliches Alterseinkommen jenseits der 5.000 € Grenze liegt, können Sie sich diese Übung ersparen oder höchstens als Hobby betreiben. Egal, ob bittere Notwendigkeit des Durchschnittsrentners oder Hobby eines wohlhabenden Schwaben, sich einen klaren Überblick über die eigenen Ausgaben zu schaffen, führt in jedem Fall zu einer gewissen Erleuchtung, manchmal auch zu einer deutlichen Ernüchterung. Der eine wird erkennen, wo noch Speck beseitigt werden kann, der andere erhält Hinweise, wo noch Spielraum ist, falls es später doch noch enger wird – zum Beispiel dann, wenn die Teuerungsrate in den Jahren des Rentnerdaseins deutlich höher ausfällt als die Rentensteigerungen – womit leider fest zu rechnen ist!

Angelehnt an obige Posten-Übersicht und an Ihre persönliche Situation sowie Einkommenslage, empfehle ich für ein Haushaltsbuch mit diesen oder ähnlichen Rubriken:

- Wohnen bzw. Mietausgaben, inkl. Kommunikation
- Supermarkt (Nahrung, Kosmetik, etc.)
- Transport und Verkehr
- Reisen und Restaurantbesuche
- Freizeit, Unterhaltung, Kultur
- Bekleidung, Schuhe
- Sonstiges (Versicherungen, Sonderausgaben, etc.)
- Eventuell: Gesundheit

An dieser Stelle ein vielleicht hilfreiches Zitat von Wilhelm Busch zu dieser doch recht lästigen, buchhalterischen Tätigkeit:

„Wer hinter die Puppenbühne geht, sieht die Drähte."

Studien sagen: Mehrzahl der Rentner ist zufrieden und Reiche leben länger

Nachdem viel über Altersarmut geredet und geschrieben wird, die Kluft zwischen Arm und Reich auch nachweislich wächst, sollte man doch auch – quasi zur Ermutigung – nicht verschweigen, dass die Mehrheit der älteren Menschen mit dem eigenen Leben zufrieden ist und auch die finanzielle Lage positiv sieht. Dies geht zumindest aus der Altersstudie 2017 des Instituts für Demoskopie Allensbach hervor. Dazu wurden 4.100 Menschen im Alter zwischen 65 und 85 befragt. Um der Beschuldigung kritischer Leser zuvor zu kommen, dass mein Blick möglicherweise getrübt ist, verweise ich vorsichtshalber auf die vorher gemachte Aussage mit den Statistiken. Bei Befragungen darf man getrost ebenso skeptisch sein; siehe Bundestagswahlen und tatsächliche Ergebnisse. Trotzdem seien nun, mit gebührender Distanz, einige dieser Ergebnisse wiedergegeben (der Stichprobenumfang mit 4.100 Personen kann als repräsentativ angesehen werden), entnommen der SZ vom 2. März 2017 mit der Überschrift „Alt und zufrieden":

Demnach sind satte 85 % dieser Gruppe mit ihrem Leben zufrieden, auf einer Skala von 0 („überhaupt nicht zufrieden") bis 10 („völlig zufrieden") liegt der Gesamtdurchschnitt bei beachtlichen 7,2. 10 % bezeichnen ihre finanzielle Lage als „sehr gut" und erstaunliche 52 % als „gut", und nur 6 % als „eher schlecht" oder „schlecht". Im Durchschnitt liegt das Netto-Einkommen der 65- bis 85-jährigen pro Haushalt bei 2.410 € und die „frei verfügbaren Mittel" (nach Abzug von allen Fixkosten wie für Wohnen, Nahrungsmitteln, etc.) bei 628 €. Ich hoffe, Sie gehören zu diesem Kreis, denn unterhalb eines Haushaltseinkommens von netto 1.750 € wird's dementsprechend eng und die Zufriedenheit kommt in den Sinkflug. Was Wunder...

Die oft geschmähte „Arbeit“ dagegen – zumindest die, die in der aktiven Zeit ausgeführt wurde – gewinnt im Alter an Wert. Einerseits wegen der finanziellen Notwendigkeit – so hat ein Viertel der 65- bis 69-Jährigen noch einen Job mit durchschnittlich 14 Stunden in der Woche, und im Alter zwischen 70 und 80 ist sogar noch jeder Zehnte beruflich tätig. Mehr als Geld (es erscheint erst an vierter Stelle) scheint den Rentnern und Pensionären „Spaß an der Arbeit“ (anstatt des Begriffes „Arbeit“ biete ich „Tun“ oder „Schaffen“ an), „geistige und körperliche Fitness“, und nicht zuletzt „Kontakt zu Anderen“. Ein Komplex, der nach meiner persönlichen Erfahrung über die vielen Seminare die ich zu diesem Thema halten durfte, häufig völlig unterschätzt wird. Auf der Couch sitzen und warten bis der Tod kommt oder auch 12 Monate Urlaub machen, macht auf Dauer weder zufrieden, noch geistig satt! Deswegen schon an dieser Stelle mein dringender Rat: Tun und Schaffen und den Kontakt mit Menschen nicht vernachlässigen! Dazu mehr im dritten Teil.

Die Studie hat jedoch noch eine weitere wichtige Information bezüglich „Gesundheit“: Demnach fühlen sich die 65- bis 85-Jährigen im Durchschnitt mehr als sieben Jahre jünger als sie tatsächlich sind und 40 % der besagten Gruppe bewerten ihren Gesundheitszustand uneingeschränkt als positiv. Einen Trend nach unten gibt es erst ab Alter 75.

Zu dieser Untersuchung aus Allensbach kommt genau einen Tag später der alljährliche „Armutsbericht“ vom „Paritätischen Wohlfahrtsverband“, und dieser bildet deutliche Zusammenhänge zwischen Armut und Gesundheit ab, mit drastischen Aussagen in Bezug auf Menschen namentlich im Renteralter. Als „Armut“ wird definiert, wer unter 60 % des durchschnittlichen Haushalts-Einkommens der Bevölkerung verfügt. Dieses liegt, nehmen wir die Zahl von Destatis, entsprechend bei monatlich 2.391 €, somit ergeben 60 % genau 1.435 € oder für einen Single-

Hauhalt lediglich 942 €. Was nun „Gesundheit“ betrifft, besagt dieser Bericht, dass die Lebenserwartung bei Menschen mit höherem Einkommen um etwa zehn Jahre höher liegt, als bei Menschen im Armutsbereich. Konkret leben Männer der unteren finanziellen Gruppe danach bis 70,1 Jahre und die mit höherem Einkommen bis zu 80,9. Die ZdF-Sendung Panorama, noch am selben Abend, erklärt dies damit, dass die Wohlhabenderen sich gesünder ernähren, mehr Geld für Sport, Urlaub und auch geistige Beweglichkeit ausgeben, häufig die Möglichkeit hätten über die 65 hinaus noch anspruchsvollen Arbeiten nachgehen könnten und damit Anerkennung erfahren würden. Dies mag so sein, nimmt aber auch dem nicht so wohlhabenden Einzelnen keinesfalls die Verantwortung ab, innerhalb seiner bestehenden Möglichkeiten sich bewusst zu ernähren und sich Betätigungen außerhalb des heimischen Wohnzimmers zu suchen. Wer bei Aldi einkauft, muss sich nicht zwangsläufig schlechter ernähren als der, der beim KaDeWe an der Feinkosttheke steht! Und eine freiwillige Tätigkeit bei der Tafel mag genauso viel Befriedigung bringen, wie der honorige Job im Aufsichtsrat mit satter Zusatz-Tantieme. Geld als Wert muss nur einen anderen Stellenwert bekommen. Dazu kann man den Geist einsetzen, an der inneren Einstellung drehen – und es kostet nicht mal Bares!

Doch belassen wir es zunächst bei den genannten Zahlen mit ihren Aussagen und lassen Sie uns im nun Folgenden auf die verschiedenen Alterssicherungssysteme, wie die gesetzliche Rente, einen etwas schärferer Blick werfen, danach auf die betriebliche Altersversorgung als das zweite wesentliche Standbein, gefolgt von Pensionen für Beamte und für Politiker sowie die Versorgungswerke für Selbstständige und Freiberufler. Zusätzlich wird die private Rentenversicherung einer deutlichen Prüfung unterzogen und der Versuch gemacht, die Frage *„Wohin mit dem Sparschwein“* zu beantworten; beispielsweise im Bereich Bankauszahlplan, Aktien, Fonds und Immobilien – und wie man namentlich aus eigen genutzten Immobilien im Alter vielleicht noch für sich selbst ein zusätzliches Einkommen generieren kann, bevor die Erben kommen und sich freuen.

Die gesetzliche Rente

„Die Rendde sind sischä!"
(Norbert Blüm, Bundesminister für Arbeit und Sozialordnung von 1982-1998)

Für Leser, die der hessischen Aussprache nicht mächtig sind, sei übersetzt: *„Die Renten sind sicher!"* Ja, mit diesem legendären Satz hat er sich jahrelang gegen jede Kritik verteidigt, der Herr Bundesminister. Über die tatsächliche Höhe, deren Entwicklung und den inflationsbereinigten Wert dieser Rente, hat er jedoch nichts gesagt. Und genau darin liegt die Crux und auch die Vernebelung durch diese Aussage! Inzwischen hat es dieser Ex-Minister zu einer fragwürdigen Berühmtheit gebracht, die im SPIEGEL 9/2008 in der bezeichnenden Bemerkung gipfelt: „... *[als] das Volk Norbert Blüm noch traute, wenn er sagte, die Rente sei sicher. Doch während Blüm sich heute nur noch auf Kabarettbühnen in Rückzugsgefechten übt oder auf der Couch von Sandra Maischberger im Takt federt...*". Viel Spott ist geblieben, von des Herrn Ministers Seriosität und seiner Glaubwürdigkeit. Doch inzwischen sind Jahre vergangen und auch Herr Blüm gibt sich geläutert. Man kann sich zwar darauf verlassen, dass die Rente pünktlich ausbezahlt wird, die Steigerungsraten der Jahre 2012 bis 2019 sind okay, davor aber lagen Jahre mit Erhöhungen die deutlich unterhalb der Inflationsrate lagen.

Nachdem in etwa 70 % eines durchschnittlichen Rentnereinkommens aus der gesetzlichen Renten kommen und damit diese Rente die meist verbreitete Grundlage einer Altersfinanzierung ist, sei hier der Versuch gemacht, die wohl wichtigsten Aspekte zu analysieren. Was dabei am meisten plagt ist die Frage, ob diese Rente überhaupt noch sicher ist und wenn ja, dann in welcher Höhe, vor allem was künftige Generationen betrifft.

Ist die gesetzliche Rente der Deutschen Rentenversicherung sicher?

Zunächst ein klares Ja! Und vorausgesetzt, Sie erfüllen die grundsätzlichen Anspruchskriterien. Da sowohl Sie persönlich, als auch ihr Arbeitgeber in diese Rentenversicherung einbezahlt haben, haben Sie auf dieses Geld ein Eigentumsrecht nach dem Grundgesetz, Artikel 14. Diesen Artikel zu verändern ist in dieser Republik, mit der bestehenden Rechtsform, so gut wie unmöglich! Selbst in höchst chaotischen Zeiten wie wir sie immer wieder durchleben, sind pauschale Kürzungen politisch und sachlich indiskutabel, da sich ein großer Teil der Auszahlbeträge für Neurentner bereits im Bereich der Grundsicherung (ca. 800 € im Monat), entsprechend Hartz IV bewegt. Was kann man da noch kürzen? Außerdem käme eine Nichtzahlung einer Enteignung gleich. Im EU-Land Griechenland wurde zwar tatsächlich gekürzt, aber die dortigen Verhältnisse sind nicht ohne Weiteres auf Deutschland übertragbar, auch wenn Skeptiker anmerken „noch nicht". Was Sie allerdings erleiden werden, ist eine schleichende Entwertung über eine Inflationsrate, die über Rentenerhöhungen bestimmt nicht voll ausgeglichen wird!

Viel Nachgeplapper, verschiedene Lügen und die leidige Frage: „Wer soll denn diese Renten noch bezahlen?"

Durch die Veränderung des Verhältnisses zwischen Jung und Alt, Zahlern und Empfängern, wird eine unsägliche Menge an Verunsicherung gestreut. Die Verschiebungen im demographischen Verhältnis sind Fakt. Was jedoch nirgendwo festgeschrieben steht, ist die Art und Weise, wie diese Rentenversicherung finanziert wird! Die Politiker aller Parteien scheuen sich nur vor einer echten Reform, in den Medien finden sich selten kreative Vorschläge, bei den Talkshows treffen stets dieselben Phrasendrescher aufeinander, es wird großflächig nachgeplappert, dass dieses System so nicht mehr zu finanzieren ist. Stimmt: So nicht. Aber anders!

Siehe Schweiz und auch Österreich. Zunächst einmal müsste diese Versicherung wie eine tatsächliche Versicherung gemanagt werden, nach ordentlichen kaufmännischen Grundsätzen und nicht wie ein Sozialtopf, der von den Politikern nach Gutdünken manipuliert wird. Im Klartext heißt dies, ganz wie eine private Versicherung: Wer einzahlt bekommt seinen Anteil und wer nichts bezahlt hat bekommt nichts. Wer nichts bekommt oder zu wenig, müsste deshalb noch lange nicht im Stich gelassen, sondern lediglich aus einem allgemeinen Sozialtopf unterstützt werden, der durch das allgemeine Steueraufkommen finanziert wird und zu dem ausnahmslos (!) alle Teile der Bevölkerung beitragen. Das jetzige System ist völlig undurchschaubar und besteht aus Zahlungen der Arbeitnehmer und Arbeitgeber, jeder Menge versicherungsfremden Leistungen, sowie einem hohen staatlichen Zuschuss. So konnte das derzeitige Umlageverfahren grundsätzlich nicht mehr funktionieren, wenn, wie nach dem Mauerfall in Ostdeutschland, gut 20 % der dortigen Bevölkerung arbeitslos waren und die anderen 80 % nicht aus übermäßig vielen Zahlern mit besonders hohen Beitragsüberweisungen bestand. Logischerweise muss daher dieses Ungleichgewicht auch heute noch bundesweit durch staatliche Zuschüsse gedeckt werden, genauso wie inzwischen durch die Verschiebungen im demographischen Verhältnis. Nur, die Beantwortung der Frage, welche Summe dafür nach ordentlichen kaufmännischen Grundsätzen erforderlich ist, steht aus. Es kann auch nicht sein, dass nur ein Teil der Bevölkerung, nämlich die aktuellen Rentenzahler, diese Lücken finanzieren, Beamte, Freiberufler und Selbstständige dagegen außen vor, oder höchstens über ihre allgemeinen Steuern am Bundeszuschuss beteiligt sind. Dies sind die „normalen" Rentenbeitragszahler allerdings genauso, denn auch diese zahlen ja bekannterweise Steuern. Insofern haben auch die Renten an Spätaussiedler, die überhaupt nichts oder sehr wenig in dieses System einbezahlt haben, dort überhaupt nichts zu suchen! Und zusätzlich müssten alle versicherungsfremden Leistungen überprüft werden. Erst nach einem unpolitischen, versachlichten Kassensturz könnte die Diskussion um die „leeren Rentenkassen" vernünftig und nicht nur politisch geführt werden. So, wie sie jetzt stattfindet, ist und bleibt sie opportunistisch motiviert und muss sich die Unterstellung gefallen lassen, dass sie aus vielen Sprechblasen und Ungereimtheiten besteht. Eine „Reparatur" des Systems ist bereits im Bereich der Unmöglichkeiten und wie es scheint, wird allein die demographische Entwicklung die Politiker zwingen, dieses System *grundsätzlich* zu reformieren, indem es noch deutlicher über Steuern finanziert wird oder auch Beitragszahler integriert, die heute außen vor sind, wie Beamte, Selbständige, Freiberufler, auch Abgeordnete (!) und dergleichen. Dieser Ansatz müsste beileibe keine Steuererhöhung voraussetzen, sondern lediglich mutige Veränderungen dort, wo noch satte Pfründe liegen. Das Wischiwaschi und die Vermeidungsstrategien der Politiker sind es, die letztlich zu dieser unsäglichen Auseinandersetzung zwischen Jung und Alt geführt haben – und diese sollte im Sinne des sozialen Friedens schleunigst beendet werden!

Absurd erscheint im Übrigen auch das Ansinnen gewisser Europa-Politiker, die Sozialsysteme zu „europäisieren". Anpassen: Ja. Jedoch eine Einheitskasse: Nein! Denn dann wird´s sehr, sehr teuer für den europäischen Norden! Im Jahr 2019 wird es bereits enger und es werden auch wieder noch schlechtere Jahre kommen – und Zusagen der EU-Euphoriker, die in fetten Jahren gemacht werden, sind dann in den Jahren wo wieder Sparen angesagt ist, nicht mehr zurückzudrehen. So war das wenigstens bisher und es wird so bleiben – und zwar so sicher wie das berühmte Amen in der Kirche!

Und was ist mit der Höhe der Rente?

Jetzt muss man über das reden, wo Herr Blüm mit seiner Aussage die Wähler wissentlich hinter´s Licht geführt hat, weil er nämlich diesbezüglich geschwiegen hat. Wissentlich deshalb, weil Herr Blüm die demographische Entwicklung unterschlagen hat, und bei dem Heer von Statistikern und Futurologen, die er in seinem Ministerium beschäftigt hatte, nicht so tun konnte, als hätte er von nichts gewusst! Aus wahlprogrammatischen Gründen erschien es ihm und dem damaligen politischen Establishment wohl angebracht, die Menschen in falscher Sicherheit zu wiegen. Und genau das ist die Sünde! Die Nachfolger der Rot-Grün-Fraktion führten eine „private Zusatzversicherung“ ein mit den Namen Riester und dergleichen, machten damit die Versicherungsvertreter reich, nicht aber den Personenkreis, um den es eigentlich ging.

Aber nun der Reihe nach: Wenn Sie bereits Rentner sind, dann ist die gesetzliche Rente in der momentanen Höhe nach geltendem Recht so lange sicher, wie der durchschnittliche Bruttoverdienst aller aktuell Versicherten nicht sinkt und die demographische Entwicklung sich nicht wesentlich verändert. Erst dann könnte – eventuell – nach unten korrigiert werden. Die Frage wird allerdings zu beantworten sein, wie weit man bei den mehrheitlich vorhandenen Kleinrenten nach unten korrigieren *kann*. Steigt der durchschnittliche Bruttoverdienst dagegen, muss (oder sollte) dementsprechend und auch regelmäßig nach oben angepasst werden. Die Inflationsrate ist allerdings außen vor und wird bei den zukünftigen Anpassungen kaum eine Rolle spielen.

Sind Sie jünger als 65, dann dürfen Sie mit leichten Vorbehalten das glauben, was in ihrer „Renteninformation“ unter *„Höhe Ihrer künftigen Altersrente“* steht, nämlich bei *„Ihre bislang erreichte Rentenanwartschaft entspräche zum Erreichen der Regelsaltergrenze [65+] nach heutigem Stand einer monatlichen Altersrente von* ...“. Dieser Wert entspricht ihrem dann erreichten Anspruch aufgrund erfolgter und hochgerechneter Zahlungen und ist damit auch ihr Eigentum. Der Wert für eine Frührente ab 63 ist inzwischen auch vermerkt. Nur unterliegen die entsprechenden Angaben der Voraussetzung, dass ihr weiterer Versicherungsverlauf sich mit den von der Deutschen Rentenversicherung erhobenen Annahmen deckt. Inwieweit man sich darauf verlassen kann ist persönliche Ansichtssache.

Wenn man über die Höhe der gesetzlichen Renten schreibt, muss man auch Angaben über deren tatsächliche Werte machen, denn insbesondere diesbezüglich scheint nach all meinen Erfahrungen weit verbreitete Unwissenheit und Illusion zu herrschen. Sowohl bei den direkt Betroffenen als mehr noch bei Politikern aller Parteien, aber auch bei Lobbyisten, die sich anmaßen, über eine „gute Versorgung" der heutigen Rentner zu reden. (Häufig meinen sie dabei nur sich selbst, haben von der Realität aber wenig Ahnung!) Zunächst muss jedoch noch definiert werden, um welchen Personenkreis es sich hierbei eigentlich handelt: Es sind alle Personen, die sich in ihrem Leben mindestens 60 Monate in einem versicherungspflichtigen Arbeitsverhältnis (als Angestellte oder Arbeiter) befanden und damit, entweder als Frührentner oder im Normalfall ab Alter 65+ x Monate, rentenberechtigt sind, sowie deren Hinterbliebene. Nicht dabei sind in aller Regel Mitglieder einer standeseigenen Versorgungskasse, die es für bestimmte Berufsgruppen gibt, wie zum Beispiel für Ärzte, Architekten, Rechtsanwälte, Apotheker. Diese sind, genau wie Beamte, deutlich besser versorgt. Und nun, zur Verdeutlichung klare Zahlen, zur gefälligen Desillusionierung.

Durchschnittsrenten und der geschönte Standardrentner

Das Bundesamt für Statistik weist (DRV in Zahlen 2018) folgende Durchschnittswerte für „Renten wegen Alters" aus (Auszahlbeträge netto, also nach Abzug des Beitrags zur Krankenversicherung der Rentner/-innen und für die Pflegeversicherung):

Deutschland (Gesamt)

Männer	alte Bundesländer: 1.095 €	neue BL: 1.198 €
Frauen	alte Bundesländer: 622 €	neue BL: 928 €

Sind Sie nun leicht erstaunt? Oder hat es Sie gar vom Hocker gerissen? Haben Sie doch gelesen, dass unsere Rentner, diese „Methusalem-Komplotteure", gut versorgt sind oder sogar „überversorgt", und „dass die Alten auf Kosten der Jungen üppig leben". Offensichtlich handelt es sich dabei nur um geschmacklose Fiktionen aus dem Reich der maßlosen Ignoranz, verbunden mit einem hohen Grad an Unverschämtheit!

Ich will Sie nicht mit Zahlen tot schlagen, aber die Betrachtung der prozentualen Verteilung der monatlichen Rentenhöhe gibt Ihnen vielleicht ein besseres Gefühl für Ihre eigene Situation, wenn Sie sich im Vergleich zu den anderen Rentner/innen betrachten. Hier sind die Zahlen nur für den Westen zum 31.12. 2017 (Quelle: DRV 2018).

	Anteil der Frauen	**Anteil der Männer**
unter 150 €	6,5 %	7,1 %
150 – 300 €	16,5 %	6,0 %
300 – 450 €	15,0 %	5,2 %
450 – 600 €	12,6 %	5,5 %
600 – 750 €	13,1 %	6,0 %
750 – 900 €	12,8 %	7,2 %
900 – 1.050 €	9,7 %	8,1 %
1.050 – 1.200 €	5,8 %	9,6 %
1.200 – 1.350 €	3,5 %	11,0 %
1.350 – 1.500 €	2,1 %	10,6 %
1.500 und höher	2,3 %	23,8 %

Wobei „und höher“ bedeutet, dass die Höchstrente bei etwa 2.600 € pro Monat liegen kann und dass es, laut einer Aussage des VdK, insgesamt die dünne Anzahl von etwa 2.000 Rentnern gibt, die diese Summe tatsächlich erhalten. Tendenz stark sinkend, da sogenannte „Neurentner“ bereits jetzt deutlich weniger ausbezahlt bekommen als „Bestandsrentner“. So lagen die Auszahlbeträge für 60 % der männlichen Neurentner in Bayern im Jahr 2015 bei weniger als 800 € (SZ vom 25.11.2016).

Neurenten und Grundsicherung (ca. 800 €) liegen somit inzwischen nicht mehr weit auseinander. Viele werden sich damit fragen, warum man überhaupt noch in diese Rentenkasse einzahlen soll, wenn jemand, der nie gearbeitet hat, genauso viel erhält. Antwort: „Gute Frage. Nächste Frage“. Aufgrund von

Minijobs, Zeitarbeit, Arbeitslosigkeit, späterem Zugang in die Arbeitswelt und dergleichen, wird sich die Situation in den kommenden Jahren und vor allem für die kommenden Generation noch einmal deutlich verschlechtern! Aufgeschreckt hat mich ein Bericht in der SZ vom 22. September 2010, wonach die Neurenten in München – immerhin der teuersten Stadt in Deutschland – im Schnitt bei gerade noch 789 € lagen. In Landshut, nicht weit davon entfernt, gar nur bei 530 €. Bayernweit lag die Quote alter Menschen, die demnach auf zusätzliche Unterstützung angewiesen waren, 2009 bereits bei 17,7 %, bundesweit bei 11,9 %. In den Jahren seitdem hat sich die Situation sogar noch verschärft!

Falls Sie persönlich im Armutsbereich dieser obigen Angaben liegen und über keine weiteren Einkünfte verfügen, sollten Sie wissen, dass Sie einen Anspruch auf sogenannte Grundsicherung – also einen Zuschlag – haben, der „Hartz IV" oder „Arbeitslosengeld II" entspricht (also von etwa 800 €), welcher je nach Wohnort leicht variiert.

Wer obige Verteilung genauer betrachtet stellt fest, dass ungefähr ein Viertel unserer so „üppig versorgten" Rentner/innen einen Betrag erhält, der *unterhalb* dieser Grundsicherung liegt! Falls Ihre gesamten Einkünfte tatsächlich unterhalb dieser Grenze liegen, sollten Sie sich nicht scheuen einen Antrag auf diese Grundsicherung zu stellen. Zusätzliche Informationen finden Sie im Internet, aber auch namentlich bei den Niederlassungen der Deutschen Rentenversicherung.

Und nun soll noch der sogenannte **„Eckrentner"** beschrieben werden, der 2005 praktischer Weise in „Standardrentner" umbenannt wurde: Beim ehemaligen „Eckrentner" handelte es sich um einen Menschen, der 45 Jahre brav gearbeitet hat, dabei immer den statistischen Durchschnittsverdienst erzielte und damit auch 45 Jahre lang die durchschnittlichen Beiträge in die Rentenkasse einbezahlt hat. Dieser Durchschnittsarbeitnehmer (den es so kaum geben dürfte!) erhielt laut Deutsche Rentenversicherung im 1. Halbjahr 2018 im Westen eine monatliche Brutto-Rente in Höhe von 1.441 € (!) und im Osten 1.381 €. Aus Brutto ist dabei die Eigenbeteiligung zur Kranken- und Pflegeversicherung in Abzug zu bringen. Bei Betrachtung obiger Zahlen handelt es sich hierbei laut politischen Konsens tatsächlich um eine relativ „gute" Rente. In Relation zu 45 Arbeitsjahren und insbesondere zu den Auszahlungen an Pensionäre oder gar Politiker, tatsächlich jedoch ein beschämend niedriger Betrag! Beinahe schon kriminell wirkt allerdings die Umbenennung dieses „Eckrentners" in „Standardrentner", impliziert sie doch den Eindruck, dass es sich tatsächlich um eine Rente handelt, die quasi „Standard" in Deutschland ist. Ist sie aber nicht, siehe obige Zahlen! Sie ist eher eine weitere Irreführung der Bürger durch die Namenschöpfung der Politiker, die auf äußerst durchsichtige Art und Weise von der mageren Realität ablenken soll! Greift man diesen „Standardrentner" dennoch auf, ist es bestimmt politisch opportun bei der männlichen Form zu bleiben, denn die weibliche Form, die tatsächliche „Standardrentnerin" – siehe obige Daten – führt die Unterversorgung durch dieses Systems noch deutlicher vor. Bleibt noch die berechtigte Frage, ob diese gesetzlichen Renten mit der allgemeinen Lohnerhöhung, oder auch nur der Inflationsrate, Schritt halten werden. Antwort: Glaubenssache!

Faire Rentenerhöhungen – aber nur in den letzten Jahren

Wenn man das unrühmliche Politiktheater und die sehr fragwürdige Diskussion in den Medien um die Rentenerhöhung verfolgt, fällt es einem als Selbstbetroffenen einigermaßen schwer, insgesamt noch cool zu bleiben. Besonders Mitleid erregend sind dabei in aller Regelmäßigkeit die Warnungen gewisser Arbeitgebervertreter und von Ökonomen, die sich bei jeder Erhöhung sofort dem eigenen Hungertod und dem Untergang der bundesdeutschen Wirtschaft nahe sehen. Doch armselige Polemik gehört wohl inzwischen zum guten, bzw. schlechten Ton einer gewissen Kategorie von Mensch. „Leben und leben lassen" ist offensichtlich out. Egoismus ist in. Lassen Sie uns den Fakten somit ins Auge schauen:

Jahr	Erhöhung der Renten (Brutto)
2003	West: 1,04% / Ost: 1,19%
2004	Null
2005	Null
2006	Null
2007	0,54 %
2008	1,1 %
2009	West: 2,41% / Ost: 3,38 %
2010	Null
2011	West / Ost: 0,99%
2012	West: 2,18 % / Ost: 2,26 %
2013	West: 0,25 % / Ost: 3,29 %
2014	West: 1,67 % / Ost: 2,53 %
2015	West: 2,10 % / Ost: 2,50 %
2016	West: 4,25 % / Ost: 5,95 %
2017	West: 1,90 % / Ost: 3,59 %
2018	West: 3,22 % / Ost: 3,37 %
2019	West: 3,18 % / Ost: 3,91 %

In 17 Jahren also eine durchschnittliche jährliche Steigerungsrate der Renten im Westen von etwa 1,5 % p. a. bei einer Inflationsrate von mindestens 2 %. Die Realität in Netto ist somit, dass nach Abzug der Kosten für die gesetzliche Kranken- und Pflegeversicherung sowie der Inflationsrate, in der Regel von den Erhöhungen wenig bis gar nichts übrig bleibt; im schlimmsten Fall sinken sogar die Auszahlbeträge durch Erhöhung der Kranken- bzw. Pflegeversicherung.

Zusätzlich werden seit 2005 generell alle Renten zu mindestens 50 % besteuert (siehe vorne Kapitel „Formelles"), Neurentner im Jahr 2019 bereits zu 78 %, in 2020 zu 80 %, mit Steigerung auf 100 % für Neurentner im Jahr 2040. Jede Rentenerhöhung ist übrigens schon jetzt zu 100 % steuerpflichtig! Noch Fragen oder Einwände? Bitte an den Deutschen Bundestag und dessen Abgeordnete, sowie (genderkorrekt) deren Abgeordnetinnen!

Witwenrente: Nicht immer ausreichend!

Beim Schreiben dieser Zeilen spüre ich, wie es mir schwer fällt, dem Leser nur dürre Fakten zum Thema Rente übermitteln zu müssen. Leider, so fürchte ich, muss ich für den Einzelfall noch eine drauf setzen: Die finanzielle Situation vieler Witwen – also wieder die von Frauen, die bei den eigenen Rentenzahlungen ohnehin schon deutlich schlechter als Männer gestellt sind. Stirbt nämlich der Mann vor der Frau, kommt häufig noch eine bitterböse Überraschung hinzu, nämlich eine zwar vorhandene, aber dennoch kleine eigene Frauenrente (wenn überhaupt), und dann noch die stark reduzierte Rente des Ehemanns, bei relativ gleichbleibenden Haushaltskosten. Es ist mir ein Anliegen, diesen Punkt wiederholt hervorheben, da ich bei meinen Seminaren und im Einzelcoaching diesbezüglich häufig großes Staunen, namentlich bei Männern erlebe! In diesem Zusammenhang möchte ich Sie noch mal auf die detaillierten Ausführungen, inklusive Berechnungsbeispiel, auf den Abschnitt „Formelles“ verweisen.

Auch was beim Tod eines Ehemannes (oder der Ehefrau) im gegebenen Fall mit der Betriebspension passieren kann, sei an dieser Stelle noch einmal erwähnt. Ich erinnere an die Ausführungen im vorderen Teil.

Leider ist es so, dass sich Frauen oft in falscher Sicherheit wähnen, so lange der Partner noch lebt und alles gut läuft. Tatsächlich jedoch sind Frauen weitaus häufiger von Altersarmut betroffen als Männer. Und wie man weiß, sind Frauen nicht selten jünger als der Ehemann, haben dazu noch eine höhere Lebenserwartung und dann, bei magerem Einkommen, kann „Alter“ doch sehr, sehr lange dauern!

Betriebspensionen – eine betriebliche oder betrübliche Rente?

Weil die Zahl der Rentner etwa zwanzig mal so hoch ist wie die der Pensionäre, und weil inzwischen knapp die Hälfte der Rentner eine zusätzliche Betriebspension oder -rente erhalten, sei diese in der Betrachtung der verschiedenen Quellen der Alterseinkommen als nächstes behandelt. Für die betriebliche Altersvorsorge gibt es verschiedene Varianten: Die Direktzusage, eine Unterstützungskasse, die Direktversicherung, eine Pensionskasse oder einen Pensionsfonds. Für Beschäftigte im öffentlichen Dienst gibt es die Zusatzversorgung für den öffentlichen Dienst (ZÖD oder auch VBL), von der mehr als 60 % aller nicht verbeamteten Beschäftigten profitieren.

Wie diese Renten oder Pensionen versteuert werden, ob und wann ihre Höhe überprüft und angepasst werden muss, wurde im Teil **Formelles** behandelt. An dieser Stelle soll, ähnlich wie bei der gesetzlichen Rente, zunächst betrachtet werden, welche Beträge im Durchschnitt zur Auszahlung kommen. Einbezogen in diese Auswertung sind nur tatsächliche Bezieher von Betriebsrenten – und das sind derzeit (letzter Wert aus 2015) etwa 39 % der derzeitigen Rentner im Westen (31 % Männer / 8 % Frauen)und lediglich 6 % im Osten (5 % Männer / 1 % Frauen)! Bei den kommenden Generationen wird dieser Anteil steigen, da die Bundesregierung seit etwa zehn Jahren Betriebsrenten deutlich fördert.

Achtung: In diesem Kontext sei aber noch einmal explizit auf die Tatsache hingewiesen, dass bei Personen, die in der gesetzlichen Kranken- und Pflegeversicherung versichert sind, seit 2004 rund 20 % der Betriebsrente (Arbeitnehmer- plus Arbeitgeberanteil) dafür abzuziehen sind, solange die Beitragsbemessungsgrenze nicht erreicht ist. Und dies ist die Regel beim Gros der Rentner! Bei einer kleinen Betriebsrente von 300 € sind dies somit etwa 60 € – dazu kommt die Steuer! Wird eine Direktversicherung ausbezahlt, sind das schon mal mehrere tausend Euro, die dann in 120 Monatsraten (ist 10 Jahre) an die KV/PV überwiesen werden. Ob sich eine Betriebsrente, finanziert mit eigenen Beiträgen, dann überhaupt lohnt, ist ein Rechenexempel. Privatversicherte sind davon nicht betroffen!

Gegen den Doppelabzug haben zahlreiche Betriebsrentner geklagt. Diese wurden regelmäßig abgewiesen. Und im Februar 2017 argumentierten die Ministerien für Arbeit und Finanzen in solidarischem Einvernehmen: *„Die Bundesregierung lehnt weitere Änderungen bei der Verfertigung von betrieblicher Altersvorsorge zur Krankenversicherung ab“. Diese sei „ein unverzichtbarer Bestandteil für eine solidarische und nachhaltige Finanzierung der gesetzlichen Krankenversicherung“*. Frage: Was würde es kosten, wenn – wie vor 2004 – der Arbeitgeberanteil wieder gestrichen würde? Antwort: 2,5 Milliarden Euro – die dann den Krankenkassen fehlen würden und für die möglicherweise der Bund einspringen müsste. Nur – der sagt, er hat dafür kein Geld. Für seine eigenen Bürger und Steuerzahler wohlweislich – für andere dagegen ist jede Menge da!

Ironischerweise ist all dies zu lesen im Wirtschaftsteil der SZ am 24. Februar 2017, auf Seite 17. .Und am selben Tag (!) auf Seite 1 in fetter Überschrift: „Der Staat schwimmt in Geld. Hohe Steuereinnahmen und Sozialbeiträge bescheren Deutschland so viele Finanzmittel wie seit der Wiedervereinigung nicht mehr – der Überschuss beträgt fast 24 Milliarden Euro“. Jetzt sind Sie dran, verehrte Leserinnen und Leser!

Ich selbst könnte an dieser Stelle nun die Stimmung gründlich mit weiteren Fakten aufheizen, tue es aber nicht, weil ich inzwischen weiß was ein Shitstorm ist. Dafür gebe ich den gesetzlich Versicherten unter Ihnen einen ganz neutralen Tipp – der leider für die meisten von Ihnen zu spät kommen dürfte, da die Versorgung in der Regel gelaufen sein wird. **Aber:** Wenn Sie in Aktien, Anleihen, Immobilien, etc. für Ihre Altersversorgung investiert haben und Sie zu 90 % der zweiten Hälfte Ihres Berufslebens (Tagesgenau!) in der gesetzlichen KV versichert waren, dann sind Einkünfte aus diesen Quellen beitragsfrei – und damit gegenüber Betriebsrenten eindeutig bevorzugt! Ich sage „noch", denn in nicht ganz so fetten Zeiten wurde von der Politik diesbezüglich schon lebhaft diskutiert. Aber noch ist noch und was später kommt wissen vielleicht die Götter – doch über deren Fähigkeiten sollte man sich auch nicht so ganz sicher sein.

Nun zu den aktuellen Zahlen: (Quelle: Institut für Arbeit und Qualifikation (IAB) der Universität Duisburg-Essen) mit Werten für die Privatwirtschaft aus dem Jahr 2015, veröffentlicht im Februar 2017:

Durchschnittliche Monatliche Brutto-Betriebsrente 2015

Männer	West: 578 €	Ost: 226 €
Frauen	West: 245 €	Ost: 141 €

Eine weitere Statistik zeigt die prozentuale Verteilung der Zahlungen aus den Betriebsrenten (zum 31.12.2015):

Schichtung der Höhe der Nettoleistungen der betrieblichen Altersversorgung in der Privatwirtschaft

	Männer	**Frauen**
1.000 € u. mehr	West: 17 %/Ost: 2 %	W: 5 % / O: 3 %
700 - 1.000 €	W: 6 % / O: 3 %	W: 3 % / O: k.A.
500 – 700 €	W: 8 % / O: 5 %	W: 6 % / O: 2 %
300 – 500 €	W: 16 % / O: 14 %	W: 10 % / O: 6 %
200 – 300 €	W: 12 % / O: 9 %	W: 9 % / O: 14 %
100 – 200 €	W: 19 % / O: 21 %	W: 26 % / O: 15 %
50 – 100 €	W: 15 % / O: 29 %	W: 22 % / O: 29 %
25 – 50 €	W: 6 % / O: 9 %	W: 13 % / O: 24 %
bis 25 €	W: <1 % / O: 9 %	W: 5 % / O: 8 %

Quelle: Institut Arbeit und Qualifikation der Universität Duisburg-Essen (2017)

Das Gros der betrieblichen Renten liegt (2015) also im Bereich zwischen 50 und 500 €. Wesentlich für die Bezieher ist, dass die Renten steigen: Bei Männern im Westen zwischen 1986 und 2015 von durchschnittlich 270 € auf 578 € und bei Frauen von 103 € auf 245 €. Ursache ist die – anders als bei der staatlichen Rente – gesetzlich vorgeschriebene Anpassungspflicht alle drei Jahre (siehe vorne, „Formelles"). Allerdings, genau wie bei den gesetzlichen Renten sind die Frauen deutlich schlechter gestellt als die Männer – die Gründe sind hinreichend bekannt. Man könnte auch hierüber lange diskutieren, aber auch diese Argumentation geht über den Rahmen dieses Buchs hinaus. Die Intention ist lediglich, Ihnen persönlich ein Bauchgefühl zu geben, damit Sie sich besser in die Allgemeinheit der Rentner einordnen können, um, wie bereits erwähnt, entweder sagen zu können, „den Anderen geht's auch nicht besser" oder, im Idealfall, „ich darf nicht jammern". Ich wünsche Ihnen letzteres!

„Die Rendde sind sischä" – aber wie steht´s mit den betrieblichen Renten?

Denke ich an Renten, erscheint im Geist unwillkürlich das geflügelte Wort des Herrn Doktor Blüm – und bei den betrieblichen Renten taucht die besorgniserregende Frage schon wieder auf! Was ist, wenn Ihre ehemalige Firma sich auflöst, Insolvenz anmeldet oder verkauft wird? Ist die Betriebsrente dann immer noch sicher?

Frei nach Radio Eriwan ist diese Frage so zu beantworten: „Im Prinzip ja, wenn..." – die Rentenverpflichtung Ihrer Firma aus einer Direktzusage oder aus einer Unterstützungskasse kommt, teilweise auch aus einem Pensionsfonds, und vom Pensions-Sicherungs-Verein (PSVaG) abgesichert ist. Der Pensions-Sicherungs-Verein wurde 1974 gegründet, um Ansprüche aus der betrieblichen Altersvorsorge abzusichern, falls eine Firma zahlungsunfähig wird. Pensionskassen und Direktversicherungen unterliegen der Versicherungsaufsicht durch die Anlagebeschränkung des

Versicherungs-Aufsichtsgesetzes. Durch das Betriebsrentengesetz ist zusätzlich geregelt, dass die Ansprüche eines Arbeitnehmers auch im Falle einer Insolvenz, des Verkaufs oder Aufspaltung einer Firma befriedigt werden. Im Falle einer Insolvenz kann es allerdings zu Verzögerungen bei der Auszahlung kommen und auch zum kompletten Zahlungsausfall für einige Monate, falls die Dauer zwischen Insolvenz und Eröffnung des gerichtlichen Insolvenzverfahren mehr als 6 Monate dauert. Zu Ihrer eigenen Beruhigung sollten Sie, falls Sie zum Kreis der Bezieher von Betriebsrenten gehören, diese Fragen an Ihren Betriebsrat richten, an Ihre Personalabteilung, oder an beide. Mitarbeiter aus dem öffentlichen Dienst können auch ohne diese Rückfrage beruhigt schlafen, Mitarbeiter aus der Privatwirtschaft mehrheitlich „im Prinzip" auch – denn wenn zu viele Betriebe pleite gehen, wird die Zahl der Verbleibenden immer geringer und am Schluss ist keiner mehr da, der für die anderen zahlen kann. Irgendwie erinnert diese (hoffentlich nur theoretische) Situation an den Fall der Schuldenbürgschaft innerhalb der EU des Jahres 2011 – die sich bis zum Jahr 2019 sogar noch deutlich verschärft hat: Erst Griechenland, dann Irland, dann Portugal, inzwischen wird über Spanien und Italien gemunkelt und sogar über Frankreich... Bleibt dem Optimisten nur die Aussicht, „hoffentlich wird nichts so heiß gegessen wie gekocht!" Hier die Beruhigungspille: Die Deckungsmittel der betrieblichen Altersversorgung betrugen Ende 2016 satte 538,5 Milliarden Euro (Quelle: Arbeitskreis für betriebliche Altersversorgung, Juni 2016).

Sei noch die Frage zu beantworten, inwieweit der Pensionssicherungsverein (PSV) im Fall der Fälle finanziell in der Lage ist, die Zahlung einer Betriebsrente zu übernehmen. Auf der Website des PSV findet sich im Geschäftsbericht 2015, dass dieser über „Deckungsmittel" in Höhe von 2.623,4 Millionen Euro verfügt mit der beruhigenden Bemerkung: „Damit sind die gesicherten Anwartschaften am 31.12.2015 zu 85 % kapitalmäßig gedeckt". Können Bezieher einer Betriebsrente mit dieser Aussage beruhigt schlafen? Wieder: „Im Prinzip schon!". Nur gibt es auch in diesem Bereich dunkle Wolken am europäischen Horizont, verursacht durch die Nullzinspolitik der Europäischen Zentralbank mit dem äußerst „draghischen“Herrn Draghi. Denn bis noch vor einigen Jahren hatten die Unternehmen die Chance, Ihre Pensionsrücklagen weitgehend über Staats- oder Unternehmensanleihen mit gesicherten Zinszahlungen zu finanzieren. Dies ist aber Jahre vorbei und die Auguren sagen unisono, dass dies auch noch auf absehbare Zeit so bleiben wird. Inzwischen haben bereits einige Unternehmen Insolvenz angemeldet, weil sie ihren Verpflichtungen für die Betriebspensionszahlungen bei null Zinsen und geringem Betriebsgewinn nicht mehr nachkommen konnten. Weitergereicht mit freundlichen Grüßen an den Pensionssicherungsverein.

Pensionen nennt man die Renten der Beamten und Politiker

Weil es auch unter den Beziehern von Altersversorgungen Gleiche und Gleichere gibt, nennt man die Renten der Beamten und auch die von Politikern Pensionen. Auch vom Status her klingt Pensionär immer noch besser als Rentner – worauf die von Altersversorgung lebenden Österreicher per Definition im Status höher angesiedelt sind als unsereiner, denn dort sind alle „Pensionäre", weil die Rente dort auch „Pension" heißt, was aber nicht bedeuten soll, dass die Österreicher die Beamten abgeschafft haben. Das ginge dann bittschön doch z'weit. Aber sie wissen eben was sich gehört, die Österreicher! Und weil ein Pensionär in Deutschland schon etwas besseres ist als ein Rentner – und das möcht' auch gefälligst so bleiben! – ist das Gleichheitsprinzip auch bezüglich der Besteuerung von Pensionen (noch!) etwas anders als bei Renten. Sie werden nämlich (nach Abzug der üblichen Freibeträge) bereits jetzt zu 100 % besteuert – die Renten noch nicht ganz, aber bald. Diese vom BGH verordnete „Gleichheit" ist erst im Jahr 2040 erreicht. In der Höhe des Auszahlungsbetrags werden die Renten den Pensionen leider aber auch dann noch deutlich hinterher hinken. Weil es im Verhältnis zu etwa 24 Millionen Rentnern etwa eine Million Staats-Pensionäre von Bund, Ländern und Gemeinden gibt, soll deren Situation im Folgenden etwas genauer betrachtet werden. Zunächst sei Heribert Prantl von der SZ aus einem etwas älteren Artikel zitiert (14.5.2008): *„Die Pension ist eine Rente de luxe für Beamte in Ruhe"*. Und er führt aus, *„Der Durchschnittspensionär erhält 2.300 € monatlich, der Standardrentner [Eckrentner] 1.176 €. [Es handelt sich wohl um Bruttowerte.] Das hat auch damit zu tun, dass die Beamtenschaft sich anders zusammensetzt als die Rentnerschaft: Der Anteil des gehobenen und höheren Dienstes, der gut Ausgebildeten also, ist bei den Beamten ziemlich hoch"..." Bei den Beamten liegt schon die Mindestpension mit 1.300 € viel höher als die Durchschnittsrente eines Arbeitnehmers."... "Die Mindestpension wird schnell erreicht, es genügen ein paar Dienstjahre" ... „Die Pension eines Beamten* *bemisst sich auch nicht, wie beim Rentner, aus einem in der gesamten Arbeitszeit errechneten Durchschnittseinkommen, sondern aus dem letzten Grundgehalt"* [der letzten 2 Jahre]. Es gibt eben Gleiche und Gleichere in Deutschland! Allerdings: Beamte beziehen in aller Regel keine zusätzliche Betriebsrente und ihr Einkommen in der aktiven Zeit erreicht nie die Spitzensätze, die in der Industrie erreicht werden können. Im allgemeinen Durchschnitt sind sie jedoch inzwischen mindestens genauso gut bezahlt wie mittlere Verdiener in der Privatwirtschaft, und dies ohne jedes Risiko des Arbeitsplatzes. Die Beamten sind allerdings auch die einzige Gesellschaftsgruppe, deren „angemessene Versorgung" sogar im Grundgesetz (Artikel 33) eingemeißelt ist. Beamte werden vom Staat in ein „Treueverhältnis auf Lebenszeit" (also kein Arbeitsverhältnis) berufen, und, wie dem „aktuellen Lexikon" der SZ vom 28. 9. 2005 zu entnehmen ist, *„[Der Beamte] hat das Recht auf einen angemessenen Lebensunterhalt, damit er sich seinen Aufgaben widmen kann. Dies ist ein anderer Gedanke als der des Lohns, den ein Arbeitnehmer für eine Leistung erhält."* Das Erfüllen von Aufgaben und das Erbringen von Leistung werden also unterschiedlich bewertet. Und Treue wird besonders belohnt. Arbeit etwas weniger. Dies auch noch im Alter!

Im Folgenden belasse ich weitere Zitate aus früheren Jahren, weil sie nach wie vor in ihrer Deutlichkeit voll zutreffend und auf die Gegenwart übertragbar sind:

Der Online-Ausgabe der „Kölnische Rundschau" vom 14.4.2008 sind weitere interessante Daten mit einem deutlichen Vergleich zu entnehmen: *„Ein Lehrer (Besoldungsgruppe A 13, Grundgehalt 3.881 € im Monat, 40 Dienstjahre) erhält laut Deutschem Beamtenbund eine Pension von rund 2.800 € brutto. Ein gleich gut verdienender Arbeitnehmer käme auf rund 1.850 € Bruttorente."* Und welche Abzüge gibt es dabei? *„Wenn sie seit 2006 fließt, muss der Rentner zu 52 % der Rente versteuern [2019 = 78 %]. Als Alleinstehender bezahlt er [damit] 302 € im Jahr (Berechnung: Stiftung Warentest), also 25 € im Monat.* [Anmerkung: Es kommen des Weiteren knapp 10 % für gesetzliche

Krankenversicherung und Pflegeversicherung in Abzug, also etwa 180 € im Monat, woraus sich eine Nettorente von um die 1.650 € ergibt.] *„Der Beamte muss seine Pension voll versteuern: [...] 499 € im Monat; die private Krankenversicherung dürfte 250 € kosten. Bleiben etwa 2.050 €.“* Ein Unterschied somit von netto 400 € im Monat, die der Angestellte durch eine betriebliche oder private Rentenversicherung ausgleichen müsste – was weder völlig unrealistisch, noch unwahrscheinlich sein muss. An dieser Stelle ist also noch keine sogenannte „Neiddiskussion“ – Pardon: „Fairnessdiskussion“! – angesagt, man muss da einen Schritt weiter schauen, und das sind die Erhöhungen von Renten, bzw. Pensionen. Heribert Prantl schreibt diesbezüglich in seinem Artikel: *„Die Standardrente ist seit Mitte der neunziger Jahre nur um 11 %, die Standardpension aber um fast ein Drittel gestiegen“*. Das Magazin FOCUS meldet am 16.4.2013, dass sich die Pensionen für Bundesbeamte von 2002 bis 2012 im Schnitt von 2.070 € auf 2.340 € erhöhten. Das sind 13,4 %. Bei Landesbeamten erhöhten sich die Alterszuwendungen im selben Zeitraum von 2.240 € auf 2.570 € – oder gar um 14,73 %. Dass diese ungleiche Steigerung von Renten, bzw. Pensionen kein Ende haben wird, ist einem Artikel mit Datum 09.08.2016 bei [Münchner] Merkur-online zu entnehmen: *„Auch wenn man die üblichen Renten- und Pensionsanpassungen seit 1999 vergleicht [...] ziehen die gesetzlichen Rentner den Kürzeren: Sie haben rund 1 % Zuwachs pro Jahr, Pensionäre 1,35 %“*. Anmerkung: Erst die Rentensteigerungen von 2016 - 2019 haben auch den Rentnern anständige Zuwächse beschert.

Dabei darf an dieser Stelle wiederholt werden, dass das Pensionsniveau der Beamten rund 72 % des letzten (!) Gehalts beträgt, das Rentenniveau dagegen bei derzeit mageren 48 % liegt, die Mindestpension eines Bundesbeamten mit 1.660 € beginnt – und dies bereits nach 5 Jahren Tätigkeit, ein Durchschnittsverdiener dafür jedoch mehr als 45 Jahre arbeiten muss, und dass 0 % Beamte auf Grundsicherung angewiesen sind, von den Rentnern inzwischen aber mehr als eine halbe Million Personen oder über 4 % aller Rentner!

Ganz aktuell ist zu ersehen, dass sich dieser Trend fortsetzte. Aktuelle Berichte zu den Beamtenpensionen folgen sogleich – aber passen Sie dabei auf, dass sich Ihr Blutdruck beim Weiterlesen in Grenzen hält!

Ach so: Anders als bei Betriebsrenten (siehe vorne) kann der Staat auch diesbezüglich seine Defizite über Steuererhöhungen reinholen. Bei Betriebsrenten sieht es anders aus. Hier reagieren die Firmen inzwischen damit, dass sie ihre Neuzusagen drücken – oder überhaupt keine mehr machen!

Ganz am Anfang dieses Abschnitts unter „Allgemeine Betrachtungen“ haben Sie in konkreten Zahlen erfahren müssen, dass nicht nur die Einkommen von Beamten deutlich über denen aller anderen Gruppen liegen, sondern auch deren Pensionen im Vergleich zum Normalrentner. Dass auch Journalisten diesbezüglich reichlich gefrustet sind, zeigt eine kleine Auswahl von Zitaten. Dass am System trotzdem nichts geändert wird, spricht für die Beharrlichkeit der Politiker und der Resignation der Deutschen als deren dauerberuhigtes Wahlvolk:

DIE ZEIT (7. 6. 2016): „Beamtenpension – Fünf Jahre Arbeit, 1.573 € Pension. Alle reden über Rentenreform – aber warum packt keiner die Pensionen der Beamten an? Deren Altersbezüge sind hoch. Nur sie selbst streiten das gern ab.“

manager magazin (7. 3. 2016): „Mehr Kindergeld, hohe Pensionen – die Privilegien der Beamten. [...] Durchschnittspension mehr als doppelt so hoch wie Durchschnittsrente.“

Nürnberger Nachrichten (4.1.2017): „Bei Beamtenpensionen wird es eng. Knappes Geldpolster: Bund, Länder und Kommunen brauchen enorme Summen. [...] Die Bruttopension pro Monat lag im Schnitt im Bund zuletzt bei den Männern bei 3.070 € und bei den Frauen bei 2.640 €. In den Ländern waren es 3.260 € (Männer) und 2.750 € (Frauen), in den Kommunen 3.100 € (Männer) und 2.620 € (Frauen). Der Höchstruhegehaltssatz nach 40 Dienstjahren beträgt 71,75 %." [Anmerkung: „Höchstruhegehaltssatz" ist vergleichbar mit dem „Rentenniveau" und das liegt bei Renten derzeit bei 48,2 %, soll bis 2030 sogar auf 43 % abgesenkt werden].

FAZ (27.7.2014): „Pensionäre sind die reichsten Deutschen"

Vermögensstruktur der Haushalte in Deutschland 2013

- Haushalte insgesamt: 123.500 €
- Pensionäre: 298.700 €
- Selbständige: 257.500 €
- Beamte: 155.300 €
- Rentner: 127.000 €
- Angestellte: 112.100 €

(jeweils Summe aus Netto-Geldvermögen, Aktien und -fonds, Immobilienvermögen)

... und der deutsche Michel schweigt und ruhet sanft. Michaela Deutsch ebenso. Eine Bitte des Verfassers an alle Mitbürger/innen: Bitte weiter so und Blutdrucksenker nicht vergessen!

Jetzt aber genug damit – und Übergang zum nächsten Frust...

Felix Austria et Helvetia und das Renteneintrittsalter in Europa

Dass eine gesetzliche Rentenversicherung durchwegs besser als die deutsche funktionieren kann, zeigen die Beispiele Österreich und Schweiz. In Österreich erhielt beispielsweise ein langjährig versicherter Mann im Jahr 2013 durchschnittlich eine Rente von monatlich 1.560 € – und dies nicht 12 mal wie in Deutschland, sondern 14 mal im Jahr und somit 21.840 € per annum! Dazu vergleichsweise „deutscher Mann“: 1.050 € pro Monat oder 12.600 pro Jahr – also wenig mehr als die Hälfte! Dabei hat der österreichische Kollege einen Beitragssatz von 22,7 % und der Deutsche derzeit 18,7 %. Die österreichischen Arbeitgeber zahlen 12,55 % in die Pensionskasse (entspricht DRV in Deutschland), sein deutsches Pendant in der hiesigen Bundesrepublik die Hälfte, nämlich 9,35 %. Jammern tun bezüglich dieser Beiträge logischerweise sowohl die Arbeitgeberverbände diesseits als auch jenseits der Alpen, doch wie man weiß, ist Jammern der Gruß des Kaufmanns! Dafür gibt es eine Betriebsrente in Österreich selten, genauso wenig wie eine private Zusatzvorsorge. Letztere ist in Deutschland inzwischen elementarer und von der Politik erwarteter Teil einer individuellen, privaten Altersabsicherung – in Österreich aufgrund der hohen Rentenzahlungen, nicht unbedingt notwendig, denn das sogenannte Rentenniveau bemisst sich in Felix Austria auf solide 68 % eines durchschnittlichen Bruttoeinkommens, im reichen Deutschland dagegen auf magere 48 %, bei sinkender Tendenz. Die Höchstpension liegt südlich bei 3.355 € (Deutschland-Rente: nach 50 Arbeitsjahren theoretisch ca. 2.600 €) und die monatliche Beitragsbemessungsgrenze beträgt 4.980 € (im Vergleich Deutschland-West 2019: monatlich satte 6.700 €). Bei deutlich höherer Altersrente zahlt ein Besserverdiener also trotz prozentual größeren Beiträgen in Austria weniger an monatlichem Absolut-Beitrag und damit ebenso insgesamt weniger im Laufe seines Berufslebens.

Es kommt aber noch besser: Wenn das Haushaltseinkommen eine bestimmte Höhe unterschreitet, gibt es in Österreich für

Rentner eine Art Ausgleichszahlung, finanziert aus Steuermitteln und vergleichbar mit der Grundsicherung in Deutschland [ca. 800 €]. In Österreich sind dies für eine alleinstehende Person dagegen 890 € und für einen Paar-Haushalt 1.350 €. Dabei wird im Alpenland nur das Einkommen geprüft und nicht wie bei uns das Vermögen – will heißen, Österreicher können ihr Erspartes behalten und ihr Auto weiter fahren.

Noch ein Unterschied gefällig? Hier ist er: Die Österreicherin geht bis zum Jahr 2024 noch mit 60 in Pension – wie dort die Rente heißt – und der Mann mit 65 Komma Null. Erst ab 2024 soll dann das Rentenalter der Frauen an das der Männer herangeführt werden. Rentenalter 67 weit entfernt, genau wie übrigens in den meisten Ländern der EU (siehe unten). Doch Deutschland ist Musterknabe und muss sparen. Vor allem bei den Rentnern!

Frage: Haben Sie gehört oder gelesen, dass Österreich bei diesen Rentenbedingungen pleite ist, die Wirtschaft schlecht läuft oder dass Austria in der EU deswegen Netto-Empfänger ist? Sorry, Sie werden nichts finden, Fehlanzeige auf voller Linie!

Noch ein „Schmankerl" gefällig? Österreich, genau übrigens wie die Schweiz, haben die Privilegien der Beamtenkaste von der Sie oben gelesen haben, ersatzlos abgeschafft. Staatsdiener haben dort zwar noch ein eigenes Versorgungssystem, doch wer seit 2005 aus dem Beruf ausscheidet, erhält vergleichbar hohe Altersbezüge wie ein entsprechender Ex-Angestellter. Und: Auch Selbständige müssen ohne Ausnahme – und häufig zu ihrem eigenem Wohl – in die gesetzliche Rentenkasse einzahlen. Rentner als solches gibt es schon gar nicht mehr, denn längst heißen dort alle Pensionär. Und des möcht´ sich auch so g´hörn, bittschön!

Nun noch ein sehr kurzer Ausflug in die Schweiz; kurz deswegen, damit sich Ihr Frust nicht noch weiter steigert: In Helvetien gibt es drei Säulen für die Altersvorsorge. Als erstes die AHV (Alters- und Hinterlassenenversorgung), in die ALLE Berufstätigen ohne Ausnahmen einzahlen, als zweites eine obligatorische

Betriebspension, die BV (Berufliche Versorgung), und als drittes Standbein eine freiwillige, aber staatlich großzügig geförderte private Selbstvorsorge. Resultat? Deutlich besser! Auch dort gibt es nicht mehr den Unterschied zwischen Rentner und Pensionär – und so lacht der alte Schweizer schon am Morgen und genießt seinen Lebensabend ohne die finanziellen Sorgen vieler deutscher Senioren.

Was das Alter zum Eintritt in die Rente betrifft – hier ein kleiner Überblick zu den wichtigsten Ländern in Europa (2017):

Deutschland	Mann / Frau 65 +	geplant: 67
Österreich	Mann 65 / Frau 60	geplant: 65
Frankreich	Mann / Frau 61,2	geplant: 62
Italien	Mann 62,5 / Frau 62	-
Schweiz	Mann 65 / Frau 64	-
Griechenland	Mann 65 / Frau 60	geplant 65
Polen	Mann 65 / Frau 60	-
Spanien	Mann / Frau 65	-
EU-27	Mann 63,9 / Frau 62,2	-

Nur Dänemark und die Niederlande planen derzeit ein Renteneintrittsalter von 67; Irland und Lettland von 68. Die anderen zweiundzwanzig von siebenundzwanzig Ländern denken überhaupt nicht an eine solche Erhöhung. Dabei ist Deutschland (angeblich) das reichste Land von allen! Warum, so frage ich mich, entsteht hier kein Aufstand, wenn bestimmte Kreise ernsthaft über die Rente mit 70 reden? Im Nachbarland Frankreich würden die Gewerkschaften unverzüglich den Generalstreik ausrufen, genau wie in Italien und Griechenland! Und hier? Ruhe.

Warum ist vieles in Deutschland nicht möglich?

Warum ist vieles, was anderswo möglich ist, nicht in Deutschland praktizierbar? Antwort: Gute Frage, nächste Frage. Diese aber bitte direkt nach Berlin, an die privilegierten Vertreter im

Deutschen Bundestag! Um die geht es gleich. Vorher aber noch eine Bitte an Sie als Leser, falls Sie Beamter (auch in der weiblichen Form!) oder gar Politiker sind: Bitte keine Schmähbriefe an den Autor, es handelt sich ja lediglich um nachprüfbare Fakten, die unsere hiesigen Politiker verändern könnten – wenn sie nur wollten!

Nur noch eine Anmerkung sei an dieser Stelle, wo es um Kritik an der deutschen Rentenpolitik geht, erlaubt: Auf die Höhe der deutschen Renten wurde schon weiter vorne hingewiesen, vor allem auf das Rentenniveau, mit seiner weiter sinkender Tendenz. Es heisst, man sei dazu gezwungen, man habe kein Geld. Auf die Gefahr hin, mit dem folgenden Hinweis in die rechte Ecke gestellt zu werden, möchte ich dennoch das Erstaunen vieler unserer Bürger widerspiegeln, als von 2014 an bis 2017, mit dem Höhepunkt in 2015, in Summe um die 2 Millionen Flüchtlinge nach Deutschland kamen – und weiter kommen. Mit Verlaub, das ist ungefähr die Einwohnerzahl der größten Stadt Deutschlands, nämlich die von Berlin. Zwar wird die Anzahl der Flüchtlinge sowohl von den Politiker als auch dem Großteil der Medien mit verschiedenen Tricks derzeit nach unten poliert (man nennt dies postfaktisch), aber die Fakten kann man ohne große Mühe überprüfen. Natürlich werden diese Personen in ganz Deutschland umverteilt, passend oder nicht, nur was bleibt, ist die dafür notwendige Infrastruktur, die Wohnungen, die Schulen, Krankenhäuser, die soziale Versorgung, die Arbeitsplätze, etc. Und auf einmal, man traute seinen Augen kaum, zauberten Frau Merkel und Herr Schäuble ruckzuck runde 23 Milliarden pro Jahr (WELT online, 15.12.2017) aus dem Hut, quasi wie durch ein Wunder. Bei den Bundesländern sind es weitere 17 Milliarden – pro Jahr! *„Wir schaffen das!"*, meinte Mutti mit ihrem protestantisch fundiertem Rettungseifer, nur wie, das hat sie nie gesagt. Die, die ihr gefolgt sind, ebenso wenig! Selbst ihr getreuer Vasall, Wolfgang Schäuble, äußerte sich in der FAZ vom 21. Mai 2017 deutlich besorgt: *„... dass durch die gute Absicht eine Entwicklung entstehen könnte, die nicht mehr zu einem verantwortbaren Ergebnis führt. Deshalb hat er gemahnt* [ehem. Bundespräsident

Gauck]. *Ich habe auf das Phänomen der Lawine hingewiesen: Du kannst Entwicklungen auslösen, die klein beginnen und am Ende nicht mehr beherrschbar sind.*" Und auf welche Aussage des Bundespräsidenten bezog sich Herr Schäuble? *„Unser Herz ist weit, aber unsere Möglichkeiten sind begrenzt."* Der hat es wenigstens erkannt und deutlich ausgedrückt! Die von der Fraktion der „Politisch Korrekten" waren entsetzt über so viel Pragmatismus.

Rund vierzig Milliarden plus aus dem Nirvana gezaubert, aber vorher jede Art von Renten- oder auch Steuerreform nicht mal angesprochen. Weil leere Kassen! Nichts gegen gesunde Nächstenliebe. Aber sehr viel gegen Vernebelungstaktik! Und Opposition? Ist eh nur noch ein kleines Häufchen. 2017 war Wahljahr – und plötzlich ist auch Geld für den Straßenbau da – ganz Deutschland ist eine Baustelle, es gibt mehr Geld für Bildung und Familien, das Verteidigungsbudget kann drastisch erhöht werden, nur weil Trump das einfordert, und so weiter; und die nächste Großrettung von ganz Südeuropa, inklusive Frankreich, mittels „Mercron" (Merkel plus Macron) steht bevor. „Schulcron" wäre mit Sicherheit im Geldausgeben noch eine Steigerung gewesen, aber der ist inzwischen out. Doch „kein Geld für die eigenen Leute", das goutiere wer will! Etwa ein Viertel der achtzig Millionen Deutschen meint, sie müssten die Welt retten – nämlich die der anderen sieben Milliarden Menschen. Da war doch schon mal was: „Am deutschen Wesen soll die Welt genesen". Ging schon damals in die Hosen. Dabei fällt mir Heinrich Heine ein:

„Denk' ich an Deutschland in der Nacht',
Dann bin ich um den Schlaf gebracht,
Ich kann die Augen nicht mehr schließen.
Und meine heißen Tränen fließen."

Meine fließen nicht, schlafen tue ich auch meistens gut, aber ich schüttle immer häufiger nur noch den Kopf...

Berufsständische Versorgungswerke, Landwirte, Selbstständige, Freischaffende und Künstler

Ärzte, Apotheker, Rechtsanwälte, Architekten, etc. zählen häufig zu den Besserverdienern und haben das Privileg, sich von der gesetzlichen Rentenversicherung befreien zu lassen, um in eigene Pensionswerke einzahlen zu können. Durch die hohe Anzahl der Gutverdiener sind die Renditen bei diesen Versorgungswerken, also der Unterschied zwischen dem was einbezahlt wird und was später heraus kommt, deutlich höher als bei der gesetzlichen RV, entsprechend höher sind die Renten oder Pensionen. Auch Landwirte haben ein eigenes Versorgungswerk, ihre durchschnittlichen Renten sind jedoch nicht geradezu üppig. Das Gros der Selbstständigen und Freischaffenden kann die gesetzlichen Sozialversicherungen umgehen und sich privat versichern – oder überhaupt nicht und ihr Geld selbst anlegen, was nicht immer ein Vorteil sein muss! Die Streubreite zwischen sehr guter Altersversorgung und so gut wie keiner, ist bei diesem Berufskreis entsprechend groß.

Erstaunlich viele ehemalige Selbstständige und Freiberufler sind im Alter ein Fall für das Sozialamt, weil die Sorge ums Alter zu lange nach hinten geschoben wurde oder die eigene Geldanlage fehlschlug. Eine „Zwangsintegration" in die gesetzliche Rentenversicherung wäre somit für einen guten Teil dieser Berufe mehr Segen als Schaden. Darüber wurde in Politikerkreisen auch geredet – aber wer glaubt, dass den Reden Taten folgen ...

Ähnlich ist die Situation bei einem großen Teil der Künstler. Diese sind zwar im Prinzip durch die Künstlersozialkasse gedeckt – doch wer wenig einzahlt bekommt auch wenig zurück. Entsprechend eng muss dann der Gürtel im Alter geschnallt – oder ersatzweise weiter „gekünstlert" werden.

Pensionsschonkost oder Diäten für Politiker

Deutschland wäre nicht Deutschland, gäbe es unter den Ruheständlern nicht noch Gleichere als die Gleichen, die mit Vehemenz ihre Privilegien verteidigen und bei den Talkshows, wenn es um Renten geht, eine berufsmäßig betrübte Mine machen, um sich unmittelbar den Heiligenschein aufzusetzen: Die Kaste der Politiker. Achtung, falls jemand unter den Lesern ist und der behauptet hier läuft eine „Neiddiskussion", dem sei zum wiederholten Mal der weitaus passendere Begriff „Fairnessdiskussion" in Erinnerung gerufen! Nachdem die verschiedenen Landtage der Bundesländer unterschiedliche Pensions- und auch Vergütungsregelungen haben, konzentrieren wir uns bei den folgenden Fakten an den Abgeordneten des Deutschen Bundestags. Im Jahr 2016 erhielt ein Mandatsträger monatlich eine sogenannte „Abgeordnetenentschädigung" oder auch „Diät" genannt, in Höhe von 9.327 € brutto, entsprechend 111.924 € im Jahr. Diese wird seit 2014 entsprechend dem Nominallohnindex jährlich angepasst. Dazu kommt eine monatliche Kostenpauschale von derzeit 4.318 € sowie einige weitere Geldleistungen, die hier nicht betrachtet werden sollen, da sich die Pension einzig und alleine, wie auch bei normalen Rentnern, nach der Dauer der Beschäftigung und der Höhe des „Gehalts" richtet. Damit ist die „Gleichheit" aber auch schon erledigt. Selbstverständlich haben die Damen und Herren Abgeordnete ihre eigene Versorgungskasse! Dazu berichtete die Süddeutsche Zeitung am 17. Mai 2010 über die damals jüngste Abgeordnete im Deutschen Bundestag, Anna Lührmann von den Grünen, im zarten Alter von 21 Jahren, folgendes: *„Frau Lührmann, Sie sitzen seit zwei Jahren und vier Monaten im Bundestag. Wenn Sie für acht Jahre Abgeordnete sind, sprich: wiedergewählt werden, haben Sie einen Rentenanspruch von 1.682 € [im Monat]. Das bedeutet, mit 28 Jahren wäre Ihre Altersvorsorge höher als die Durchschnittsrente [1.176 €]".*

Des Weiteren ist zu erfahren, dass ein Abgeordneter nach 23 Jahren im Bundestag einen Pensionsanspruch von 4.836 € im Monat hat, ohne je einen Cent Beitrag einbezahlt zu haben (!) – dass ein Durchschnittsverdiener dafür 185 Jahre lang arbeiten, und dafür selbstverständlich jede Menge in die DRV einzahlen müsste! Die Höchstpension des besagten Kreises, die nach 27 Jahren Zugehörigkeit erreicht werden kann, ist inzwischen auf über 6.300 € gestiegen.

Ach ja: Das Eintrittsalter für die sogenannte „Altersentschädigung" wird, analog zur gesetzlichen Rente, stufenweise auf das 67. Lebensjahr erhöht. Jedoch: Wer länger als acht Jahre im Bundestag sitzt, darf mit jedem zusätzlichen Jahr seinen Pensionsbeginn ein Jahr vorverlegen, bis um maximal zehn Jahre – also in Richtung 56 bis 57 und dies ohne jede Kürzung der Pension (im Vergleich: Abzug bei Frührente ist 0,3 % pro Monat). Kein weiterer Kommentar!

Sonderrechte ungehemmt

Man könnte noch über politische Beamten schreiben, den Hochadel unter den Pensionären, denn diese müssen nicht einmal das Rentenalter erreicht haben, um lebenslang ihre Pensionen von mehreren Tausend Euro zu erhalten. Oder auch über das Rentenparadies für EU-Beamte und deren Privilegien – doch steigert dies nur den Blutdruck und ab einem gewissen Alter sollte man da aufpassen! Wer neugierig ist, kann googeln. Man beachte: Wer die Macht hat, hat das Sagen – und schafft sich ungehemmt Sonderrechte!

Allerdings seien, wenn auch nicht mehr ganz aktuell, zu guter (?) Letzt die monatlichen Pensionsansprüche von einigen bekannten Politikern im Kabinettsrang aufgeführt: (aus DER SPIEGEL 4/2005). Erhöhungen nach 2005 nicht eingerechnet – und die waren kräftig:

•	Helmut Kohl (†)	12.800 €
•	Hans Eichel	11.600 €
•	Joschka Fischer	9.500 €
•	Norbert Blüm	9.100 €
•	Gerhard Schröder	8.900 €
•	Wolfgang Clement	8.800 €
•	Otto Schily	7.600 €

Bei Talkshows, wenn es um die Bezahlung und Pensionen unserer Abgeordneten geht, blasen sich die jeweiligen Politiker, manchmal auch diverse (politisch abhängige?) Vertreter aus Wirtschaftsinstituten gerne mit der Bemerkung auf, dass unsere Abgeordneten „für gute Arbeit auch gut bezahlt werden müssten". Stimmt! Nur, hat jemals einer dieser Protagonisten nachgefragt, ob denn tatsächlich gut gearbeitet wird? Wenn man sich den Pfusch bei den Quasi-Reformen ansieht, egal ob Sozialsystem (namentlich gesetzliche Kranken- und Rentenversicherung): Flickschusterei. Haushaltssanierung oder Aufräumarbeiten bei der Subventionitis: Fehlanzeige. Steuerreform: Welche? Erziehung und Bildungswesen: Zu viele bleiben dumm! Europa- oder Eurorettungs-Politik? Wo man hinschaut, Flickwerk, Murks, Mutlosigkeit, Lobbyismus, Machtpoker, Opportunismus in Höchstform, und last but not least, was die Renten betrifft: Eigennutz statt Gemeinnutz! Und dann die Aussage: „Gute Bezahlung für gute Arbeit"? Ist bitteschön auch der Umkehrschluss erlaubt: „Weniger Geld für Murks"?

So viel zur Berufsgruppe der Politiker und ihrer Altersversorgung. Irgendwas ist wohl faul in unserer deutschen demokratischen Republik der Bananen!

Wer über Renten und Pensionen schreibt, darf zwei Gruppen nicht außen vor lassen: Die Selbstständigen, inklusive Künstler und Freischaffende (siehe vorne), und die Versorgungsansprüche von Managern und Unternehmensvorständen.

Allerbeste Altersvorsorge im Vorstandsbereich

Bleiben wir zunächst bei den gut Versorgten, in diesem Falle einer recht breiten Schicht von Managern, deren nicht ganz schlechte Versorgung sich in der vorher gezeigten Verteilung der Betriebsrenten im Bereich „1.000 € und mehr" widerspiegelt, und den mehr als bestens versorgten DAX-Vorständen. Wenn man weiß, dass ein DAX-Vorstand 2016 im Durchschnitt inzwischen um die 3,5 Millionen Euro im Jahr kassiert, darf man wissen, dass in ihren Verträgen auch die Altersvorsorge fürstlich geregelt ist. Nur ein paar Beispiele von vielen (wenn auch etwas älteren Datums): Der erste Fall, entnommen aus der SZ vom 28. März 2008. Es geht um den ehemaligen EnBW-Chef Utz Claassen. Alter: 44 Jahre. Beschäftigt bei EnBW: 1. Mai 2003 bis 30. September 2007 (Quelle: Wikipedia). Ruhestandsgehalt: 400.000 € pro Jahr, für die Dauer von 19 Jahren. Dazu Herr Claassen im Interview: *„Fakt ist, dass das mir zustehende Ruhegehalt im Prozentsatz sogar unterhalb des Marktüblichen liegt, und Fakt ist auch, dass mir eine ganze Reihe von Vorstandschefs bekannt sind, die weit mehr als das Doppelte an Ruhegehaltsansprüchen haben."* Er hat gar nicht so unrecht. Leider. Hier der Beweis:

Der zweite Fall, Wolfgang Ziebart, bis Mai 2008 Chef von Infineon, am 3. Juni 2008 gefeuert. Verweildauer dieses im Volksmund genannten „Durchlauferhitzers": Herbst 2004 bis Juni 2008 (etwa 4 Jahre!) Vertragsdauer bis 2009. Umsatz von Infineon in 2007: 7,68 Milliarden. Euro / Verlust: 300 Millionen Euro / Dividende: Null / Verfall der Aktie zwischen Juni 2007 bis Juni 2008: von ca. 13 € auf 6,3 € (= 50 %). Ausscheiden des Herrn Ziebarts zu folgenden Konditionen (SZ vom 4. 6. 2008): Gehalt läuft weiter bis Vertragsende, d. h. auf ein weiteres Jahr gerechnet: gut 2 Millionen Euro, sowie 860.000 € „einmaliges Ruhestandsgehalt", und dann – bitte halten Sie sich fest! – eine „Firmenrente" in Höhe von 560.000 € im Jahr! Dies erlaubt folgende Hochrechnung: Wir nehmen an, ein kleiner Angestellter bei Infineon kostet im Jahr mit Nebenkosten etwa 50.000 €. Nur für die Firmenrente dieses einen Managers müssen etwa elf dieser Angestellten auf Dauer gefeuert werden, um allein diese Rente auszugleichen! Wer zerstört hier eigentlich den sozialen Frieden in Deutschland? Die (wen wundert's?) erstarkende Linke mit zweifelhaften Versprechen „Gutes Geld für gute Arbeit", mit dieser plausibel klingenden Phrase rechtfertigen auch die höheren Manager in der Industrie ihre astronomischen Gehälter.

Aber es kommt noch „besser". Denn auf keinen Fall dürfen an dieser Stelle zwei Namen unerwähnt bleiben: Georg Funke, der ehemalige Vorstandsvorsitzende der Hypo Real Estate (HRE). Mit 53 setzte er diese Bank endgültig und voll in den Sand, sie musste vom Bund übernommen werden, ab 60 steht ihm dafür eine Pension von 560.000 € pro Jahr zu, macht 46.666 € im Monat (BILD 2008/10/06). Und der grandioseste Blender aller Blender, Thomas Middelhoff, ex-Arcandor bzw. Karstadt-Quelle-Chef: Abfindung trotz Pleite 2,3 Millionen Euro und Rente ab 1. Januar 2011 magere 150.000 € pro Jahr, gleich 12.690 € im Monat, bei mehreren anstehenden Verfahren wegen Untreue.

Doch zwei fehlen noch: Herr Dr. Winterkorn, der ehemalige Vorstandsvorsitzende von VW. Wie in mehreren Publikationen berichtet, Rente pro Tag – also nicht pro Woche oder Monat – 3.000 €. Umgerechnet aufs Monat: 90.000 €. Frage: Kann ein Mann mit Familie so viel Geld ausgeben? Namentlich dann, wenn er jahrelang schon um die 10 Millionen Euro nach Hause trug. Und der langjährige Daimler-Chef Zetsche: Ab 2020 schlappe 4.200 € – auch PRO TAG! (SZ vom 29.1.2019)

Die Liste ließe sich beliebig fortsetzen. Ob dies der Bürger und vor allem der Normalrentner versteht ist eine andere Sache. Konsequenzen? Viel Gemotze in den Medien, Veränderungen null!

Traurige Tatsache ist allerdings: Die Kaste Großverdiener braucht inzwischen mindestens zwei Reinkarnationen um allein ihre Ruhegelder verprassen zu können. Ob sie das packen, die „Masters of the Universe"? Man muss sich beinahe schon Sorgen um sie machen...

Schließlich zur Verdeutlichung, quasi zu aller schlechter Letzt, ein paar Beispiele zu Pensionsrückstellungen für DAX-Vorstände (Quelle: managermagazin vom 22. Juli 2011):

- Dieter Zetsche (Daimler AG) 22,7 Millionen €
- Josef Ackermann (Deutsche Bank) 13,2 Millionen €
- Wulf Bernotat (EON) 13,5 Millionen €
- Jürgen Hamprecht (BASF) 14,5 Millionen €
- Martin Winterkorn (VW) 17,8 Millionen €

... et cetera

Keine weiteren Ausführungen – nur eine einzige Anmerkung zum Nachdenken:

Neiddiskussion oder Fairnessdiskussion?

Und eine winzige Frage: „Wer zahlt eigentlich das Ganze?" Sie haben es messerscharf erraten:

Sie, als Verbraucher über die Preise
und die Aktionäre über die Reduzierung der Dividende.

An dieser Stelle sollten Sie sich erst mal ein Glas Bier oder Wein zum Abreagieren einschenken, bevor Sie weiter lesen.

Rentenreform möglich?

Könnte man die verschiedenen Systeme sanieren und reformieren, damit möglichst Viele eine angemessene Versorgung im Alter hätten? Es wäre relativ einfach, wenn es da nicht wieder den üblichen Lobbyismus gäbe und wenn sich beispielsweise eine sogenannte „Große Koalition“ aufgerafft hätte (Achtung: „Groß“ im Sinne von „Umfang“ und nicht von „Bedeutung“!), die über weit mehr als zwei Drittel der Stimmen im Bundestag verfügte (2013 - 2017) dazu zeitweise sogar noch über eine Mehrheit im Bundesrat, wirkliche Reformen im Sinne der Bürger anzugehen, anstatt die üblichen Scheingefechte zu führen und auf die nächsten anstehenden Wahlen zu blicken. War nichts! Bei Schwarz-Gelb nicht und die danach folgten, Schwarz-Rot, da war wieder nichts. Wieder ist nichts „Großes“ passiert; es ist klein-klein weiter gegangen, konsequent im Merkel-Schritt – zwei voraus und mindestens eineinhalb zurück.

Kuscheln in trauter Eintracht

Man müsste dagegen lediglich auf Österreich und die Schweiz blicken (siehe vorne) – und zahlreiche Abgeordnete haben dorthin schon verschiedenste Betriebsausflüge gemacht um sich zu informieren – wobei mehr als satte Spesenabrechnungen für den Steuerzahler bislang nichts herausgekommen ist. Wird wohl auch so bleiben. Ach ja, ändern könnten dieses System von Privilegierten und weniger Privilegierten nur die Abgeordneten (und „Abgeordnetinnen”) des Deutschen Bundestags. Aber wer wird schon seine eigenen Vorteile abschaffen, solange man sich darauf verlassen kann, dass die Unterprivilegierten die Privilegierten zuverlässig wieder wählen. Und außerdem: Nachdem in der Bundesrepublik Deutschland eine echte Opposition durch die wechselnde Großkoalitionen Schwarz-Rot-Grün-Gelb-Dunkelrot so gut wie abgeschafft ist, indem alle miteinander im Bund oder in irgend einem Bundesland in trauter Eintracht miteinander im Bett liegen, darf man sich nicht wundern, dass keine Partei der anderen noch wirklich ein Auge auskratzt!

Einfache Lösung zur Aufbesserung des deutschen Rentensystems

Eine einfache Lösung zur finanziellen Aufbesserung des deutschen Rentensystems wäre beispielsweise, indem man die Erträge der Erbschaftssteuer gezielt in das Rentensystem führte, im Sinne eines sozialen Ausgleichs, indem die Erben einen Teil ihres nicht selbst erarbeiteten Vermögens für die Versorgung der Älteren beitragen. Die lautstarken Vertreter einer Generation von Erben, die meinen, unter großem Jammern für die Renten derjenigen zahlen zu müssen, die dieses Land aufgebaut haben, die zudem riesige Reparationen für den Weltkrieg berappen durften, dazu noch eine Wiedervereinigung geschwungen haben, sollten erst einmal tief Luft holen und die grauen Gehirnzellen in Bewegung setzen, bevor sie sich weiter einer unwürdigen Polemik hingeben. Schließlich übernehmen die Jungen nicht nur Altlasten mit einem Berg von Schulden, sondern auch ein wiederaufgebautes und wiedervereinigtes Land, mit einer hervorragenden Infrastruktur, bestehend aus Verkehrswegen, Fabriken, öffentlichen Gebäuden, Wohnungen und Häusern, plus einem Erbschaftsvolumen, von dem die Alten nicht einmal träumen konnten.

Das gesamte Privatvermögen der Deutschen liegt laut Allianz Gruppe derzeit bei etwa 10 Billionen Euro und davon werden pro Jahr etwa 200 Milliarden Euro vererbt. Andere Quellen reden bereits von 400 Milliarden pro Jahr. Die Staatsschulden der Deutschen liegen 2019 bei rund 2,0 Billionen Euro – die werden auch vererbt. Von der jährlichen Erbmasse wurden laut Wikipedia beispielsweise im Jahr 2015 lediglich 5,5 Milliarden an Erbschafts- und Schenkungssteuern kassiert. Wäre es wirklich zu viel verlangt, wenn davon ein Teil wieder zurück an die noch lebenden Alten über die Rentenkasse oder die Pflegeversicherung flöße? Beitragssteigerungen wären dadurch ebenso zu umgehen! Dies alles soll keineswegs ein Plädoyer für eine Umverteilung sein und schon gar nicht ein weiterer Beitrag zu der unseligen Debatte *„Jung gegen Alt"* (oder umgekehrt), eher ein Denkanstoß! Es soll auch bei diesen Hinweisen bleiben, eine Vertiefung bleibt den Politikern und den Medien vorbehalten.

Nachdem der deutsche Normalbürger aufgrund des derzeitigen Rentensystems nicht umhin kommt, sich – sofern finanziell überhaupt möglich – zusätzlich um seine Altersversorgung zu kümmern, sei zum Abschluss dieses Kapitels ein kurzer Blick auf die Angebote privater Rentenversicherer gelenkt und diese mit dem der Deutschen Rentenversicherung verglichen. War vor wenigen Jahren, vor der Nullzinspolitik der EZB, eine private Rentenversicherung noch einigermaßen attraktiv, so hat sich das Blatt in neuerer Zeit doch erheblich gewandelt.

Private Rentenversicherung – ja oder nein?

Da die Investition in eine private Rentenversicherungen ein Thema für alle Berufsgruppen ist und zugleich für einen großen Teil der Bevölkerung in die Überlegungen zu einer ergänzenden Form der Altersfinanzierung einfließt, sei diese im Folgenden etwas intensiver betrachtet.

Was macht man beispielsweise sinnvoll mit einer Einmalzahlung, wie der Fälligkeit einer Lebensversicherung oder Kapitalversicherung, einer Abfindung oder mit einem höheren Betrag auf dem Sparbuch, der im Alter ein regelmäßiges Einkommen bringen soll? Eine private Rentenversicherung ist *eine* Möglichkeit, aber eben nur eine von mehreren und ihr Sinn, ihre Rendite, vor allem der Verlauf der Auszahlungen über zehn Jahre, sei anhand eines dem Verfasser vorliegenden konkreten Falles dargestellt. Auch dieses Beispiel ist zwar nicht mehr ganz aktuell, aber es zeigt deutlich, wie sich die Höhe der nichtgarantierten Gewinnbeteiligung zum Nachteil des Versicherungsnehmers verschieben und welche Auswirkungen dies insbesondere dann haben kann, wenn die Zinsen sinken. Ob die Versicherer bei steigendem Zins ähnlich korrektiv reagieren wie in diesem Beispiel, ist stark zu bezweifeln! Nach gängiger Sitte sei dieser Fall anonymisiert und als „Hans Mustermann“ beschrieben. Dieser Hans Mustermann erhielt im Dezember 1998 eine mittlere Abfindung für die Aufgabe seiner Beschäftigung bei einem Chemiekonzern und investierte davon genau 100.000 DM als Einmalzahlung in eine private Rentenversicherung der **Generali** Versicherungsgruppe. Herr Mustermann war soeben 55 Jahre alt geworden und die erste monatliche Zahlung floss bereits im Januar 1999. Damals lagen folgende Daten zugrunde:

Einmalzahlung an Generali im Dezember 1998	**100.000 DM (= 51.020 €)**
Alter des Versicherten	genau 55 Jahre
Zahlungsbeginn	Januar 1999
Zahlungsweise	monatlich / lebenslang
Mindestlaufzeit	10 Jahre (bis Januar 2009)
Garantiezins	4 % p. a.
damit garantierte monatliche Grundrente	483,83 DM (= 246,85 €)
zusätzliche, nicht garantierte Gewinnrente	232,25 DM (=118,49 €)
somit Gesamtrente ab Januar 1999	716,08 DM (= 365,35 €)

Damals befand Hans Mustermann, 716 Mark (365 €) zusätzliche Rente (knapp 8,600 DM im Jahr und dies lebenslang) sei besser als mit 100.000 Mark an der Börse zocken, nicht genau wissend, was dabei heraus kommen könnte. Auch ein Garantiezins von 4 % erschien ihm als faires Geschäft, und die zusätzliche Gewinnbeteiligung war attraktiv genug. Nach Vertragsunterschrift erhielt er einen freundlichen Brief, der so begann: *„Vielen Dank für Ihr Vertrauen, das Sie unserer Gesellschaft mit Ihrem Antrag auf Rentenversicherung und Ihrer Überweisung der Einmalbetrages von DM 100.000 erwiesen haben. Wir werden stets bemüht sein, dieses zu rechtfertigen."* Vertrauen hatte Herr Mustermann auch in diese Versicherung. Jedenfalls damals. Und damals war dieses Angebot auch eine gute Sache!

So war Mustermann zufrieden, bis rechtzeitig vor Weihnachten, versehen mit Datum vom 13.12.2002, die erste Korrektur mit folgender Begründung kam: *„Angesichts sinkender Zinserträge müssen auch wir die Überschussrenten den Marktgegebenheiten anpassen. Ab dem 1.1.2003 wird deshalb Ihre monatliche Gesamtrente auf 321,01 EUR festgelegt."* Dies entsprach einer Kürzung von umgerechnet 12,15 %. In Klammern: Ausrufezeichen!

Mustermann war sauer, aber es kam noch deftiger, wieder zur Weihnachtszeit und datiert per 19.12.2003, mit folgender auf die Tränendrüsen drückenden Feststellung: *„Zum Kummer aller Kapitalanleger zeigen die anhaltenden schlechten Nachrichten aus Presse, Funk und Fernsehen, dass sich der Kapitalmarkt seit langem in einem äußerst desolaten Zustand befindet und eine Besserung der Verhältnisse nicht absehbar ist. [...] Aus den erwähnten Gründen ist es deshalb unumgänglich, eine Anpassung Ihrer Überschussrente vorzunehmen. Sie erfolgt zum Beginn des nächsten Rentenjahres Ihres Vertrages, dem 1.1.2004 und führt zu einer neuen monatlichen Gesamtrente von 274,99 EUR, die ab diesem Termin zur Auszahlung kommt."* Nun betrug die Kürzung schon: 365,35 – 274,99 € = 90,36 € oder knappe 25 %. In Klammern: Zwei Ausrufezeichen!!

Mustermann war stinksauer und schrieb am 20. Juli 2006, nachdem er in der Zeitung gelesen hatte, dass die Generali im Geschäftsjahr davor wieder sehr gut verdient hatte, einen bösen Brief mit der logischen Frage: „... *Dann wäre ich Ihnen noch dankbar, wenn Sie mir mitteilen, wann Sie meine Rente wieder nach oben korrigieren, nachdem sich ja die gesamte Ertragssituation Ihres Hauses ganz wesentlich verbessert hat und namentlich die Zinsen gestiegen sind! Bei der Korrektur nach unten waren Sie ja sehr schnell (zum 1.1.2003 und nochmal zum 1.1.2004), so dass ich jetzt erwarte, dass demnächst etwas passiert, und nicht nur „peanuts"!"*

Als Antwort bekam Mustermann am 1.8.2006 von einem Generalisten der Generali ein zweiseitiges Schreiben, das wie eine Belehrung über die Zinsentwicklung der letzten Jahre klang und darüber, wie die Versicherung ihre Verträge kalkulieren muss sowie dem beruhigenden Hinweis: *„Darauf hingewiesen sei auch noch, dass Ihr Vertrag mit einer vergleichsweise hohen Garantieverzinsung ausgestattet ist. Bei Neuabschlüssen werden heute nur noch 2,75 % garantiert und ab 2007 soll der Garantiezins auf 2,25 % fallen. Der bei Ihrem Vertrag hohe Garantiezins sichert Ihnen eine hohe garantierte Rente, was bei den aktuell niedrigen Marktzinsen zwangsläufig dazu führt, dass über den Garantiezins hinaus keine oder nur noch ein geringe außerrechnungsmä-*

ßige Verzinsung erwirtschaftet werden kann. [...] Wir bedauern, Ihnen keine günstigere Nachricht geben zu können."

Es dauerte noch ein paar Monate, Mustermann hatte sich kaum vom Glühwein am Nikolaustag erholt, kam mit Datum 08. Dezember 2006 eine weitere und bisher letzte Kürzung, wieder mit der Begründung *„von der Zinsentwicklung"* und *„aus Sicherheitsgründen"*, sowie dem neuen Hinweis: *„dass die Lebenserwartung in Deutschland erfreulicherweise weiter gestiegen ist"... [für die] wir ... schon jetzt zusätzliche Rückstellungen bilden."* Und – der Leser hat es schnell erraten: *„Aus diesen Gründen ist es unumgänglich, eine Anpassung der Überschussrenten vorzunehmen. Bei Ihrem Vertrag führt dies ab dem 1.1.2007 zu einer neuen Gesamtrente von monatlich 253,15 EUR."* Also einer weiteren Reduzierung der Überschussrente. Womit wir gerade noch 6,30 € über der Garantierente liegen, liebe Generali. Aber „erfreulicherweise" ist dafür ja wenigstens die Lebenserwartung gestiegen. Wofür die Generali Herrn Mustermann natürlich auch keine Garantie geben kann! Macht inzwischen in Summe eine Gesamtkürzung von 365,35 – 253,15 = 112,20 € aus einem Einsatz von 51.020 € oder fast genau minus 31 % nach 8 Jahren. Noch klarer und etwas anders herum gedacht: Hans Mustermann hätte genauso gut (nein: schlecht) rund 31 % seines Kapitals verzocken können und wäre schlussendlich da, wo er heute ist. Und jetzt in Klammern: Drei Ausrufezeichen!!!

Nullzinspolitik zu Lasten der Bürger

Bleibt die logische Frage, verhält sich nur die Generali so oder steht diese nur symbolisch für eine gesamte Sparte? Letzteres trifft leider voll zu! Auch andere Versicherer haben die Überschussbeteiligung im entsprechenden Zeitraum drastisch gesenkt und werden diese – falls überhaupt noch möglich – auch weiterhin, je nach Bedarf, senken.
Inzwischen, im Jahr 2019, liegt der Kapitalzins für Festgeld um die Null Prozent und die Garantieverzinsung für Lebens- oder

Rentenversicherungen bei 0,9 %. Diese wurde zum 1. Januar 2017 per Gesetz nochmal gesenkt, weil auch die Versicherungen nicht mehr wissen, wie sie ihr Geld rentabel und dabei auch noch sicher anlegen sollen. Eine nennenswerte Trendwende beim Zins, und somit auf Privatrenten, ist auf Dauer nicht sichtbar. Laut verschiedener Wirtschaftsnachrichten verliert alleine der deutsche Sparer jährlich etwa 60 Milliarden Euro an Zins aufgrund der Politik von Herrn Draghi und Co. Die DZ-Bank hat's ausgerechnet: In einem Interview mit der FAZ vom 21.5.2017 legte ihr Chefökonom, Stefan Bielmeier, genaue Zahlen zur Nullzinspolitik der EZB vor: *„Wir haben ausgerechnet, wie hoch die Zinseinbußen ausfallen, die deutsche Sparer seit dem Jahr 2010 im Vergleich zu den Jahren 1998 bis 2008 hinnehmen mussten. Für die Jahre 2010 bis 2016 sind dies 344 Milliarden Euro, und in diesem Jahr werden voraussichtlich noch einmal 92 Milliarden hinzukommen. Das macht insgesamt sage und schreibe 436 Milliarden Euro." [...] „Und wenn man fairerweise die Zinsersparnisse für Kreditnehmer gegenrechnet, bleibt unter dem Strich immer noch eine Einbuße von fast 250 Milliarden für die Jahre 2010 bis 2017".*

Die Null-Zins-Politik der EZB geht somit voll zu Lasten der Bürger, denn die Inflationsrate liegt derzeit irgendwo zwischen 1 und 2 % und damit deutlich über dem, was Ihnen Ihre Bank für Ihr Erspartes gibt. Bleibt also eine Geldentwertung von momentan mindestens 1 bis 2 % pro Jahr für das, was in Ihrem Sparschweinchen liegt. Signor Draghi sprach im Übrigen bereits von einem Negativzins auf Spareinlagen – und hat dies durchwegs ernst gemeint! Spanien hatte diesen im Juli 2014 – und zwar rückwirkend zum 1. Januar 2014 – durch eine Sonderabgabe auf Spareinlagen umgesetzt. Was dort funktionierte, kann durchwegs Modellcharakter für andere Euro-Länder haben – oder zu kreativen Gebührenerhöhungen durch die Banken wie in Deutschland führen.

Kassiert Vater Staat auch die privaten Renten ab?

Ja freilich, was denken Sie denn? Das Finanzamt kassiert Gebühren, Zölle und Steuern gnadenlos, „bis dass der Tod Euch scheidet“ – denn dann gibt's die Erbschaftssteuer. Am liebsten ist dem Staat im Fall der privaten Renten, wenn Sie eine Einmalzahlung (z. B. aus einer Abfindung) leisten, denn dann ist diese bereits ein erstes Mal komplett versteuert und dann, wenn die Rente fließt, sind die vom Finanzamt wieder dabei und zwar nach diesem Schema: Besteuert wird nicht der Gesamtbetrag der steuerlich (nicht geförderten) privaten Renten, sondern nur der sogenannte „Ertragsanteil“ (Garantiezins + mögliche Gewinnanteile). Aus Gründen der Einfachheit wird dieser pauschal nach dem Alter festgesetzt, in dem diese Rente anfängt zu fließen, ganz ähnlich wie der zu versteuernde Anteil bei der gesetzlichen Rente. Seit dem Jahr 2005 (seither unverändert) gelten diese Versteuerungsanteile:

Alter bei Rentenbeginn	Ertragsanteil (= zu versteuernder Anteil der Rentenzahlung)
60 - 61	22 %
62	21 %
63	20 %
64	19 %
65 - 66	18 %
67	17 %
68	16 %

Dieser zu versteuernde Anteil wird einmalig festgelegt und gilt dann für den Rest ihres Leben – es sei denn, der Gesetzgeber verändert dieses Schema zu Gunsten (oder zum Schaden) der Betroffenen. Wer also beispielsweise eine private Rente in Höhe von monatlich 1.000 € mit Vollendung des fünfundsechzigsten Lebensjahres bezieht, versteuert davon im Monat 180 €, macht im Jahr (x 12) genau 2.160 €, die dem gesamt zu versteuernden Einkommen hinzuzufügen sind.

Nun bleibt die gute Frage, ob eine private Rentenversicherung sinnvoll ist oder nicht. Mit eindeutigem Nein ist dies zu beantworten, wenn nur noch der garantierte Zins zur Auszahlung kommt, weil die Versicherung keine Überschussanteile mehr zahlen kann oder will. Dass dieser Fall keineswegs abstrakt ist, ist traurige Realität. Der oben dokumentierte Fall „Hans Mustermann“ sollte sehr zu denken geben! Die Qualität der Versicherer schwankt stark und „Sicherheit für deren Sicherheit“ gibt es nicht wirklich. Zusätzlich kann die Sterbestatistik verändert werden – und schon wird an den Überschussanteilen erneut gedreht (worauf Sie sich verlassen können!). Im Falle einer plötzlichen Krankheit und in Absehbarkeit eines früheren Todes als erhofft, ist es schwierig wieder an den Rest (also abzüglich der ausbezahlten Renten) des einbezahlten Kapitals zu kommen. Dies kann zwar vereinbart werden, die Abschlusskosten und erhebliche Verwaltungsgebühren sind jedoch immer futsch. Wer seinen Ehegatten mitversichert, muss zusätzliche Abschläge hinnehmen.

Wer mit spitzem Bleistift oder billigem Taschenrechner nachrechnet, wie alt er oder sie werden muss, bis allein das einbezahlte Kapital wieder in gleichmäßigen Raten ausbezahlt ist, wird schnell feststellen, dass er oder sie steinalt – deutlich um die neunzig – werden sollte, bis endlich der ausbezahlte Betrag die Einzahlung, und damit die Gewinnzone erreicht.

Bleibt das Fazit: Die steuerliche Behandlung der privaten Rente ist einer der wenigen Vorteile, der für diese Investition sprechen könnte (Konjunktiv!) und zu empfehlen für Menschen, die sich um ihr Geld persönlich überhaupt nicht kümmern wollen. Falls man sich für diese zusätzliche Quelle eines Alterseinkommens tatsächlich entschließt, sollte diese in Summe mit anderen regelmäßigen Einkommen (z. B. Renten, Pensionen, Mieteinnahmen), die Höhe der monatlichen Grundausgaben jedoch nicht übersteigen. Für den Rest gibt es interessantere Varianten. Deren Vielzahl übersteigt allerdings die Seitenzahl dieses Buchs, weshalb ich mich auf wenige Hinweise etwas später beschränke. Zunächst aber zu einer relativ neuen Möglichkeit bei der Deutschen Rentenversicherung.

Frührente ohne Abschläge durch Ausgleichszahlungen an die DRV

Nachdem fast jeder Zweite mit einer gekürzten Rente in den Ruhestand geht – wegen Frührente oder weil nach einer Scheidung etwas abgegeben werden musste, sei hier darauf hingewiesen, dass diese Rentenabschläge durch Zahlungen an die DRV ausgeglichen werden können. Sinnvoll kann dies insbesondere dann sein, wenn diese Zahlungen aus einer Abfindung stammen und direkt vom Arbeitgeber erfolgen, denn dann werden diese steuerlich begünstigt (!). Aber auch falls eine Lebensversicherung fällig wird, eine Erbschaft oder ein sonstiger Geldsegen, sollte man über diese Möglichkeit nachdenken, weil sie inzwischen (siehe vorne) deutlich besser rentiert als eine private Rentenversicherung oder auch die Sparzinsen bei Banken. Allerdings müssen auch hier die Vor- und Nachteile betrachtet werden.

Zuerst die Bedenken:

- Das Geld ist permanent weg.
- Damit sollten Sie nachrechnen, wie alt Sie werden müssen, bis die Summe der einbezahlten Beträge wieder ausbezahlt ist (in der Regel um die achtzig).

Hier die Vorteile:

- Sie profitieren unmittelbar bei Rentenbeginn von einer höheren Rente und ihr Geld ist sicher angelegt.
- Die Rendite der DRV liegt derzeit etwa bei 3 % und damit sowohl deutlich über jedem Bankzins als auch über dem Garantiezins der privaten Versicherer.
- Bei jeder Rentenerhöhung sind Sie mit dabei.
- Eine Witwe oder Witwer profitiert selbstverständlich ebenso von einer damit höheren Witwenrente – und dies kostenlos!

Und hier sind die wesentlichen Spielregeln:

- Nur Abschläge wegen Frührente (also 0,3 % pro Monat) oder durch Versorgungsausgleich wegen Scheidung können ausgeglichen werden. Eine Einmalzahlung kann nicht dazu benutzt werden, um entweder fehlende Beitragszeiten auszugleichen oder um eine ungekürzte Rente pauschal zu erhöhen!
- Die Einzahlungen können bereits ab Lebensalter 50 in Teilbeträgen erfolgen (interessant bei Scheidung). Die jährlichen Höchstbeiträge zur steuerlich begünstigten Altersvorsorge sollten Sie dabei beachten!
- Der Ausgleich muss keineswegs unmittelbar nach der Scheidung und dem Versorgungsausgleich erfolgen, sondern kann auch noch kurz vor dem beabsichtigten Rentenbeginn erfolgen. Von den Abschlägen wegen Frührente kann eventuell nur ein Teilbetrag und nicht der gesamte Abschlag ausgeglichen werden.
- Ein Antrag zur Berechnung und Genehmigung bei der DRV ist erforderlich (eine „besondere Rentenauskunft").

Das Fachmagazin „Rente & Co." (Heft 3, 2015) hat ausgerechnet, dass eine Einmalzahlung von 12.814 € eine sofortige Erhöhung der gesetzlichen Rente von monatlich 54 € bringt, im Vergleich dazu beim besten Anbieter einer privaten Rente lediglich 44 €, beziehungsweise 4,37 € monatlicher Rentenabschlag wird durch jeweils 1.000 € Einmal-Zahlung ausgeglichen. Beachten Sie dabei bitte, dass bei der gesetzlichen Rente etwa 10 % Minderung für die gesetzliche KV und Pflegeversicherung zu berücksichtigen sind (bis zur Beitragsbemessungsgrenze und nur für Mitglieder der gesetzlichen KV).

Fazit: Besonders interessant ist diese Variante für Gutverdiener, falls diese Ausgleichszahlung über eine Abfindung und durch den Arbeitgeber steuerlich begünstigt erfolgen kann, oder für geschiedene Besserverdiener, die durch Einzahlungen über mehrere Jahre die Rentenverluste wieder ausgleichen wollen (auch hier steuerliche Abzugsfähigkeit berücksichtigen!).

Bankauszahlplan als Alternative zur privaten Rentenversicherung

Falls Sie Ihr gutes Geld jedoch nicht komplett aus der Hand geben wollen, weil es sowohl nach einer Einzahlung bei der gesetzlichen als auch bei einer privaten Rentenversicherung sofort weg ist, Sie sich auch nicht auf ein hohes Alter für sich selbst oder ihre Witwe verlassen wollen, betrachten wir noch eine andere Möglichkeit – mit der Einschränkung, dass der momentan äußerst niedrige Zins diese Anlageform derzeit nicht besonders attraktiv erscheinen lässt. Es kann jedoch wieder deutlich besser werden – und deshalb sollten Sie diese Variante vielleicht im Auge behalten.

Nehmen wir an, Sie sind immer noch geplagt vom berühmten „Batzen Geld“, beispielsweise aufgrund einer Einmalzahlung für eine Abfindung oder Erbschaft von „Hausnummer 100.000 €“, wollen diese selbst bis zu einem realistischen Lebensende aufbrauchen, erwarten dabei eine relative Sicherheit (verbunden mit einem deutlichen Mehr an Flexibilität als bei der privaten Rentenversicherung), und wünschen auch noch eine einigermaßen faire Verzinsung.

Zählen Sie zu diesem Personenkreis sollten Sie einen Bankauszahlplan überprüfen. Falls Ihnen dieser Begriff noch ein Fremdwort ist, verweise ich auf ein Gespräch mit dem Banker Ihres Vertrauens, und die genaue Berechnung des Nettozuflusses entsprechend Ihrem persönlichen Steuersatz. Letzteres, weil es sich hier um ein Zinseinkommen handelt und damit der normalen Besteuerung von Kapitalerträgen unterliegt, anders als dies bei einer privaten Rentenversicherung der Fall ist (siehe vorne). Dies dürfte aber auch schon der einzige Nachteil gegenüber der privaten Rentenversicherung sein.

Der große Vorteil liegt jedoch darin, dass Ihr Restgeld – also das nicht ausbezahlte Geld – weiterhin verfügbar ist, auch für eventuelle Erben (z. B. eine Witwe). Den eventuellen Nachteil – nämlich dass Sie älter werden als die Dauer der geplanten Auszahlung – können Sie dadurch umgehen, dass Sie erst einmal eine längere Auszahldauer einplanen (z. B. bis zum Alter von 100 Lebensjahren) und dann, wenn Sie mit 75 merken, dass „Methusalem“ doch ein bisschen hoch gegriffen war, berechnen was noch nicht ausbezahlt ist und dann die Restzeit deutlich der Realität anpassen, womit die Auszahlungen entsprechend drastisch erhöht werden könnten. Alternativ können Sie mit dem nicht ausbezahlten Kapital später, zu besseren Zinszeiten, immer noch eine private Rentenversicherung abschließen, mit dem Vorteil, dass die Rentenhöhe umso höher ist, je älter Sie bei Abschluss einer solchen Police sind.

Ein Hinweis: Lassen Sie sich Angebote über entsprechende Bankauszahlpläne von verschiedenen Banken ausarbeiten. Die Konditionen – wie Sie beispielsweise wieder an Ihr Restgeld kommen, Laufzeit, Bearbeitungs- und Verwaltungsgebühren und damit die Höhe der Auszahlung – können deutlich schwanken. Hinterfragen Sie auch, was mit Ihrem Vermögen im Falle der Insolvenz der Bank passiert und bestehen Sie auf schriftliche Bestätigung aller Aussagen!

Beachten Sie auch bitte, dass im Jahr 2019 ein Zinssatz von 2,5% möglicherweise als hoch erscheint. Erinnern Sie sich aber an die Jahre, in denen Zinsen von über 5% durchaus üblich waren und dass die Dynamik unserer Zeit durchwegs wieder derartige Zinssätze bringen kann. Diese Überlegung, also eine flexible Gestaltung des Zinssatzes, sollte bei der Laufzeitvereinbarung eines Vertrags unbedingt mit eingebracht werden! Insbesondere in diesem Punkt werden verschiedene Banken unterschiedliche Angebote erstellen.

Auf der Folgeseite finden Sie nun eine grobe Übersicht (die je nach Bank schwanken wird) zur ersten Orientierung:

Wir nehmen die runde Summe von **100.000 €** als Anlagekapital (davon Bruchteile oder multiplikative Summen ergeben entsprechende monatliche Entnahmen), realistische Zinssätze (die innerhalb der Anlagedauer nach oben oder unten schwanken können), und geplante Jahre der Entnahme (die Sie verändern können!).

Monatlich zur Verfügung stehende Auszahlung (€) bei einem Zins von (Kapital = 100.000 €)

Jahre	2,5 %	3 %	4 %	5 %	6 %
5	1773	1795	1838	1882	1926
10	941	964	1009	1055	1102
15	665	689	736	785	835
20	529	553	602	654	707
25	447	472	524	578	635
30	394	419	473	530	589
35	356	383	438	498	560
40	328	356	414	475	539
ewig	206	247	327	407	487

Klartext: Je höher der Zins und je kürzer die Laufzeit (Pardon: kalkulierte Rest-Lebenszeit), desto mehr kann ein Anleger monatlich entnehmen. Herr oder Frau Sicherheit von Ewigleben, die mit dem absolut unterem Zins von 2,5 % kalkulieren, können also bis zum Sankt Nimmerleinstag monatlich 206 € entnehmen und am Ende immer noch die vollen 100.000 € vererben – weil lediglich der Zins ausbezahlt wurde.

Der Optimist, der mit Fünfundsechzig die 100.000 Euroletten auf die Bank bringt, auf ein erfülltes Leben von Einhundertundfünf setzt, dabei mit 3 % rechnet, kann 356 € im Monat entnehmen und dann beruhigt den Deckel von innen zumachen, in der Gewissheit, dass sich die Erben ärgern, weil dann auch das Kapital verzehrt ist.

Der fünfundsechzigjährige Realist hingegen, der vielleicht nur bis Fünfundneunzig gehen will, aber auch zunächst mit 3 %

kalkuliert, kann 419 € im Monat entnehmen. Und falls der Bankzins sich wesentlich verändert oder wenn er spürt, dass mit Fünfundachtzig die Luft nun doch schneller ausgeht als erhofft, den ganzen Plan mit seiner Bank neu berechnen und entsprechend flexibel reagieren.

Der große Charme dieser Altersanlage ist die Tatsache, dass man in überschaubarem Zeitrahmen (Bedingungen vertraglich regeln!) auf den nicht verzehrten Kapitalanteil Zugriff hat. Anders als bei einer Rentenversicherung! Keine Abschlussprovisionen, kaum Verwaltungsgebühren, kein überflüssiger Schnickschnack. Ein einziger, eventueller Nachteil gegenüber der privaten Rentenversicherung sei noch einmal verdeutlicht: Der Zinsanteil (nicht die ganze ausbezahlte Summe!) unterliegt Ihrem persönlichen Steuersatz. Dieser könnte – muss also nicht sein! – etwas höher liegen als die pauschalen Besteuerungssätze der privaten Rentenversicherung (siehe vorne).

Die Zeitschrift „stern - vita!" hat in Heft 1/2012 die Renditen folgender Anbieter untersucht und kam auf diese Resultate (100.000 € festgelegt auf 20 Jahre): Debeka mit 3,7 % Verzinsung und monatlicher Auszahlung 587 €. Bausparkasse Mainz: 3,5 % und 577 €. PSD-Bank: variable Zinsen und 482 €.

Falls Sie dem Euro nicht mehr ganz vertrauen, bleibt Ihnen durchwegs der Weg beispielsweise in die Schweiz, und die entsprechende Anlage in Schweizer Franken (Alternative: Norwegen, USA oder Australien). Der Weg dorthin ist keineswegs verboten und funktioniert sogar per Internet-Banking – solange Sie an Ihrem Wohnort die Einkünfte angeben und auch versteuern. Allerdings müssen Sie in diesem Fall mit Währungsschwankungen rechnen. Sicherheit oder die Verteilung des Risikos auf verschiedene Töpfe ist eben nicht ganz ohne Preis zu haben – und auch nicht ohne Arbeit.

Lassen Sie uns im Folgenden also noch einige generelle Gedanken zu Geldanlagen machen und weitere alternative oder ergänzende Varianten betrachten.

Wohin mit meinem Geld?

Bevor man sich der Frage stellt, „Wohin mit meinem Geld?“, sollte man eine andere, ganz wichtige Frage vorausschicken: *„Wie viel brauche ich zum Leben“* bzw. *„Wie viel darf ich verbrauchen?“* Ein Schema zur Kostenübersicht und Angaben bezüglich der durchschnittlichen privaten Haushaltsausgaben fanden Sie am Anfang dieses Abschnitts. Es wird Ihnen helfen, die Planung übersichtlich und vor allem realistisch zu gestalten. Wie schon am Beginn dieses Kapitels angeführt, sind diesem Punkt jedoch schnell Grenzen angezeigt, wenn das Geld fürs Alter nur aus der gesetzlichen Rente besteht und vielleicht, im günstigeren Fall, noch aus einer bescheidenen Betriebspension. Dass dies allerdings seltener zutrifft als allgemein angenommen, zeigen die Daten zum durchschnittlichen Einkommen der Rentner bzw. Pensionäre insgesamt, da häufig noch Einkünfte aus Vermietung, Ersparnissen, und Kapitalerträgen hinzu kommen.

Die andere wichtige Frage *„Wie viel habe ich denn?“* setzt einen realistischen Kassensturz voraus, in dem auch Einkünfte berücksichtigt werden müssen, die künftig noch erwartet werden können und auch Werte, die man später verflüssigen kann. Ersteres wäre eine Erbschaft oder eine Lebensversicherung, letzteres die Euros auf der Bank, eine selbst bewohnte Immobilie oder auch Kunstgegenstände. Auf alle diese Fälle wird noch eingegangen. Zunächst soll aber der bekannte „Batzen Geld“ betrachtet werden, der vielleicht aus einer Einmalzahlung stammt oder der in Form von Bargeld oder auch Wertpapieren auf dem Depot liegt. Vor der Entscheidung in eine bestimmte Form der Anlage sollte man sich jedoch Fragen zur Dauer der Anlage stellen, der Sicherheit der Institutionen, denen man sein Geld anvertraut, und nicht zuletzt einer einigermaßen realistisch zu erwartenden Inflationsrate.

Dauer der Anlage – und Gedanken zum Euro

Egal ob Ihr verfügbares Vermögen aus 10.000 € besteht oder aus dessen Faktor 100, so gelten einige Grundregeln: Ein kleiner Teil sollte sofort verfügbar sein für plötzlich auftretende Eventualitäten, ein Teil mittelfristig für die planbaren Fälle des Lebens, und der Rest darf langfristig investiert werden. Was bedeuten nun diese dehnbaren Zeitbegriffe wie „langfristig", wenn dies für den gesunden Sechziger im optimistischen Fall noch 30 Jahre sein können und für den kranken Sechziger eine restliche Lebenserwartung von fünf Jahren die Prognose des Arztes ist? Ja, genau davon hängt es ab! Ihre persönliche Situation, die Ihres Partners oder Partnerin, die Ihrer Kinder und Familie, und Ihr Vorhaben was Sie letztlich vererben wollen, das alles spielt da mit hinein. Egal wie hoch die Summe ist. Für *kurzfristige Anlagen* eignen sich Geldmarktkonten, Festgeld oder Tagesgeld, wem gar nichts besseres einfällt, sogar das „gute" alte Sparbuch oder eventuell die Matratze. Meine eigene Oma nahm immer den Wäscheschrank, in der Meinung, ein Einbrecher käme nie im Leben auf die völlig absurde Idee ausgerechnet dort zu suchen. Sie hat ja wieder einmal recht gehabt, meine Oma – „im Prinzip ja!" – denn erstens kam nie ein Einbrecher und zweitens hätte er ihr wahrscheinlich noch 5 Mark dazu gelegt, da zusätzlich daneben immer eine Statue der Mutter Gottes wachte. Davon ausgehend, dass in Bayern auch die Einbrecher katholisch erzogen sind und wissen, was sich gehört. Damals jedenfalls!

Zur **mittelfristigen Anlage**, also alles, was für eine Zeit von etwa zwei bis fünf Jahren liegen bleiben kann, kann man Sparbriefe in Erwägung ziehen, Anleihen von soliden Unternehmen oder Staaten, die mit ziemlich hoher Wahrscheinlichkeit eine faire Rendite ergeben, bei relativ geringem Risiko. Unternehmensanleihen sollten nicht nur nach der Rendite, also dem Zinssatz bewertet werden, sondern nach der Größe dieses Unternehmens, dem Umfang seines Fremdkapitals und seiner Stellung im Markt. Noch vor etwa zwei bis drei Jahren gab es dafür noch bis zu 5 %. Inzwischen – nachdem gewisse Unternehmen als solider bewertet werden als einige südeuropäische Staaten (!) – liegt der Ertrag leider auch für diese nur noch im mageren Bereich um die 2 % und sogar darunter.

Bei Staatsanleihen – auch Bundesanleihen – fällt mir auch im Jahr 2019 wenig Gutes ein. Sie sollten sich daran erinnern, dass die Bundesrepublik Deutschland mittlerweile für die gesamten Schulden aller Euro-Länder mithaftet! Die Konjunktur in unserem Land hat sich zwar als deutlich stabiler erwiesen als die unserer Nachbarn, aber dieser Zustand kippt schnell, falls die Weltkonjunktur insgesamt ins Wackeln gerät. Stand beispielsweise der DAX im Jahr 2017 noch auf über 13.000, fiel er bis Ende 2018 auf rund 10.500 – ein Verlust von fast 20 %. Wiederholung durch unterschiedliche Ereignisse mehr als wahrscheinlich!

Am ehesten würde ich, und dies zur Risikostreuung (trotz Währungsrisiko) in Anleihen aus der Schweiz, Norwegen oder Australien, und mit Einschränkung Kanada, investieren. Und zwar in der Originalwährung, wie norwegischen Kronen, australischen, bzw. kanadischen Dollar. Diese Länder besitzen eigene Rohstoffe in großen Mengen, stabile Regierungen, ein funktionierendes Staatssystem, disziplinierte Arbeitskräfte, sowie ein moralisches Wertesystem, das mit dem unseren vergleichbar ist. Blicke ich dagegen nach Südeuropa, in den Balkan, nach Osteuropa, und versuche ähnliche Bewertungskriterien wie für die soeben genannten Länder aufzustellen, muss ich zugeben, dass ich aufgrund der politischen, bzw. wirtschaftlichen Realitäten immer noch sehr beunruhigt bin. Der Euro hat sich als Kopfgeburt von idealistischen Politikern und Ökonomen entpuppt, zu einer Gemeinschaftswährung ohne gemeinsame Steuerungs- und Kontrollmechanismen. Dazu eine Europäische Zentralbank, die permanent gegen eigene Regeln verstößt, in einer Europäischen Union, die zur Transfer Union verkommt, zickzack und adhoc gesteuert von Politikern, denen die eigenen, kurzfristigen Wahlerfolge wichtiger sind als langfristige, verantwortungsvolle Planung. Mit Verlaub – dieses Europa gibt Anlass zu Sorgen! In jedem Fall ist es anders geworden, als sich die meisten von uns dies erhofft hatten.

Mit breiter Unterstützung der Medien versucht man uns einzureden, dass der Euro stabiler wäre als die Deutsche Mark dies jemals war, dass ein Ausstieg aus dem Euro-System für Deutschland der Untergang wäre und vergisst dabei, dass dieses Land mit der D-Mark genauso Export-Weltmeister war, weil unsere Qualitätsprodukte gefragt waren und sind, dass wir insgesamt sorgenfreier in die Zukunft blicken konnten, dass wir im Wesentlichen für uns selbst verantwortlich waren und nicht auch noch für die Schulden der Anderen. Derartig klare Worte entsprechen vielleicht nicht dem „politisch korrekten“ Mainstream der Guten in unserem Land, aber man sollte bedenken: Wenn eine klare Analyse versagt wird, ist auch eine Therapie unmöglich! Man könnte auch anmerken, das 52 % der Briten, die aus den genannten und ähnlichen Gründen für ihren „Brexit“ stimmten, nicht völlig dümmer als die Deutschen sein können, die immer noch auf „Europa-über-alles“ getrimmt werden. Erst die Zukunft wird zeigen, was richtig und falsch war.

Wer sich im Rentenalter befindet, kann zusätzlich nicht mehr auf einen Inflationsausgleich hoffen, wie die Jüngeren, deren Lohn und Gehalt mit einiger Regelmäßigkeit den Teuerungsraten angepasst wird. Die Renten werden es bestimmt nicht! Was die Generation 60 Plus braucht ist in erster Linie Stabilität, weil das Alter an sich sehr lange dauern kann. Leider kann man mit Stabilität derzeit weniger rechnen als noch vor etlichen Jahren. Es bleibt damit keinem Anleger erspart, sich mit seinem Ersparten persönlich zu befassen und einigermaßen flexibel auf die Märkte zu reagieren.

Neben den genannten kurz- und mittelfristigen Anlagen bleibt noch ein Blick auf **langfristige Investitionen**, also alles, was über einen Zeitraum von etwa fünf Jahren hinaus geht. Sofort fallen einem dabei Immobilien ein. Die eigengenutzte Immobilie, also eine Wohnung oder ein Häuschen sollten dabei immer noch an erster Stelle stehen. Falls Sie immer noch keine besitzen, aber über das dafür notwendige Kapital, sollten Sie bedenken, dass Sie möglicherweise noch 30 oder gar mehr Jahre darin leben könnten, dass kein anderer Eigentümer „Eigenbedarf" geltend machen kann, und dass Ihr gutes Geld dort nicht sehr viel weiter entwertet werden kann. Wie man aus einer derartigen hochwertigen Immobilie (gute Lage!) später noch Kapital ziehen kann, darüber sei weiter hinten berichtet, genauso wie über Immobilienfonds.

Bleiben im Bereich der langfristigen Anlagen also noch Aktien, also Unternehmensanteile bzw. Sachanlagen, die ich aufgrund erheblicher Schwankungen jedoch nur bedingt empfehle. Sollten Sie über eine ausgeprägte Spielernatur verfügen und Zocken zu Ihren Hobbys zählen, kann man bei Aktien und Co. auch durchwegs kurz- oder mittelfristig einsteigen. Es gibt Rentner, die jeden Tag vor ihrem Computer sitzen und Dank Internetbanking geringste Schwankungen ausnutzen, um einen Profit zu machen. Anmerkung: Dauerhafte Verluste nicht ausgeschlossen!

Hatte ich in der ersten Ausgabe dieses Buchs (2008) noch Bonus oder auch Discount-Zertifikate erwähnt, verzichte ich inzwischen darauf, da diese von einer Bank ausgestellt werden, und falls diese Bank pleite geht – was im Trubel der Lehman-Pleite auch geschah – versinkt Ihr gutes Geld in den dunklen Kanälen mit. Derzeit (2019) werden sie allerdings von Bankern wieder empfohlen, und es sollen schon wieder mehr davon in Umlauf sein als vor der Krise. Gutdenkende mögen noch sagen „aus der Krise nichts gelernt", Skeptiker haben erkannt „Hauptsache die Leute kaufen, der Umsatz (der Banken) ist schließlich das Wichtigste".

Selbst bei Fonds aller Art bin ich inzwischen vorsichtig – ich erinnere an Madoff (ein 50 Milliarden Dollar Betrugsunternehmen) in den U.S.A. oder u. a. Kiener (K1 Fond) in Deutschland – es sei denn, es steckt ein absolut seriöses Unternehmen dahinter, mit langjähriger Erfolgsbilanz.

Aktien, Fonds und Gold

Nach insgesamt fünf kräftigen Börsen-Crashs innerhalb der letzten 11 Jahre seit der Jahrtausendwende (2000, 2003, 2007, 2011 und 2018) – das Jahr 2019 wird sicherlich wieder ein „interessantes“ Jahr – kann ich Aktien nur noch bedingt empfehlen. Auch wenn jeder Banker, viele Medien und noch mehr Anlageberater genau dazu gebetsmühlenartig raten, mit dem stets gleichen Wortlaut „Aktien gehören in jedes Depot“. Nur welche Titel und welchen Schwankungen diese unterliegen können, wissen die Banker & Co. genauso wenig wie jeder von uns, denn ansonsten würden sie längst nicht mehr in ihrer Bank arbeiten, sondern im Irgendwo und anders das Leben genießen. Sie sollten auch bedenken, dass die Bank an Ihren Aktien immer verdient. Nämlich durch die Spesen bei Kauf und Verkauf. An den Verlusten sind sie nicht beteiligt – diese bleiben alleine auf Ihrem Konto.

Außerdem brauchen Sie dafür wahrscheinlich stärkere Nerven als sie haben und den Faktor Zeit (den Sie möglicherweise auch nicht mehr haben), um einen absehbaren weiteren Crash auszusitzen, nämlich solange, bis die Börse sich wieder erholt. Dazu kommen undurchsichtige Machenschaften von Hedge-Fonds und anderer professioneller Spekulanten, kombiniert mit computergesteuerten Programmen, gegen die Sie, als kleiner Privatanleger, keine Chancen haben. Nach dem bislang letzten Crash im August 2011 würde ich deshalb lediglich noch maximal 20 % meines Vermögens in Aktien anlegen. Und dies nur bei genauer Beobachtung und guter Kenntnis der Geschäftsverhältnisse der entsprechenden Firmen. Unternehmen, die über einen sehr langen Zeitraum immer Dividenden (mindestens 3 %) ausgeschüttet haben, bevorzugt. Dann haben Sie wenigstens eine jährliche Ausschüttung und können Schwankungen aussitzen. Einzeltipps sind an dieser Stelle leider nicht möglich, da die Aktualität nicht zu halten ist.

Gerne würde ich hier schreiben, „reden Sie mit einer Bank Ihres Vertrauens“, aber seit dem spektakulären Bankendebakel 2007/

2008 kann man solche Empfehlungen nur noch abgeben, wenn man seinen Banker oder Finanzberater seit Jahren persönlich gut kennt. Zur Erinnerung: Fast alle Banken haben in ihrer Gier nach zweistelligen Renditen grandios versagt und Milliarden vergeigt. Alles, was zur Créme de la Créme der Bankenwelt gehört, war oder ist mit dabei. Mit die größten Loser waren die UBS und die Credit Suisse aus dem gelobtem Switzerland, ausgerechnet da, wo die Deutschen (und nicht nur die) gerne ihre überschüssigen Schwarzgelder versteckt haben. In Frankreich die Société Générale und Konsorten. In den U.S.A., im Epizentrum der Gier und wo diese wohl ihren traurigen Ursprung hat, war alles dabei von Rang und Namen, von Citibank bis Bank of America. In Britannien, wo das Geschäftsmodell eines ganzen Landes nur noch auf wüste Spekulation und Geschacher ausgerichtet erscheint, jede Bank von Barclay bis RBS. Und in Deutschland, selbst die bis dahin vertrauenswürdige Deutsche Bank, so wie auch die Commerzbank und einige noch „viel vertrauenswürdigere“ Staatsbanken, genannt Sächsische Landesbank, Bayrische Landesbank, WestLB und so weiter. Bei den privaten Banken sitzen vermeintlich gut ausgebildete Bankkaufleute, diplomierte BWLer, VWLer, möglichst mit Prädikatsexamen oder Doktorvornamen, und bei den staatlichen Instituten, da sind es „glaubwürdige“ Politiker mit Bundesverdienstkreuz, die mit ihrem „hohen Fach- und dediziertem Allroundwissen“ ihre kärglichen Gehälter durch ähnlich karge Tantiemen aus den Aufsichtsratsmandaten aufbessern und dafür sorgen, dass eine Krähe der anderen kein Auge aushakt. Milliardenverluste haben sie verschlafen, diese staatlichen Austauschpfeifen, auf Kosten der Steuerzahler! Alleine die Bayern LB weit über 3 Milliarden Euro. Macht pro bayrischen Bürger: 3 Milliarden € geteilt durch 12,5 Millionen Einwohner = 240 € in den Sand gesetzt. Wohlgemerkt pro Einwohner, vom Säugling bis zum Greis.

Konsequenzen für die honorigen Kontrolleure aus der Politik? Fehlanzeige. Warum ich das so deutlich sage? Ganz einfach: Weil dies der Beweis ist, dass Sie heute kaum noch einer dieser Institutionen oder deren Mandatsträgern vertrauen können! Alle haben sie versagt mit ihren „modernen" Derivaten, bei denen am Schluss kein Einziger mehr durchgeblickt hat. Ein von Gier getriebenes Verhalten, und ein Dilettantismus, schlimmer als bei Azubis ohne Hauptschulabschluss im ersten Lehrjahr. Vorsicht! Denn alle diese Institutionen legen auch Fonds auf. Aktienfonds, Immobilienfonds, Länderfonds, etc., also Anlagemöglichkeiten zur ausschließlich *längerfristigen Kapitalanlage*. Dass auch solche Fondsgesellschaften hops gehen können und damit Ihr sauer verdientes Altersgeld, beweisen neben den bereits genannten, zwei weitere Fälle: Der erste war schon in den siebziger Jahren, die IOS mit ihrem Flaggschiff „Fund-of-Funds", und im Jahr 2007 die Göttinger Gruppe, für die sogar der honorige Altkanzler Helmut Kohl, auch bekannt unter dem Namen „Häuptling Ehrenwort" und mit dem Ruf eines berauschenden Finanzexperten versehen, durch Hergabe seines vermeintlich soliden Konterfeis warb. 250.000 Anleger hatten der „Securenta" dieser Göttinger Gruppe ihr Geld anvertraut, etwa 1 Milliarde Euro – und: *„Ihr Vermögen wurde nahezu komplett verpulvert"* (SZ vom 26. 3. 2008). Zur Entlastung des „Finanzprofis" Herrn Dr. phil. Kohl, mit dem für Investitionsempfehlungen hoch qualifizierendem Promotionsthema *„Die politische Entwicklung in der Pfalz und das Wiedererstehen der Parteien nach 1945"*, sei angemerkt, dass er aufgrund seiner mageren Pension von ehemals 12.800 € im Monat (DER SPIEGEL 4/2005) ja sehr wohl gezwungen war, sich ein kleines Zubrot zu verdienen. Man muss da als Bürger ja auch nicht so penibel oder gar spießig sein, gell!

Weiter Anlass zur Beunruhigung

Doch es besteht weiter Anlass zur Beunruhigung:Dass nämlich nicht nur Firmen oder Aktienfonds, sondern auch Immobilienfonds Pleite gehen können (auch ohne dem Konterfei des Herrn Kohl, bzw. dem des ehrenwerten Exkanzlers Schröder für die AWD-Holding seines Freundes Maschmeyer), beweisen auf traurige Art und Weise, beispielsweise Fonds der ehemaligen genossenschaftlichen DG-Bank, der heutigen DZ-Bank, die den damaligen Zeichnern einen *„großzügigen"* Vergleich anbot, mit 20 % der gezeichneten Anlagesumme. Klartext: 80 % der Anlagesumme futsch! Oder zahlreiche andere Immobilienfonds, die zeitweise geschlossen wurden und Anleger auf ihr gutes Geld warten mussten oder müssen – bei unsicherem Ausgang. Über Schiffs- oder Medienfonds – auch von „qualifizierten" Banksterprofis empfohlen, will man an dieser Stelle gar nicht mehr reden. Die Commerzbank war (oder ist) der größte Finanzier der Schiffsbranche – der Kurs dieser Aktie wurde 2013 mehr als gezehntelt, da diese honorige Bank sonst aus dem DAX geflogen wäre. Verlust für den Commerzbank-Aktionär: Jede Menge. Im Mai 2019 pendelt ein Anteilsschein um die 7 € – nachdem er bereits gezehntelt wurde. Wo er einmal stand, können Sie selbst in jedem Kursbarometer ersehen. Denken Sie dabei an ihr Sparschweinchen und was daraus geworden wäre, wenn Sie dessen Inhalt einer *„Bank Ihres Vertrauens"* überlassen hätten. Weiteres Beispiel: die Telekom-Aktie ...

Was nun aber tatsächlich tun, wenn man kaum noch einem trauen kann und die Welt rings herum voll ist von Spekulanten, Zockern und bösen Buben und Mädeln, die scharf auf Ihr Geld sind? Dazu soll noch die Steuerlast optimiert sein, die Sicherheit bei 100 % liegen, und eine gute Rendite soll auch noch heraus springen. Guter Rat ist also teuer. Teuer? Nein! Er soll auch noch nichts kosten. *„Das alles geht nicht"*, ist hier der Weisheit letzter Schluss. Ohne Ihr persönliches Engagement, mit der Aneignung von einer guten Portion Fachwissen, sowie erheblichem Zeitaufwand, geht gar nichts! Wer dazu nicht bereit ist, sollte die Finger davon lassen und sich auf sehr traditionelle, besser gesicherte Anlagemöglichkeiten beschränken, die einigermaßen die gängige Inflationsrate ausgleichen. Um diese zu erreichen brauchen Sie ein Papier, das eine jährliche Bruttorendite von (2019) mindestens 3 % bietet, denn etwa ein Viertel der Zinsen und Erträge kassiert der Staat an Steuern. 25 % Abgeltungssteuer + Solidaritätszuschlag + (eventuell) Kirchensteuer sind pauschal weg, es sei denn, Ihr persönlicher Steuersatz liegt darunter. Welche Papiere bringen momentan einen Zinssatz von etwa 3 %? Davon gibt es momentan nur ganz wenige bis keine. Man muss schon sehr genau suchen, am ehesten im Bereich Unternehmensanleihen oder Südeuropa (Finger weg von letzteren. Der Schuldenschnitt für Griechenland und der von Zypern sollten in Erinnerung bleiben!). Gute Tageszeitungen und Anlagemagazine bieten diesbezüglich regelmäßig Übersichten. Einzelne Banken versuchen dagegen meist grundsätzlich ihre eigenen Produkte zu verkaufen. Ich empfehle jedoch gegebenenfalls auf einen viertel oder halben Prozentpunkt Gewinn zu verzichten und mit einer Bank oder einem Finanzberater Ihres Vertrauens (wenn es die noch gibt) zusammen zu arbeiten. Ganz ohne Mitdenken und vor allem „Mit-Verstehen" geht es leider nicht!

Bei Bargeldanlagen sollte Ihre Bank dem Einlagensicherungsfonds der deutschen Banken angehören (tun fast alle). Damit sind im Falle einer Insolvenz der Bank insbesondere Sichteinlagen, Termin- und Spareinlagen bis zu einer Höhe von 100.000 € gesichert. Bei mehr als 100.000 € Vermögen empfiehlt sich die Aufteilung bei verschiedenen Banken, bis zur genannten Sicherheitsgrenze.

Fondsanlagen, Aktien und andere Wertpapiere oder auch Gold dagegen können Sie getrost Ihrer Bank anvertrauen, da diese bei der Bank lediglich im Kundenauftrag in einem Depot *verwahrt* werden und damit auch im Insolvenzfall dieser Bank Ihr persönliches Eigentum bleiben.

Gold, Silber und wieder die EZB

Blieben noch Gold und Silber als Anlagemöglichkeit. Dass auch diese Werte deutlichen Schwankungen unterliegen, können Sie an den jeweiligen Charts ablesen. Momentan ist Gold gefragt, weil die Menschen einem Geld ohne soliden Gegenwert nicht mehr vertrauen. Anlageberater empfehlen 10 - 15 % des Vermögens in Gold anzulegen. Diesem Rat könnte man zustimmen. Sie sollten sich allerdings erinnern, dass Gold in diesem Land schon ein Mal konfisziert und die Bestände wiederholt besteuert wurden. Vielleicht sollten Sie dann auch wissen, dass man Gold (noch) anoym kaufen und auch bunkern kann... Aber auch bei Gold (und Silber) muss man den Markt beobachten und gegebenenfalls ein Tief aussitzen können. Gegenüber Geldscheinen besteht es jedoch nicht aus Papier und die Fördermengen werden immer geringer und teurer. Die Herstellungskosten für eine Unze Gold liegen derzeit, je nach Mine, bei 900 bis 1.200 U.S. Dollar und der Preis für die Unze Feingold schwankt zwischen 1.200 und 1.300 U.S. Dollar. Es gibt zwar riesige Bestände von Gold, diese liegen jedoch zum hohen Teil in den Tresoren der Zentralbanken; werden zwar auch zur sogenannten Marktregulierung eingesetzt, allerdings nur sehr bedingt.

Da passt ein Bericht aus dem Wirtschaftsteil der SZ vom 8. August 2014 wunderbar in die Situation, mit der Überschrift: „Mario Draghi betont seine Bereitschaft, die Geldschleusen zu öffnen". Und darunter, explizit: *„Draghi betonte mehrfach, dass er im Ernstfall die Notenpresse in bisher unbekanntem Ausmaß anwerfen werde, um eine Deflation zu verhindern."* Noch mal und ganz langsam: *„die Notenpresse anwerfen..."* Also nicht die Gold- sondern die Papiergeldpresse. Denn Gold, das einen Realwert besitzt, kann er nicht drucken. Papier dagegen ist geduldig. Aber wertlos, wenn es keiner mehr haben will. Haben wir schon zwei Mal im vergangenen Jahrhundert in diesem Land gehabt. So viel zur Erinnerung. Und bis zu dieser Auflage (2019) hat der „draghische" Mario die Druckmaschinen schon mehr als kräftig angeworfen. Ende nicht absehbar.

Übrigens: Herr Draghi kommt, wie man weiß aus einem Land, das schon immer dafür bekannt war, dass es zum Kaschieren der realen Probleme – anstatt diese an der Wurzel anzupacken – die Notenpresse anwarf. Die italienische Lira verlor dadurch Jahr für Jahr an Wert. Der derzeitige Präsident der Deutschen Bundesbank, Jens Weidmann (und auch sein Vorgänger, Axel Weber) teilen die Strategie des Herrn Draghi in keiner Weise! Dafür kommen sie aus einem Land, das dafür bekannt war und ist, dass es ein etwas anderes Wertgefüge lebt und dass sein Geld stabil war. Leider teilen einige unserer Nachbarn – namentlich die im Westen – ebenso die Philosophie des Gelddruckers wie die aus Bella Italia. Was dabei heraus kommen wird, kann man absehen. Mario Draghi geht Ende 2019 in Pension. Jeder Leser möge sich dazu seine eigene Meinung bilden – denn es gibt ja auch eine recht große Euro-Fan-Gemeinde in diesem, unserem Land, die „zu sehen" verweigern (siehe Zitat Jesus weiter unten).

Dennoch sollten Sie lesen, wie es in dem zitierten Artikel weiter geht: *„Eine Billion Euro wird die EZB von Herbst (2017) an in Tranchen bereitstellen ..."* Ja, werden Sie fragen, woher kommt denn diese eine Billion Euro? Oben kann man doch lesen: „Aus der Notenpresse." Und der reale Gegenwert von diesem Zeugs aus der Papierpresse? Mehr Papier. Doch in diesem Artikel liest man noch etwas zum Grübeln: *„... wird ein Wertpapieraufkaufprogramm zu einer ernst zu nehmenden Option."* Also langsam und zur Wiederholung: „Wertpapieraufkaufprogramm". Schon mein Korrekturprogramm unterstreicht dieses Wort in warnendem Rot. Es ist aber richtig buchstabiert! Will heißen: Herr Draghi & Co. kauften Anleihen aus den hochverschuldeten Ländern Südeuropas und legen diese in ihren durch die gesamte Euro-Zone verbürgten Tresor. Und wenn die Bürgen tatsächlich für den Schrott bürgen müssen? Ja, dann druckt die EZB eben neues Papiergeld. So einfach ist das! Und jetzt dürfen Sie glauben wenn Sie wollen, dass dieses Papiergeld auf Dauer den selben Wert besitzt wie derzeit. Wie sprach Jesus: *„Selig sind die, die nicht sehen und doch glauben!"* (Johannes Evangelium 20,29). Da steht´s doch...

So viel zu den Anmerkungen über den Euro und seinem realen Wert. Jedoch noch eine kleine Bemerkung zum Schluss: Mit dem U.S. Dollar sieht es auch nicht viel besser aus. Und die EZB, Besitzer der europäischen Notenpresse hat gelernt, wie man Papier (sog. Derivate & Co.) vermehrt – ohne Gegenwert! Nur irgendwann, so ist abzusehen, fällt dieses Kartenhaus zusammen. Ach so: Karten bestehen ja auch aus Papier. Deswegen. „Sehen und doch glauben!"

Kommt noch eine Bemerkung von Nikolaus von Bomhard, dem ehemaligen Chef von Munich Re, dem größten Rückversicherer weltweit, zu den Politikern: *„Was die politische Sicherheit oder Unsicherheit betrifft, sind wir mit einem relativ starken Politikerversagen konfrontiert, das bezieht sich nicht auf einzelne Regierungen, sondern auf die globale Lage.“* Na denn! (Zitat aus SZ 8.8. 2014)

Noch ein Hinweis: Wer rechtzeitig aus den beschriebenen Anlageformen aussteigt, bevor eine Blase platzt, hat möglicherweise sogar einen anständigen Gewinn realisiert. Aber nur wer rechtzeitig verkauft! Denn grundsätzlich alles – Aktien oder sonstige Sachwerte, selbst Immobilien – unterliegt Schwankungen. Und an eine alte Börsenwahrheit die generell gilt sollte man sich erinnern: Verkaufen ist schwieriger als Kaufen. Dabei den richtigen Zeitpunkt zu erkennen noch viel schwieriger. Kurse und Märkte zu verfolgen ist Arbeit und kostet Zeit; eine zusätzliche Belastung, deren Aufwand häufig unterschätzt wird und man sich fragen sollte, ob man diesen wirklich für sich will. Möglicherweise finden auch Sie andere Betätigungen im Alter sinnvoller und schöner.

Wir wollen uns jedoch noch Werten zuwenden, die diesen Schwankungen und Stressfaktoren nicht ganz so unterliegen und wahrscheinlich einen ruhigeren Schlaf gewährleisten. Zumindest was die Geschwindigkeit der Schwankungen und den damit verbundenen Zeitfaktor betrifft.

Bei den bisher angeführten Anlagemöglichkeiten haben wir im vorherigen Abschnitt die private Rente überprüft ohne über das Resultat groß begeistert zu sein. Wir befanden Aktien als risikoreich und würden höchstens einen kleinen Teil unserer Alterssicherung dort anlegen. Die ehedem so geschätzten Staatsanleihen bieten nicht mehr die Sicherheit wie anno dazumal und Unternehmensanleihen sind heutzutage eventuell eine bessere Alternative, sofern es sich um erstklassige Unternehmen von Weltrang handelt. In Gold oder andere Edelmetalle sollte man ebenso nur einen Teil des Altersvermögens stecken.

Was bleibt denn noch?

Was, so wird man fragen, bleibt denn noch? Falls Sie dem Euro weiter vertrauen (siehe oben) bietet sich im folgenden dennoch ein paar interessante Möglichkeiten: Für Bargeld seien Bankauszahlpläne genannt. Und unabhängig davon, als Sachwert schlechthin, Immobilien die man selbst nutzt oder, im Vermietungsfall, zumindest genau kennt und im Idealfall sogar noch selbst verwaltet. Wir unterziehen diese beide Möglichkeiten einer genaueren Betrachtung.

Ein Punkt ist mir zur Klarstellung an dieser Stelle allerdings noch wichtig, um mir den Vorwurf zu ersparen, ich schreibe diese Tipps nur für eine sehr wohlhabende Leserschaft: Es geht hier lediglich darum, eine Reihe von Möglichkeiten zu untersuchen und auf ihre Brauchbarkeit für die Anlage im Alter zu betrachten! Wer sein Leben lang gearbeitet hat, hat häufig ein überschaubares Vermögen angeschafft, das Er (oder Sie) nicht verspielen will. Und wer die Fünfzig oder gar die Sechzig überschritten hat, kann nur selten zurück in den Arbeitsprozess und damit wieder Geld verdienen. Das was ist, muss oder soll somit zwanzig, vielleicht sogar dreißig Jahre halten oder in diesem Zeitraum langsam abgebaut werden. Darum geht es!

Betrachten wir schlussendlich im folgenden noch der Deutschen liebstes Kind, was Anlagen betrifft: den Bereich Bau, Steine, Erden – nämlich Immobilien.

Immobilien: vermietet oder eigengenutzt, Immobilienfonds, Immobilienrente

Bundesweit leben etwa 45 % aller Deutschen in einer eigenen Immobilie, woraus man messerscharf schließen kann, dass umgekehrt 55 % in gemieteten Wohnräumen leben. Diese gehören zum Teil großen Wohnungsgesellschaften, zum erheblichen Teil aber handelt es sich um Eigentumswohnungen, die Sparer irgendwann als Investition für die Zukunft erworben haben. Dazu gibt es noch seitenweise geschlossene oder offene Immobilienfonds, durch die Anleger einen bestimmten Anteil an einem oder mehreren Gebäuden erwerben können, ähnlich wie eine Aktie, die nichts anderes ist, als der Anteil an einem Unternehmen und ein Aktienfonds diverse Unternehmensanteile breit unter seine Käufer streut. Die Faktoren Sicherheit und Volatilität wurden diesbezüglich bereits beschrieben.

Allen diesen verschiedenen Arten von Investitionen in Immobilien war lange Jahre eines gemeinsam: Sie galten als sicher, die Wertsteigerung lag im ein-, manchmal sogar zweistelligen Prozentbereich, und man konnte davon ausgehen, dass man sie auch irgendwann wieder loswerden konnte. Dann kamen die achtziger Jahre, gefolgt von den Neunzigern mit dem Versprechen der „blühenden Landschaften“ im Osten, gepaart mit der Verlockung hoher Sonderabschreibungen. Inzwischen sind wir im einundzwanzigsten Jahrhundert – und viele sitzen auf „Bau-Steine-Erden“, namentlich die aus dem damals so geförderten Osten, und werden diese nicht mehr los. Was ist passiert? Ganz einfach: Auch hier hat der Markt das Angebot geregelt. Super Lagen in Gegenden mit Wachstum oder hohem Freizeitwert sind gestiegen und dort, wo die Arbeitsplätze abgebaut wurden, die soziale Struktur ins Negative rutschte, da ist nichts mehr zu wollen. Ganz ähnlich wie ein Unternehmenswert. Die Firma am Boden – der Anteil (die Aktie, der Fondsanteil) ebenso. Und die Sicherheit? Sie ist wie alles relativ und nicht absolut!

Habe ich in einer vorherigen Überarbeitung dieses Buchs (2011) noch dafür plädiert, eine vermietete Immobilie rechtzeitig zu verkaufen, um den Erlös zu Lebzeiten in den eigenen Konsum fließen zu lassen – anstatt diese zu vererben – sehe ich dies mittlerweile etwas anders. Inzwischen bin ich aufgrund der Weltlage und der Geldpolitik diesbezüglich vorsichtig geworden (siehe vorne) und würde an einer guten Immobilie, in solider Lage, bis auf Weiteres festhalten. Denn immer noch und auch in absehbarer Zeit bekommen Sie so gut wie keinen Zins mehr für Ihr Erspartes, Bundesanleihen erzielen teilweise sogar einen negativen Zins (!), diese acht Jahre später bekommen Sie immer noch so gut wie keinen Zins mehr für Ihr Erspartes, Bundesanleihen erzielen teilweise sogar einen negativen Zins (!), die Schuldenstände der am Euro beteiligten Staaten sind weiter gestiegen und steigen weiter, es kriselt an allen Ecken und Enden, Stabilität hat sich in Instabilität verwandelt, und Prognosen sind mehr oder weniger Kaffeesatzleserei.

Geschlossene oder offene Immobilienfonds sind vor wenigen Jahren massenweise geschlossen worden, die Wiederöffnung und damit eine mögliche Veräußerung dieser Anteile durch die Käufer ist ungewiss und das, was in diesen Fonds drin ist, weiß kaum einer der Zeichner. Denn der Inhalt, sprich die Immobilien, werden durch die Fonds verändert, genau wie die Aktien in einem Aktienfond, ohne dass der Inhaber weiß, was und wann verändert wurde. Mein Rat: Hände weg von dem Zeugs!

Somit sind wir doch wieder bei der Immobilie, aber nur: Eigengenutzt oder vermietet! Aus guten Gründen sind die Preise in den letzten Jahren stark gestiegen, denn viele Käufer denken so wie ich. In Städten wie München, Frankfurt, Hamburg, etc. sind sie förmlich galoppiert. Und trotzdem: sie bleiben Substanz, auch wenn sich die Preise rückwärts entwickeln können. Zusätzlich, und dies halte ich für ausschlaggebend, ist die vermietete Immobilie die einzige Investition, für die sie in dieser Zeit noch eine halbwegs vernünftige Verzinsung erhalten können. 3 bis 5 % sind durchwegs möglich. Prognosen, dass die Bevölkerung stagniert oder sich gar zurück entwickelt, haben sich als Irrtum erwiesen. Das Gegenteil ist der Fall: Es gibt mehr Single-Haushalte, selbst Studenten wollen eine eigene Wohnung und nicht mehr nur eine Bude, außerdem ziehen Menschen aus anderen Ländern in zunehmenden Maß nach Deutschland.

Natürlich sind Mietobjekte mit Arbeit und auch einem gewissen Risiko verbunden, anders als das Geld früher auf dem Konto, für das es Zinsen ohne Ihr Zutun gab. Aber diese Zeit ist auf mittlere Sicht vorbei. Also muss flexibel reagiert werden. Vorausgesetzt, Sie haben einen vertrauenswürdigen und zahlungsfähigen Mieter, ist die Miete momentan die einzige zuverlässige und regelmäßige Einkommensquelle neben der Rente oder Betriebspension, auf die Sie zählen können. Leider ist es so! Ich möchte jedoch nicht unerwähnt lassen, dass es auch auf einen Immobilienbesitz in diesem Land schon einmal so etwas wie eine Sondersteuer gab: Durch das Lastenausgleichsgesetz von 1948, das über 30 Jahre (bis 1978) eine Abgabe auf alle Vermögen, in Höhe von 1,67 % pro Jahr, erhob. Um den riesigen Schuldenberg zu tilgen, ist eine ähnliche Maßnahme durchaus möglich und wurde sogar bereits ernsthaft erörtert, denn sie wäre zwar unangenehm, aber tragbar. Dergleichen könnte durchwegs wieder kommen.

Übrigens: Verkaufen und das davon erzielte Geld in den Konsum stecken – wenn sie es nicht vererben wollen – können Sie später immer noch. Nämlich dann, wenn das eigene Ende abzusehen ist und/oder Sie das Geld beispielsweise für eine Pflegeeinrichtung brauchen. Ein solides Sicherheitspolster zu haben, das man am Schluss noch versilbern kann, ist und bleibt ein gutes Ruhekissen! Die quasi zinslose Zeit gilt es irgendwie auszusitzen; selbst, wenn dabei 1 - 2 % im Jahr verloren gehen. Aber besser als zweistellige prozentuale Vermögensverluste aufgrund eines Aktiencrashs – wie mehrfach gehabt in den letzten zwanzig Jahren! Auch wenn Anlageberater und vermeintlich schlaue Gurus in manchen Wirtschaftsmagazinen etwas anderes behaupten (siehe vorne).

Dass sogar die von Ihnen selbstbewohnte Immobilie noch zu guter Letzt ganz oder teilweise versilbert werden kann, ohne dass Sie dabei ausziehen (!), sei im Folgenden beschrieben. Allerdings: Nur wenn es sich dabei um keine Schrottimmobilie handelt, sondern um eine in guter oder bester Lage, für die es einen Markt gibt.

Bei Interesse lesen Sie nun bitte weiter.

Leibrente, Rückwärts- oder Umkehrhypothek und andere Möglichkeiten

„Wir versaufen unser Oma ihr klein Häuschen...“
(Willi Rose)

Denkste! Oma oder Opa versaufen nämlich ihr Häuschen selbst. Und zwar noch zu Lebzeiten! Schön für die Oma – weniger für die Erben! Im Folgenden seien ein paar Möglichkeiten betrachtet, wie man aus der eigenen und selbstbewohnten Immobilie für sich selbst eine Zusatzrente erzielen, und warum dies sinnvoll sein kann.

Viele ältere Menschen sitzen in einem riesigen Haus (oder einer Wohnung) und damit auf einem Haufen Geld, den sie eigentlich sehr gut für eine komfortablere Altersgestaltung brauchen könnten. Man könnte vielleicht eine Pflegekraft finanzieren, sich eine bessere medizinische Versorgung leisten, gelegentlich eine Kur oder einen Urlaub, eventuell müsste auch die eine oder andere Reparatur am Haus gemacht werden, aber zu all dem fehlt das Geld, weil die eigene Rente zu mager ist. Dazu kommt der beinahe instinktive Impuls, doch dieses Häuschen lieber den eigenen Kindern oder Verwandten zu vererben, als aus diesem Bargeld für sich selbst zu machen. Man hat ja schließlich lange genug dafür gerackert und die Jungen sollen es ja mal leichter haben. Auch wenn diese es oft gar nicht wollen oder brauchen. Oder noch „besser“: Selbst dann, wenn man gar keine Kinder hat...

An dieser Stelle ist häufig eine mentale Neuprogrammierung dringend erforderlich! Hat man doch für sein Häuschen (oder die Eigentumswohnung) ein halbes Leben lang geschuftet um dieses abzubezahlen und nun, im Alter, soll man sich von ihm trennen? Womöglich dies sogar noch zu einem nicht marktgerechten Preis?

Aber halt! Warum eigentlich nicht? Die Idee ist doch gar nicht so schlecht! Sie und ihr Partner können bis zum Lebensende in den eigenen vier Räumen wohnen bleiben, werden zwar die Backsteine samt dem Grundstück nicht zum Marktpreis los werden, aber was soll´s? Das letzte Hemd hat eh´ keine Taschen und was dann noch übrig ist ... „nach mir die Sintflut!" Oder so ...

Dafür gibt es zwei unterschiedliche Möglichkeiten, die zwar in Deutschland immer noch zögerlich angeboten werden und bei Weitem nicht so verbreitet sind wie in den U.S.A. und auch in England, es tut sich dennoch etwas, denn die Nachfrage ist da und damit auch der Markt für die Anbieter.

Möglichkeit Eins ist die der *Leibrente* (auch *Immobilienrente* genannt). Sie finden zunächst für Ihr Anwesen einen Interessenten über eine Annonce oder im direkten Kontakt mit einem entsprechenden Anbieter, vereinbaren mit diesem einen theoretischen Kaufpreis, an welchem sich, verbunden mit der statistischen Lebenserwartung des letzten Bewohners, sich die monatliche Rentenzahlung (die Leibrente) orientiert. Sterben Sie, bzw. der letzte Bewohner sehr früh, hat der Rentenzahler ein Geschäft gemacht. Leben Sie deutlich länger als Ihnen laut Statistik zusteht, schaut dieser ein bisschen in die Röhre, denn die Immobilie gehört ihm dann in jedem Fall. Bei der Wertermittlung kann ein Wirtschaftsprüfer oder ein seriöser Makler helfen. Vertragliche Unsicherheiten kann man bei dieser Variante durch einen guten Notar minimieren. Doch was ist, wenn der Zahler in finanzielle Schwierigkeiten gerät oder sich weigert zu zahlen? Dann wird's heikel – und dies ist der Haken an dieser Variante. Wer diesbezüglich mehr wissen will, gebe bei Google „Leibrente" ein und es kommt eine ganze Fülle an Informationen und auch Anbietern, bzw. professionellen Vermittlern. Aber Vorsicht, auch hier gibt es Spreu und Weizen!

Die zweite Möglichkeit ist die der **„Rückwärtshypothek"** (auch Umkehrhypothek genannt oder Immobilienrente, neusprachlich Reverse Mortgage), die in angelsächsischen Ländern bereits sehr verbreitet, und bei uns langsam im Kommen ist. Der Vertragspartner ist in diesem Fall meist eine Bank oder Versicherung und genau wie beim Kauf der Immobilie, fließt Geld über eine Hypothek, nämlich der so genannten „Rückwärts-" oder „Umkehrhypothek". In diesem Fall wird diese Belastung von Ihnen nicht mehr direkt abbezahlt, sondern sie entnehmen Geld für Ihr bezahltes Haus in Form einer Leibrente und behalten dafür für sich selbst, bzw. den zuletzt versterbenden Partner, ein lebenslanges Wohnrecht. Allerdings sind Sie weiterhin verpflichtet, Ihren Besitz zu Erhalten und zu Versichern. Sterben Sie, so kann die Bank die Immobilie verwerten oder ihre Erben lösen den Kredit (die an Sie ausbezahlte Summe, nebst Zinsen und Gebühren) ab. Die Zeitschrift CAPITAL (06/2008) rät dazu: *„Erst ab 70 oder 73 Jahren sollten Hausbesitzer beginnen, Stein gewordenes Kapital zu verflüssigen"*, denn logischerweise, je kürzer ihre statistische Restlebenszeit, umso höher die monatliche Leibrente, *„wer früher ans Geld will, bekommt zu wenig raus"*.

Jetzt kommen zwei Wermutstropfen: Erstens – nicht für alle Objekte wird sich eine Bank oder Versicherung finden, die sich auf diesen Deal einlässt, und zweitens – in aller Regel wird der Wert für Ihren Besitz deutlich unter dem Marktwert taxiert (und damit beliehen) werden, da die Bank neben einigen Risikofaktoren noch ein Lebensalter mit einkalkuliert, das über die amtliche Sterbetafel hinaus geht. Dazu gilt die generelle Regel: Nur Top-Lagen kommen in Frage und die Zahl der Anbieter ist überschaubar. Diese und Details zu deren Angebot finden Sie per Stichwort „Umkehrhypothek", „Rückwärtshypothek" oder auch „Immobilienrente" im Internet.

Eine andere, sehr einfache Möglichkeit um ein Haus, das für das Alter zu groß geworden ist zu Geld zu machen, besteht darin, dieses ganz einfach zu verkaufen und auf eine kleinere, günstigere Immobilie umzusteigen. Diese kann (z. B. eine Wohnung) sowohl gekauft als auch lediglich gemietet werden. Für welchen Modus man sich entscheidet hängt wiederum von der persönlichen Situation und von den eigenen Präferenzen ab. Im Kauffall kann man immer noch etwas vererben, und einen Differenzbetrag zwischen alter und neuer Immobilie selbst verzehren. Manch einer kauft sich auch gleich in einer Anlage mit „Betreutem Wohnen“ ein oder in einem Seniorenheim.

Und nun liegt es an Ihnen, falls Sie diese Hinweise neugierig gemacht haben, weiterführende und detaillierte Informationen zu suchen. Das Internet ist dafür ein unverzichtbarer Partner. Grundsätzlich sollte man eine derartig schwerwiegende Entscheidung allerdings treffen, solange man sich noch einigermaßen im Besitz der physischen und geistigen Kräfte befindet oder zumindest über eine vertrauenswürdige Person verfügt, die im Ernstfall alles regeln kann.

Noch ein kurzes Wort zu all dem oben Gesagten und dem Jahr 2019: Momentan scheint Deutschland vor (wirtschaftlicher) Kraft kaum noch gehen zu können. Doch erinnern Sie sich: Es gab auch andere Zeiten; den meisten Ländern in Europa geht es deutlich schlechter und wir sind Teil des dabei haftenden Kapitals.

Ich persönlich möchte diesen Bereich „Formalitäten und Finanzierung“ gerne abschließen und Sie einladen, mir weiter dahin zu folgen, wo sich erfahrungsgemäß die größten Löcher auftun, nämlich bei der Vorbereitung und Verarbeitung der „inneren Prozesse“ vom Berufsleben in die Rente, oder allgemein ausgedrückt, auf dem Weg ins Älterwerden. Denn wer sein ganzes bisheriges Leben gearbeitet hat, dem vielleicht der Beruf auch noch Spaß und Freude bereitet hat, der darin Anerkennung und mit Sicherheit seine tagtägliche Struktur gefunden hat, der wird nach einer ersten Euphorie und einigen Urlaubsreisen feststellen, dass die Freude an der neuen Freiheit, das hohe Maß an Unabhängigkeit, und nicht zuletzt ein neuer Inhalt erst gefunden, und manchmal sogar mühsam erlernt werden müssen.

Darum geht es in diesem neuen Abschnitt, den Sie gerne losgelöst und völlig unabhängig vom bisher Geschriebenen lesen können.

ZWEITER TEIL

Der innere Prozess

Geist – Körper – Seele

„Der schönste Leib – ein Schleier nur –
in den sich schamhaft Schönres hüllt."
(Friedrich Nietzsche)

Die letzten beiden Abschnitte in diesem Buch sollten Ihnen einige Tipps und Hinweise geben, damit Sie gut über die formellen Klippen und technischen Hürden eines Berufsausstiegs kommen. Sie werden rasch merken oder dies auch schon festgestellt haben, dass es in diesen Bereichen ziemlich wenig an Beeinflussungsmöglichkeiten gibt. Die Spielregeln im Umgang mit Behörden und Versicherungen sind starr, es gibt kaum Gestaltungsräume und individuelle Verhandlungsmöglichkeiten. Nicht dramatisch anders ist es, was die Finanzierung des Alters anbetrifft: Die wesentlichen Schätze muss man so um die sechzig, und so lange man noch beruflich aktiv war, geborgen haben – danach wird selten sehr viel mehr dazu kommen. Es sei denn, man versteht sich gut in der Spekulation an der Börse (der Schuss kann aber bekanntlich auch nach hinten los gehen!), man erwartet noch eine schöne Erbschaft oder man gewinnt doch noch im Lotto (sofern man überhaupt spielt!). In seltenen Fällen wird man noch „gut einheiraten" können oder anderweitig zu unerwarteten Reichtum gelangen. Das was man hat wird man haben oder sollte es haben, recht viel mehr wird es nicht mehr werden. Soweit man *Haben* mit dem Materiellen identifiziert. Doch dabei sollte man es nicht belassen!

Ganz anders als mit dem Materiellen verhält es sich mit dem Immateriellen, mit dem eigentlichen *Sein.* Hier geht das Wachstum nämlich weiter, bzw. *könnte* oder *sollte* weiter gehen. Denn dafür steht nun, nachdem der Beruf zu Ende ist, sehr viel Zeit und Raum zur Verfügung. Zeit und Raum, die man ohnehin neu füllen muss, weil viel von der alten Struktur wegfällt, die das Berufsleben gegeben hat. Ähnlich verhält es sich mit den Faktoren Macht, Status, Bestätigung des Egos, Anerkennung. Das *„Leben* *nach dem Beruf*" beinhaltet die riesengroße Chance, dass man sich mit *geistigen*, nichtmateriellen Inhalten und Themen auseinandersetzen kann, die vorher zu kurz kamen oder kommen mussten, weil Karriere, Existenz und verschiedene Zwangsjacken im Vordergrund standen. Man kann mit seinen Neigungen und Fähigkeiten völlig neu experimentieren, diese neu entdecken, ohne auf ein Resultat oder eine bestimmte Leistung achten zu müssen. Das Wort *Karriere* brauchen Sie nur noch im Bezug auf Andere, aber nicht mehr für sich selbst. Man muss schließlich nichts großartiges mehr *bringen* – man kann vielmehr *geben*. Sich selbst, der Familie oder der Gesellschaft.

Dennoch wird man sich nicht völlig freischaufeln können von dem was gewesen ist, was und wer man *selbst* war, welche „Heldentaten" hinter einem liegen, welche „Orden" man sich an die Brust heften konnte – und man sollte all dies auch nicht verwerfen! Denn dies käme einerseits einer Verleugnung der eigenen Person gleich – und außerdem wäre es müßig, denn die Vergangenheit fährt ohnehin stets mit. Diese meldet sich bekannterweise ständig und unkontrollierbar über Träume, in Gedanken, die sich nicht verdrängen lassen, sowie in bewussten oder auch unbewussten Handlungen. Und nach vorne gerichtet melden sich Wünsche und Sehnsüchte, die in der Vergangenheit nicht erfüllt wurden – die jedoch erfüllt werden wollen.

Der Abschied von einer lange Jahre andauernden Lebensphase, wie zum Beispiel einer persönlichen Beziehung, einer Ehegemeinschaft etwa, ist längst nicht dann vorbei, wenn die physische oder rechtliche Trennung vollzogen ist. Sie dauert vielmehr weit über diesen Zeitpunkt hinaus, weil sie im Geist – und in der Seele – längst nicht abgeschlossen ist, sondern nachwirkt und verarbeitet werden will. Es ist eine Evolution, ein innerer Prozess und dieser dauert Jahre! Ganz ähnlich ist es mit dem Ausstieg aus dem Beruf. Schließlich findet eine Lebensphase einen Abschluss, die mit dem Eintritt in die Grundschule begann, über eine Lehre oder ein Studium ins praktische Berufsleben führte und nun, mit einem einzigen und ganz bestimmten Tag ihr plötzliches Ende findet. Ein Zeitraum, der sich letztlich über insgesamt fünfzig bis sechzig Jahre erstreckte und der Ihr ganzes bisheriges Leben bis ins Detail bestimmte und beeinflusste, ist mit einem Schlag vorbei.

In´s Detail bestimmt, mit einem Schlag vorbei

Und dies soll mir nichts, dir nichts, holterdiepolter von einem auf den anderen Tag erledigt sein? Man kann eigentlich nur gequält lachen und sich wundern, warum die Gesellschaft – die davon betroffenen Personen selbst, die Politik und auch die Firmen – diesen Punkt so wenig beachtet, ihn geradezu negiert oder auch verleugnet! Keiner will auf einmal mehr etwas von einem, wo man vorher gefragt und beachtet wurde, man wird heuchlerisch *in den wohlverdienten Ruhestand* geschickt, bekommt den negativ behafteten Stempel *Pensionär* oder *Rentner* aufgedrückt, man darf sich von hier auf jetzt als Empfänger einer *Transferleistung* aus der Rentenversicherung oder Pensionskasse fühlen, man muss sich fragen lassen, wie lange man noch überhaupt *auf Kosten der Jungen* leben will – keiner rechnet schließlich nach, wie viel man selbst in diese Kassen ein Leben lang einbezahlt hat –, von fragwürdigen Politikern bekommt man neudeutsche Begriffe wie *Nachhaltigkeitsfaktor, Nachholfaktor* und *nicht realisierte Dämpfungen von Rentenanpassungen* vorgesetzt. Alles Verschleierungen, die nichts anderes bedeuten, als dass die Zahlungen an die Rentner weniger werden sollen. Und diese dürfen sich dabei auch noch gut fühlen! Neuerdings als *Best Ager* oder etwas später dann als *Silver Ager.* Aber bitte nur dann, wenn sie außer der Rente noch ein Häufchen an zusätzlicher Kohle im Rücken haben und diese auch verheizt werden kann! Ansonsten stuft man sie wahrscheinlich nur als *Old Ager* oder *Poor Ager* ein – und hofft, dass sie nicht zu alt werden. Aus finanziellen Gründen, versteht sich! Nur – derartig deutlich sagen traut sich´s keiner. Noch nicht.

Irgendwie kann das so nicht funktionieren! Denn der Mensch ist nicht nur Maschine und Materie, er besteht aus sehr viel mehr.

Außer diesem *Körper* – der gefälligst zu funktionieren hat, gibt es da noch einen *Geist* – der angeblich frei ist, und eine *Seele* – die nicht so ganz greifbar und auch nur schwer zu definieren ist.

Es ist für mich persönlich und aus meiner gesamten Erfahrung in den zahlreichen Seminaren über *50PlusConsulting* zu diesem Komplex *Ausstieg aus dem Beruf* der eigentliche Dreh- und Angelpunkt, dass man sich über die Funktions- und Wirkungsweisen dieser drei Humankomponenten, Geist – Körper – Seele, einige Gedanken macht, um den *Übergang in die nächste Lebensphase* gut hin zu bekommen. Denn falls man sich schon finanziell in ein enges Korsett stecken muss und dessen Klammer nicht erweitern kann, sollte man sich wenigstens über die erheblichen Weiten eines freien Geistes bewusst sein! Ein auch nur einigermaßen freier Geist ist nämlich weitaus mehr wert, als ein dickes Bankkonto. *Geld vergeht, Geist besteht* halte ich allen entgegen, deren Leben bislang um 's Geld herum angelegt ist. Diesen Geist allerdings auf das richtige Gleis zu setzen, ihn zu kanalisieren und zu kontrollieren ist nicht ganz einfach. Man muss ihn dazu schon etwas genauer betrachten – und ihn nicht nur als gottgegeben hinnehmen. Denn der *Geist* und auch die *Seele* machen mit uns Dinge, die nicht einfach zu durchschauen sind, die uns einerseits gehörig plagen – oder auch in wundersame Höhenflüge versetzen können, sich wechselseitig immer beeinflussen, und zuverlässig erhebliche Reaktionen in unserem *Körper* auslösen.

Der Geist, unsere Gedanken, die können uns plagen, sie bestimmen darüber, ob wir uns als Rentner und als „Alte" wertlos - oder immer noch als wertvoll betrachten, ob wir mit „Dem-was-ist" zufrieden oder unzufrieden sind. Die Seele, dieses abstrakte Organ, meldet sich mit Sicherheit über Träume oder schiebt Gedanken nach oben, die betrachtet werden wollen, weil sie sich nicht verdrängen lassen. Und der Körper, der meldet sich zuverlässig über Krankheiten – wenn Geist und Seele nicht beachtet werden – spontan durch alle bekannten Reaktionen, wie Verengung der Gefäße, verstärkten Pulsschlag, verschnupfte Nase, etwas „schlägt auf die Nieren" oder die Leber, „geht ans Herz", „macht

Kopfschmerzen“, „es zieht mich runter“ und so weiter...

Deshalb sei im Folgenden der Versuch gemacht, Geist, Körper und Seele sowohl im Einzelnen zu beschreiben, als auch ihre Abhängigkeiten untereinander darzustellen. Möglicherweise haben Sie damit ein Werkzeug (außerhalb von Beruhigungspillen und Psychopharmaka), mit dem Sie im Bedarfsfall besser reagieren können. Es sei dem Leser überlassen, über diese Ausführungen zu reflektieren – oder auch nicht.

Geist

„Es ist der Geist, der die Welt bewegt."
(Antoine de Saint-Exupéry)

Während die westliche Welt die Funktionen des Geistes immer noch sehr wissenschaftsorientiert und nach neurologischen Gesichtspunkten, im Hirn, zu ergründen versucht, erforschen die verschiedenen buddhistischen Schulen seit mehr als zweitausend Jahren genauestens dessen positive und negative Wirkungsweisen und unterscheiden zwischen dem *Geist als Organ des Denkens, des Intellekts und der Ratio* zum einen, und dem *Bewusstsein* zum anderen, das dieses Denken steuern, kontrollieren und beeinflussen kann. Auch die frühen Mystiker des Westens, wie Plato, Aristoteles und Seneca etwa, haben die Funktion des Geistes nicht nur auf einen Hirnmuskel beschränkt, sondern den Mensch in seiner Gesamtheit betrachtet, in Verbindung mit seinen unterschiedlichsten Motivationen, seinen individuellsten Beweggründen, mit seiner ureigenen Geschichte und Herkunft, in der Vielfalt der unzähligen Faktoren der Beeinflussungen und Prägungsvariationen.

Die rein rationalistischen Sichtweisen eines Descartes oder Newton, die meinten, alles was nicht erklärbar ist, existiere nicht, haben von einer Gesamtsichtweise des Geistes, der Seele und des Körpers abgelenkt – auch in der Medizin – und erst seit Freud und Jung vor allem, geht dieser Weg wieder in eine andere Richtung.

Die rein „wissenschaftliche" Vorgehensweise zur Enträtselung dieser zerebralen Funktionen, die Gehirnforschung, erscheint dagegen mehr „interessant" als möglich. So sieht sie es als Erfolg, wenn sie rein mechanistisch glaubt beschreiben zu können, in welchem Bereich des Hirns etwa gewisse Gefühlsregungen wie „Zuneigung" oder „Libido" ablaufen – im Prinzip und an der Sache verändert dieses Wissen um das „Wo" jedoch überhaupt nichts. Es kann nämlich weder „Zuneigung“ oder „Libido“ beeinflussen, noch verändern und hervorrufen schon gar nicht (selbst Viagra stößt ohne Libido an seine Grenzen!). Es befriedigt höchstens die Neugier und Profilierungssucht einer Zunft, die eine Menge „Wissen schafft“, aber wenig an praktikabler Umsetzung für den Geist an sich. Im besten Falle wird dieses Wissen zur Entwicklung von teurer Psychopharmaka eingesetzt, mit der man wiederum hofft, dem Geist – und auch der Seele – auf chemischem Wege beizukommen. Dass Psychopharmaka selten mehr bewirkt als ein Placebo ist inzwischen allerdings gründlich belegt!

Befassen wir uns daher lieber mit einer für Jedermann nachvollziehbaren, nicht chemischen, sondern natürlichen Betrachtungsweise, und lassen Sie mich dementsprechend einige allgemein gültige Funktionen beschreiben:

Der Geist an sich ist kein greifbares Organ, wohnt jedoch irgendwo im Kopf, mit den wesentlichen Komponenten *Ratio* und *Bewusstsein*. Dieser Geist kennt weder Raum, noch Grenzen. So kann Sie der Geist in Bruchteilen von Sekunden auf den Mond versetzen, indem Sie Ihre Gedanken dorthin lenken – und genauso schnell wieder zurück an den Ort, wo Sie sich momentan befinden. Ihr Geist kann Sie dort, oder auch hier, wie einen Schauspieler in die Rolle eines Astronauten versetzen, ebenso wie in die Rolle eines entfachten Liebhabers – je nachdem, wohin Sie ihn lenken. Bewusst oder unbewusst! Ihr Geist funktioniert in einer Kette von Gedanken und Impulsen, von denen der eine den anderen bedingt, und deren Reihenfolge einer gewissen Willkürlichkeit, einer Zufälligkeit (von „Zu-fallen“) entspricht, deren Kontrolle einer eigenen Logik unterliegt und nur über das Bewusstsein, wenn überhaupt, möglich ist.

Ihre Präsenz ist im Wesentlichen dort, wo ihr Geist sich mit seinem Bewusstsein befindet – und nicht da, wo ihre Materie, nämlich ihr Körper ist. So können Sie, beispielsweise als Mann, im Bett, hautnah neben Ihrer Frau liegen – Sie werden aber wenig davon spüren, wenn sich Ihr Geist woanders aufhält. Erst wenn sich Ihr Geist mit seinem Bewusstsein genau auf diese Frau richtet, werden Sie die Wärme dieser Person wahrnehmen und möglicherweise in der Lage sein, noch ganz andere Reaktionen hervorzurufen. Genauso wenig sind Sie präsent, wenn Ihr Geist sich mit der Rolle des Astronauten auf dem Mond befasst, Sie in Wirklichkeit sich aber gerade auf dem Fußballplatz befinden und eigentlich einen Elfmeter schießen sollten. Der Schuss wird daneben gehen: Obwohl Sie sich körperlich und präsent zwar auf dem Spielfeld befinden, aber geistig und bewusst nicht dabei sind.

Der Geist an sich bestimmt das, was ist, was man wahrnimmt. Nur da, wo der Geist ist, ist man letztlich selbst und damit präsent. Womit der Geist selbst der Materie überlegen ist, denn nur was das Bewusstsein wahrnimmt, vermögen wir als Materie zu sehen und auch zu spüren. Nur was wahrgenommen wird ist Realität, alles andere existiert zwar, läuft jedoch an einem vorbei. Materie, zerlegt in kleinste Teile, besteht wiederum aus Wellen, nämlich derselben quantenmäßigen Energie, aus der das Bewusstsein entsteht.

Der *Ratio-Teil* ihres Geistes, Ihr Intellekt und Ihre Ausbildung, mögen Sie in die Lage versetzen, dass Sie beispielsweise am Bau einer Atombombe beteiligt sind, oder an der Entwicklung einer Tretmine. In dem Moment jedoch, wo Sie Ihr Bewusstsein einsetzen, sich über die Konsequenzen und Auswirkungen eines möglichen Einsatzes im Klaren werden, wird etwas in Ihnen hochsteigen und diese Tätigkeit hinterfragen. Dieses Etwas ist außerhalb des Geists, abseits von Intellekt und Bewusstsein – es hat etwas mit Seele zu tun, dem natürlichen Gradmesser von Richtig und Falsch, von Gut und Böse, diesem ungreifbaren „Etwas", dem man sich nicht entziehen kann! Wir werden diesen Aspekt im nächsten Abschnitt etwas ausführlicher betrachten, denn Geist und Seele sind untrennbar verbunden; auch mit dem Körper!

Dementsprechend bestimmt Ihr Geist ganz erheblich auch Ihren gefühlsmäßigen Zustand. Sie können zwar nicht verhindern, dass

Sie von Gedanken überfallen werden, die Sie in einen traurigen, angstvollen oder ähnlichen herunterziehenden Status versetzen – Sie können dessen Dauer und dessen Tiefe jedoch über den Prozess des Bewusstwerdens *„dessen was da abläuft"* lenken, zumindest in gewissen Umfang. Sie haben es in der Hand, bzw. im Kopf (!), Ihren deprimierenden Gedanken freien Lauf zu lassen und sich weiter in eine Spirale negativen Denkens ziehen zu lassen, in der ein mieser Impuls den anderen bedingt, oder Sie können bewusst aus dieser Kette aussteigen, indem Sie Ihre Gedanken in klarer Absicht auf ein positives Objekt oder Subjekt richten, das Sie wieder woanders, nämlich in eine positive Richtung lenkt.

Happiness is a State of Mind

Es ist Ihr Geist, der im Wesentlichen bestimmt, ob Sie sich glücklich und zufrieden, oder unglücklich und niedergeschlagen fühlen. So können Sie von Depressionen in der schönsten Villa geplagt werden – oder der glücklichste Mensch der Welt in einem kleinen Zelt sein. *„Geld allein macht nicht glücklich"* – und in der Tat, es ist so. Ein gewisser Wohlstand ist sicherlich komfortabel und macht das Leben leichter und auch angenehmer, aber *„ein Mehr an Mehr ist nichts mehr"*, wenn ein bestimmter Grad erreicht ist, denn Geld – oder Materie – ist ohne Seele, ohne Gefühl, es kann nicht den Sinn des Lebens erfüllen, es kann keine innere Wärme geben und schon gar nicht Liebe kaufen. *„Die besten Dinge im Leben sind frei!"*, und *„happiness is a state of mind"* – Glücklich sein ist somit ein Zustand des Geistes und nur bedingt des Portemonnaies.

Dieser Geist hat die grandiose Fähigkeit zur Unabhängigkeit. Nur wird sie ihm häufig nicht gegeben – weil das Bewusstsein ausgeschaltet bleibt! Man gibt sich Gefühlen hin, Wünschen und Ängsten, man grübelt oder läuft aufoktroyierten Vorbildern hinterher, man arbeitet sein Leben vor sich hin, ohne nachzudenken für was und wofür, man gibt sich fragwürdigen Ideen hin, man hält sich mit Dingen oder auch Menschen auf, die das Leben nicht einfach, sondern schwierig gestalten. Man lässt Geisteszustände zu, ohne deren Hintergründe zu durchleuchten und ohne deren Konsequenzen zu begrenzen. So können Sie beispielsweise dem Abschied von Ihrem Arbeitsplatz, weil man Sie in Rente schickt, ewig nachhängen, sich geradezu darin suhlen, was das im negativen Sinn bedeutet: Der Verlust an Status, an Macht, an Bestätigung, an gutem Einkommen, an Struktur, und was Ihnen sonst noch alles an Defizitärem und an Traurigem dazu einfällt, Sie können es als Demütigung empfinden, oder Ihre Ängste bezüglich der Zukunft pflegen und sich in Vorstellungen vergehen, die wahrscheinlich doch nie eintreffen werden – oder Sie können diesen Abschied positiv sehen, ihn als Chance und neue Herausforderung betrachten. *„Alles ist im Kopf"* hat ein kluger Mensch behauptet. Ich füge hinzu: „Wenn nicht alles, dann doch vieles!"

Zu dieser Betrachtungsweise über den Geist gehört die Feststellung, dass der Geist *impermanent* ist, dass er flüchtig und ständig auf der Suche ist, sich mit irgendeinem Objekt zu beschäftigen und dennoch beinahe chaotisch, unruhig von einem Platz zum andern springt. So wie dieser Geist von einem Gedanken zum anderen eilt und uns damit ständig von einem Gemütszustand in den anderen versetzt, so logisch und sinnlos müsste es doch erscheinen, bestimmten Zuständen anhängen zu wollen, sie quasi auf Dauer festhalten zu wollen. Den negativen, wie auch den positiven. Sie kommen und gehen – mit absoluter Zuverlässigkeit! Allein das Bewusstwerden über diese Tatsache sollte sehr viele Depressionen und Ängste in ein ganz anderes Licht werfen. Ein Licht, das ohne Schatten nicht existieren kann, und das in jedem Fall vorübergehend und vergänglich ist. Unser Geisteszustand – er ist ein Wechselspiel von Licht und Schatten, von Höhen und Tiefen, wie der Verlauf einer Welle, in stetem Auf und Ab. So, wie das eigentliche Leben! Ein Leben, das im Wesentlichen vom Geist, vom Seelenzustand, und vom Körper geprägt ist. Das Drumherum sind relative Erscheinungen – die ebenfalls vorübergehen.

Den unruhigen Geist zu beruhigen und ihn in Maßen zu kontrollieren, zu lenken, führt ausschließlich über die Beobachtung dieses Geists. Und diese Beobachtung des Geistes kann in der Meditation geschehen. Die Meditation als eine Übung in Ruhe, die sich auf das Ein- und Ausatmen konzentriert und dabei, quasi von Außen, beobachtet, auf welche Bühnen dieser Geist steigt und welche Querverbindungen er herstellt. Ein Bewusstwerden auch dessen, was dabei im Körper abläuft – ohne auf diese geistigen Exkurse „aufzuspringen", sich ihnen hinzugeben. Sondern nur ein Beobachten, ein Registrieren, ohne die Suche nach Lösungen. Lediglich ein Kennenlernen dieser Impulse und der individuellen Reflexe, der Kettenwirkungen in den eigenen Hirnwindungen. Eine Übung, die ganz wesentlich zur Erforschung der eigenen Persönlichkeit beiträgt, indem sie das Bewusstsein schult und die Möglichkeiten dieses Geists nicht dem Zufall überlässt, ihm nicht erlaubt, seinen Zielobjekten chaotisch zu folgen, sondern ihn viel mehr zu lenken.

Somit ist das Maß, wie der Geist über das Bewusstsein das Geschehen – und damit unseren Zustand – verändern kann, ein Gradmesser der persönlichen Freiheit und Entwicklung! Und diese persönliche *Ent*-wicklung (man beachte den genauen Sinn dieses Wortes) geht weiter. Sie hat nur bedingt mit dem Berufsleben zu tun – sie geht in jedem Falle weiter, wenn der Beruf zu Ende ist, auch – weil Sie sich aus vielen *Ver*-wicklungen lösen können, von Abhängigkeiten, die nicht mehr vorhanden sind. In vielen Bereichen eröffnen sich gerade nach dem Beruf sehr viele Möglichkeiten, endlich unabhängig völlig neue Wege zu gehen, weil eine Vielfalt von Zwängen und Verpflichtungen entfallen und sich somit Räume eröffnen können, die vorher unerschlossen blieben oder bleiben mussten.

Der Geist existiert jedoch nicht alleine. Er funktioniert im Zusammenspiel mit Seele und Körper. Ist der Geist auch willig, so kann, wie wir aus der Bibel wissen, das Fleisch sehr schwach sein. Und wo der Geist zur Logik tendiert, aber auch sehr korrumpierbar ist, folgt die Seele ganz anderen Gesetzen. Betrachten wir sie daher etwas näher.

Seele

„Das höchste Gut ist die Harmonie der Seele mit sich selbst."
(Lucius Annaeus Seneca)

Jeder Kulturkreis, jede Religion kennt sie. Manchmal etwas anders benannt – bei den Hindus als „Atman-Seele", eine *„feinstoffliche Substanz"*, dem *„tiefen Selbst"*, die Buddhisten verneinen den Begriff zwar, kennen aber ein *„tieferes Bewusstsein"*, die griechischen Philosophen nannten sie „Psyche". Für Aristoteles war Psychologie (*Psyche* = Seele und *Logos* hat etwas mit dem Wort zu tun) die „Untersuchung der Seele", Platon teilte die Psyche ein in „Vernunftseele", „Affektseele" und „Triebseele", nach Moses ist die Seele entstanden, *„nachdem Gott Lebensodem in den Körper gehaucht hat"* und für den Römer Seneca *„der göttliche Geist, versenkt in den menschlichen Körper"*.

Westliche Philosophen und auch Mediziner versuchten vergeblich heraus zu finden, wo im Körper sie wohnt – und suchen immer noch. So ist – folgerichtig – für Immanuel Kant *„die Existenz der Seele [...] durch die Vernunft nicht beweisbar"* und Schopenhauer kam zu dem fraglichen Ergebnis, dass der Begriff *Seele* mit „Wille" gleich bedeutend sei. Sorry, meine Herren, bei allem Respekt, zu dünn, zu mager!

Tatsächlich ist die Seele als Organ nicht greifbar – und dennoch ist sie da. Sie ist das unsichtbare Etwas, das im Menschen (und – entgegen katholischer Lehrmeinung – auch im Tier!) die Fähigkeit hervorruft, zwischen Gut und Böse, zwischen Richtig und Falsch, mit sicherem Instinkt zu urteilen. Das entsprechende Handeln als solches ist etwas anderes. Dieses unterliegt der Logik, der Ratio und geht erst den Weg durch den Geist, über das Gehirn.

Die Seele an sich unterliegt dagegen keiner Logik! Sie hat etwas mit Gefühlen zu tun, mit Trieb und mit einer tiefen Ethik (nicht Moral!), die allen Menschen gemeinsam sind. Moral ist nicht Ethik, auch wenn einige Sprachwissenschaftler fest behaupten, das eine Wort sei lateinischen und das andere griechischen Ursprungs und beide bedeuten dasselbe. Leider falsch! Moral ist von Regeln und Grundsätzen geprägt, die von Menschen erfunden wurden. Daher ist Moral in jedem Kulturkreis, in jeder Gesellschaft anders definiert. So gilt es in islamischen Kreisen als unmoralisch, wenn sich Mann und Frau in der Öffentlichkeit küssen. Im Westen ist es normal. Es mag in übertriebener Form zwar unästhetisch sein, hat aber mit einer tieferen Ethik nichts zu tun. Für die westliche Seele ist es gut, – für die islamische sehr wahrscheinlich auch, aber eben nicht erlaubt, weil als unmoralisch definiert.

Dennoch, die Seele ist der innere Richter, der genau weiß, was Gut und Böse, was Richtig und Falsch ist, nämlich im Rahmen einer Grundethik, die alle Völker und Kulturen teilen. Der Grundsatz „Du sollst nicht töten" – so oder in abgewandelter Form, bei Nicht-Vegetariern nur auf Menschen bezogen, und eventuell mit der Ausnahme „Notwehr", gilt im Prinzip überall. Selbst für Soldaten, die leider immer noch von fragwürdigen Politikern in nicht zu gewinnende Kriege geschickt werden (siehe Irak, siehe Afghanistan, als jüngste Beispiele)! Wer lügt, weiß genau, dass dies nicht sauber ist und wer andere beklaut, weiß genauso, dass dies gegen die ethischen Grundregeln verstößt. Andererseits fühlt sich jeder gut, der einem Anderen etwas Gutes tut. *„Geben ist seliger als Nehmen"* steht in der Bibel. Und dabei hatten die Schreiber sicher nicht nur an den materiellen Teil des Gebens gedacht, sondern in erster Linie an das *Gefühl*, das es demjenigen vermittelt, der gibt. Sie schenken einem Kind ein Bonbon und werden beschenkt mit der Freude und dem Strahlen in den Augen dieses Kindes. Wie ist die Reaktion bei Ihnen? Jeder kennt sie! Das Bonbon ist nichts. Die Berührung der Seele in diesem Akt ist alles. Oder Sie helfen einer alten Frau beim Überqueren der Straße – die Handlung kostet null, aber Sie fühlen sich gut dabei. Ihre Seele meldet dem Verstand „Du hast was Gutes getan". Wie einfach ist es doch, sich „Gut" zu fühlen – wenn man nur ein paar Grundregeln beherrscht und sich die Funktionen von Geist-Körper-Seele bewusst macht! Es kostet nichts und ist mehr wert als das, was Geld kostet.

Die Seele ist stets und unnachgiebig um Ausgleich bemüht. Sie fordert Wiedergutmachung, sie veranlasst das Gefühl der Reue, der Scham, der Trauer genauso wie der Freude. Sie ist *„das gute Gewissen“* gleichermaßen wie *„das schlechte Gewissen“*. Sie will nicht ewig im Trüben fischen und kann sich auch nicht im Dauerzustand der Höhenflüge aufhalten.

Loslassen schwer

Wo der Geist schneller ist als das Licht, von hier auf jetzt überall aufspringen kann, ist die Seele träge. Sie vergisst und heilt nur langsam und – so wird von Vielen geglaubt – währt über die Zeit hinaus. So fällt der Seele die Veränderung, namentlich der Prozess des Loslassens äußerst schwer. Hierzu ein Beispiel, das jeder kennt: Sie fliegen in den Urlaub, meinetwegen nach Mallorca. Ihr *Körper* ist im Flughafen, sie denken an den Urlaubsort, den Sie aus Prospekten oder aus der Erfahrung kennen – ihr *Geist* ist in diesem Moment unmittelbar und sofort dort. Irgendwann fliegen Sie tatsächlich los, ihr Körper landet zwei Stunden später auf Mallorca. Er ist dort, physisch angekommen. Der Geist allerdings macht nun ein Spielchen, denkt an zu Hause, stellt die blödsinnige Frage, ob Sie die Herdplatte ausgeschaltet haben, er ist unmittelbar zu Hause – und nicht mehr auf Mallorca. Obwohl der Körper dort ist! Und was ist mit der Seele? Aha – sie kennen es: Die *Seele* ist noch längst nicht dort – sie braucht mindestens bis zum nächsten Tag, bis auch sie allmählich angekommen ist. Erheblich zeitverzögert zum Körper – und zum Geist sowieso – in Stufen und nicht auf einen Schlag.

Betrachten wir an dieser Stelle, welche Bedeutung der Begriff der Seele im deutschen Sprachgebrauch gefunden hat: *„Es tut mir in der Seele gut...“*, also ganz klar, nicht irgendwo im Körper und auch nicht verstandesmäßig im Geist, sondern in der Seele. Ein Spruch, den jeder kennt – nur keiner weiß genau, wo es nun gut tut. Eben in der Seele, von der keiner weiß, wo sie sitzt. Aber gut tun tut es trotzdem. Nämlich rundum. Ist das die Seele? *Rundum?* Vielleicht.

Zwei Menschen begegnen sich. Ein Mann und eine Frau. Sie schauen sich an, in die Augen – und es macht „Klick". *„Liebe auf den ersten Blick"*. Oder auch nur „Sympathie auf den ersten Blick". Hat auch jeder schon erlebt. Der Verstand hat kaum Gelegenheit gehabt zu rationalisieren, der Körper weiß überhaupt nicht, wie ihm geschieht, die Hormone konnten sich auch noch nicht entfalten, aber es hat „Klick" gemacht. Was war im Spiel? Ganz einfach: zwei Seelen, die sich gefunden haben. Keine zwei Hirne und auch keine zwei Körper. Sondern erst einmal nur zwei Seelen – ganz spontan eine *„Seelengemeinschaft"*. Das Hirn sucht „Arbeitsgemeinschaften" oder „Interessengemeinschaften", der Körper geht vielleicht ins Puff. Die Seele geht jedoch nicht mit. Sie geht ihre eigenen, andere Wege! Auch dies trifft häufig zu: *„Die Wege des Herrn sind unergründlich"* (Römerbriefe 11,33). Ersetzen wir *„Herrn"* durch *„Seele"* und das Ganze bekommt eine neue Bedeutung. Die Wege der Seele sind tatsächlich nicht immer nachvollziehbar, genauso wenig wie vorhersehbar. Denn anders als der Geist ist die Seele weder logisch, noch rational und schon gar nicht berechnend. Sie ist emotional und spontan, hat etwas mit Gespür zu tun, mit Würde und mit Gefühlen. *„Die Würde des Menschen ist unantastbar"* steht in Artikel 1 des Grundgesetzes der Bundesrepublik Deutschland und auch im ersten Absatz der Menschenrechte. Die *„Würde"* was ist das eigentlich? Nehmen wir das Wort *„Seele"* und wir wissen, wovon wir reden! Dennoch, irgendwie wird sich diese Seele immer der genauen Definition entziehen und dabei in erheblichen Maße im Abstrakten bleiben, in der Deutung, in der Individualität.

Von einer Person mit einer ganz gewissen Ausstrahlung, mit einer besonderen Anmut, sagt man häufig *„sie ist ein Seelchen"*. Diese Person muss weder besonders intelligent, noch auffällig hübsch sein. Aber nett, bemüht, freundlich, aufmerksam, zuvorkommend, vielleicht auch selbstlos, zurückhaltend. Alles Begriffe, die etwas mit Herzensbildung und nicht mit Wissen oder steriler Schönheit zu tun haben. Man redet von Personen, *„die einen besonderen Geist ausstrahlen"*. Den Geist der Seele. Denn die Seele drückt sich auch im Gesicht aus und im Wesen. Sie *formt* das Gesicht und sie *prägt* das Wesen.

Sie stehen am Strand, vor Ihnen das Meer, der Tag will sich verabschieden, die Sonne wird immer roter, ein runder Feuerball versinkt langsam im Meer. Stille, nur das Meer rauscht, Sie sind ganz bei sich selbst, keine beunruhigenden Gedanken, innerlich wohlig warm, nur dieses einzigartige Gefühl *„Ich bin"*. Eins mit der Natur, Eins mit der Welt. Geist ausgeschaltet, nur ruhend im Körper, nichts lenkt ab. Rundum tut´s gut. Schon erlebt? Versucht auszudeuten, wo oder was genau da ist? *„Es hat meine Seele zu tiefst berührt..."* Genau das! So einfach ist es.

Man betrachtet ein bestimmtes Bild, ein Gemälde, man hört eine gewisse Musik und „es zieht rein", wie man so schön sagt, *„es trifft Sie in ihrem Kern"*. Der Geist mag das Werk analysieren, interpretieren, der Körper mag die Augen oder die Ohren aufreißen – aber die Seele lenkt instant, sie sagt sofort *„das ist es!"* Und hat immer Recht! Denn sie ist der „Kern", der persönliche Schiedsrichter, und ist dabei höchst individuell und auch kritisch.

Ihr Verstand versucht zu vergessen, zu verdrängen, zu rationalisieren. Die Seele funktioniert anders. Sie sammelt Rabattmarken, wichtige Ereignisse *„hinterlassen Kerben in der Seele"*, es bleiben *„Prägungen in der Seele"*, die unvermittelt in den Geist hochsteigen, sich unbewusst in Träumen melden und mit nichts in der Welt zu unterdrücken oder auch nur zu lenken sind. Es sind tiefe *Erinnerungen*, die aus dem Geist nicht zu vertreiben sind.

Die Seele kann genauso krank – oder gesund – sein, wie der Körper, nur lässt sie sich mit den Methoden der Alchemie, der Homöopathie und auch nicht der Allopathie heilen. Weil sie kein

Organ ist, sondern „eine feinstoffliche Substanz" – die keiner greifen kann. Deshalb ist die *Behandlung* schwierig, denn sie will *Beachtung* und Verständnis, keine schnellen Lösungen, sie strebt nach Gesamtheit und nicht nach isolierten Betrachtungsweisen. Wellness und Massagen zwecklos! Wenn der Geist durch Missachtung die Bedürfnisse der Seele vernachlässigt, wird dieser Körper auf Dauer krank, denn alle Drei hängen untrennbar zusammen!

Viele Krankheiten haben ihren Ursprung in der Seele – dennoch werden sie isoliert in der Materie, im Körper gesucht. Wird die Seele auf Dauer verletzt, wird irgendwann der „normale" Geist verändert – will heißen: „ver-rückt" – und der Körper reagiert auf seine Art.

„Träume weisen Dir den Weg in die Wirklichkeit"

Sie fragen inzwischen vielleicht, warum ich all dies so ausführlich in einem Buch beschreibe, das sich mit dem Abschied vom Berufsleben befasst. Ganz einfach: Weil die Veränderungen in diesem Lebensabschnitt ganz erheblich sind und sich nicht nur auf finanzielle, gesellschaftliche und strukturelle Bereiche erstrecken, sondern weil sie enorm viel mit Ihrem Innenleben, mit ihrer Seele und ihrem Geist zu tun haben. So werden Sie mit Sicherheit noch jahrelang an Ihr Berufsleben durch Träume erinnert. Gute oder auch schlechte Träume, nach denen Sie manchmal sagen werden „Bin ich froh, dass das vorbei ist". Es wird aber auch Wehmut aufkommen – besonders dann, wenn Kollegen nett waren und der Job Spaß gemacht hat. Warum? Weil die Seele immer noch nachhängt, längst nicht abgeschlossen hat, und sich nicht da befindet, wo Ihr Geist und Körper sind. Ich kenne diese Träume und Erinnerungen aus eigener Erfahrung – und ich unterstelle, Sie kennen sie auch. Sie beziehen sich nicht nur auf den Beruf, sondern begleiten uns ein ganzes Leben, gehen zurück bis in die Kindheit und finden Orte, Personen und Begebenheiten, von denen man längst geglaubt hatte, sich von ihnen verabschiedet zu haben.

Wie sehr die Vergangenheit mitfährt und wie wenig wir sie abschütteln können, erlebe ich immer wieder an einem meiner „Lieblingsträume“, der mich schon seit dreißig Jahren immer wieder plagt und den ich hier kurz schildern will: *Ich stehe kurz vor der Diplomprüfung im Fach Mathematik und mir fällt ein, dass ich mindestens drei Semester lang für dieses Fach nichts gelernt habe. Eine aussichtslose Situation, denn der ganze Stoff soll überprüft werden. Mir ist klar, zu dieser Prüfung muss ich eigentlich gar nicht erst hingehen. Aber ich weiß auch, ohne diese Prüfung kein Diplom.* Früher wachte ich an dieser Stelle schweißgebadet auf, bis mir einfiel, *„das ist ja längst vorbei“*, und ich wieder einigermaßen beruhigt weiter schlafen konnte. Inzwischen kenne ich den Ablauf recht gut und die Sequenz meiner sedativen Gedankenfolge sagt zusätzlich: *„Ich habe ja nicht nur mein Ingenieurdiplom – ich brauche es ja gar nicht mehr. Denn sogar die berufliche Zeit ist vorbei! Und ich muss auch nichts mehr erreichen!“*

Ein anderer „schöner“ Wiederholungstraum läuft ungefähr so ab: *„Mein Chef steht vor mir und fragt: 'Was macht eigentlich der Umsatz?' Und ich weiß, dieser Monat war nicht so ganz prall und ich versuche zu erklären, warum das so ist und wann es wieder besser wird.“* Auch diesen Traum registriere ich inzwischen nur noch sehr kurz mit dem zufriedenen Gedanken *„Es ist vorbei, Hewlett-Packard überweist sogar jeden Monat die Betriebspension von selbst!“*

Viele Pensionäre haben mir erzählt, dass sie auf einmal weitaus intensiver träumten (verarbeiten!) als in ihrer aktiven Berufszeit. Wo sie früher, narkotisiert vom Tagesgeschehen, „todmüde“ ins Bett und in einen Tiefschlaf fielen, sich dabei kaum an einen Traum erinnern konnten, spulen sich nun viele ihrer ehemaligen Erlebnisse des Nachts ab wie in einem Film, den man nicht mehr abdrehen kann. Dies wird manchmal als lästig empfunden, häufig aber als willkommenen Anlass zum Nachdenken, zur Reflexion. Letzteres sei empfohlen!

Diese Erinnerungen an Episoden, die einmal unser Leben beeinflussten, sind sicherlich irgendwo bei den Neuronen und Synapsen im Gehirn gespeichert, da, wo der Geist residiert. Was sie aber noch oben drückt ist nicht der Geist, sondern die Seele. Diese Seele, die prägende Ereignisse wie Rabattmarken sammelt, um sie später, unbewusst, jedoch mit Nachdruck, wieder nach vorne zu rücken. Denn diese Seele will verarbeiten und nicht bewältigen!

Meine langjährigen, persönlichen Erfahrungen zeigten mit, nur wenn Sie sich auf eine genauere Betrachtung von Geist und Seele einlassen, haben Sie ein Werkzeug in der Hand, mit dem Sie auch Krisen – namentlich diejenigen des Alters – meistern können. Diese Krisen des Alters sollten dabei deutlich kürzer dauern als die Krisen der Jugend, weil wesentlich weniger Zeit verbleibt, diese zu bearbeiten, da der Weg, der noch zu gehen ist, viel kürzer geworden ist. Wobei vielleicht noch angemerkt werden sollte, dass eine Krise immer nur in einem überschaubaren Zeitraum stattfindet, da ansonsten eine Krise in einen Dauerzustand übergeht, an dem man sich gewöhnt oder gewöhnen muss, wie an eine nicht zu reparierende Krankheit.

Die kostbare Zeit, die noch bleibt, sollte man durchwegs auch für eine innere Kontemplation verwenden, für die man im Alter weitaus mehr Raum hat, als in den Lebensabschnitten davor. Seine ganze Reife und Lebenserfahrung kann man nachhaltig nun dort einsetzen, wo man einen persönlichen Sinn und eine Befriedigung empfindet. Dort, wo man spürt, dass es dieser Seele gut tut. Sie müssen niemanden mehr gefallen, sich vor keinem mehr verbiegen, und Sie müssen nichts mehr erreichen. Nichts, was Sie nicht für sich selbst und für das was Ihnen persönlich wichtig erscheint, erreichen wollen! Vielleicht wollen Sie an diesem Punkt auch noch mal über die Bedürfnispyramide nach Maslow reflektieren.

Die Ver- und Bearbeitung des eigenen Lebens, das Erkennen dessen was war und warum es so war, – das, was wichtig erschien und dann doch nicht wichtig war –, ist eine riesige Chance zum Weitergehen, für das Finden neuer Inhalte und Ziele, für die Zeit nach dem Beruf! Rein äußerer Aktionismus führt manchmal zu Ablenkung, zu Verdrängung und ist häufig sogar notwendig, aber dennoch nur eine Rezeptur, die meist nur sehr kurz wirkt, weil das Wechselspiel zwischen Geist-Körper-Seele nicht zu überlisten ist. Jedenfalls nicht lange!

Lassen Sie deshalb als Nächstes einige Betrachtungen zum Körper zu.

Körper

„Mein Körper ist ein Tempel – in dem die Seele wohnt"
(asiatisches Sprichwort)

Oder frei nach Juvenal: *„mens sana in corpore sano"*, „ein gesunder Geist (wohnt) in einem gesunden Körper".

Geist *und* Seele wohnen also in diesem Körper. Beide sind nicht sichtbar, nicht greifbar und schwerlich überschaubar, ohne Raum und ohne Grenzen. Der Körper dagegen gibt sich einigermaßen definierbar, klar vermessbar und deutlich greifbar. Er kennt seine Grenzen haargenau und zeigt sie zuverlässig an. Vordergründig auf Einflüsse von außen reagierend, oft als Schmerz, durch Überforderung eines Verstandes, der mehr *will*, als der Körper *kann*. In der Reaktion jedoch sehr subtil und präzise den Verkrümmungen in der Seele folgend.

Viel zu viele Menschen, Frauen wie Männer, betrachten diesen Körper wie einen isolierten Tempel, als Ausdruck eines fragwürdigen Schönheitsideals und mehr als Mittel zum Zweck, denn als das, was er eigentlich ist: Nämlich der Wohnort von Geist und Seele, der alleine in sich selbst überhaupt nichts ist, denn ein Körper ohne Seele ist leer und ohne Geist leblos und dumm – unheilbar krank. Aber *weil* er der Wohnort von Geist und Seele ist, bedarf er auch der höchsten Pflege. In diesem Zusammenhang, – und nicht als geist- und seelenloser Korpus, der physisch hochgetrimmt, gestylt und vielleicht auch noch operativ verändert wird. Die Mode und die Werbung benutzen ihn als Werkzeug, als Kleiderständer, gerne als sexuelles Lockmittel, jedoch ohne seinen eigentlichen Inhalt. Die breite Masse folgt dabei willig, ohne Einschaltung des Bewusstseins, ohne zu hinterfragen.

Der Körper spricht die Sinne an – aber auch die Sinne wohnen im Geist, oder sind ausgeprägter Teil der Seele. Körperliche Erotik beispielsweise funktioniert nur teilweise über den Geist – es soll zwar Männer und Frauen geben, die dabei die Seele ausschalten können, indem sie auch Sexualität als Leibesertüchtigung betreiben, die tiefere Befriedigung jedoch wird dabei fehlen, Befriedigung im Sinne von „Frieden finden“ und nicht als Abreaktion, – der Orgasmus mehr als kurzes Aufbäumen, denn als Höhepunkt eines Liebesaktes, einer tiefen Innigkeit auf Gegenseitigkeit.

Vieles an diesem Körper ist von Genen geprägt, die Höhe, der Umfang, die grundsätzliche Physiognomie, die Farbe der Augen und der Haare, etc. Dennoch: *„Ab einem gewissen Alter ist man für sein Aussehen selbst verantwortlich“*, heißt eine bekannte Weisheit, die nichts anderes sagen will, als dass sich die Ausprägungen des Geistes – die Intelligenz, die Bildung, kulturelle Entwicklung – genau wie die der Seele, nämlich Sensibilität, Verhärtung, Brutalität, dergleichen – namentlich im Gesicht, aber auch in den Händen ausbilden. *„Dem schaut die Dummheit schon aus den Augen“* oder *„Seine Brutalität ist ihm ins Gesicht geschrieben“*, *„Man sieht, dass dies ein feiner Mensch ist“*, sind Redewendung der deutschen Sprache, welche die Eigenverantwortung für das Aussehen beschreiben. Und wenn auch nur eines dieser Idiome zutrifft, dann nützt der teuerste Kittel, der beste Friseur, und selbst der renommierteste Schönheitschirurg nichts. Ein Körper ohne geistig-seelische Entwicklung ist innen hohl und diese Leere bleibt unverkennbar. Man versucht sich eine Gesichtsmaske, häufig auch eine Ganzkörpermaskerade überzustülpen, in der Meinung, man könnte das, was dahinter liegt, nämlich Geist und Seele, verbergen. Geht aber nicht! *„Du bist was Du isst“*, gilt eben nicht nur für das, was im Magen landet und den Vorteil hat, als gleichförmige braune Masse wieder ausgeschieden zu werden, sondern weitaus mehr für das, was man Geist und Seele als Nahrung zuführt – das allerdings nicht so einfach ausgeschieden wird, sondern sich namentlich im Gesicht einprägt.

Nichtsdestoweniger verschleudert die Werbeindustrie ihre Energie am Lack, ohne zu erkennen, dass der Rost trotzdem durchscheint. Und die Menge kauft, identifiziert sich damit, lässt sich willig davon beeinflussen und modelliert sich entsprechend. Man macht sich sehr viel aus dem Körper – was aber mit dem Geist passiert und was in der Seele abläuft, ist sekundär. Erst wenn der Körper rebelliert, sich durch Krankheiten meldet, dann geht man in aller Regel erst einmal zum Arzt, der diesen Korpus in seine Einzelteile zerlegt und entsprechend beurteilt, selten aber Rückschlüsse und Ratschläge zum Zustand von Geist und Seele erteilt. Häufig beginnt dann ein Sprechstundenmarathon, der von einem Spezialisten zum nächsten führt, irgendwann vielleicht zum Heilpraktiker und ganz zum Schluss erst zum „Seelendoktor", dem Psychotherapeuten, der an der Seele mit der Kraft des Wortes arbeitet. Hat der Geist dann die Ursache ergründet und die Seele ihren Frieden gefunden, dann erst ist die Heilung des Körpers möglich. So jedenfalls funktioniert der Gesundungsprozess. Nicht in allen, aber in den meisten Fällen.

„Der Körper ist weniger bestechlich als der Geist!" Diese Erkenntnis drückt sich zigfach in der schönen deutschen Sprache aus, die darüber voll von Weisheiten ist und die genau jene psychosomatischen Zusammenhänge beschreiben: Ein Schnupfen als Körpersymptom ist ganz häufig ein Ausdruck von *„Ich habe die Nase voll"*. *„Es geht mir ans Herz"* oder *„es schlägt mir auf die Nieren"*, heißt nichts anderes, als dass der Körper meldet, *„ich verbiege meine Seele"*. Die Feststellung *„In mir zieht sich alles zusammen"*, bedeutet zwar unverkennbar, dass eine bestimmte Situation die Arterien zusammenzieht, und im Dauerfall zum berühmten Herzinfarkt führen kann – wird aber meist geflissentlich ignoriert. Genau wie *„das verursacht mir Kopfschmerzen"*, oder noch schlimmer, Migräne. Dagegen hilft bekanntlich Aspirin oder ein noch stärkerer Hammer. Weg der Schmerz – weg die Ursache. Bis zum nächsten Mal. Bis die Hämmer immer stärker werden. Oder auch der Alkoholkonsum. Notfalls darf's auch Kokain sein. Jeder von uns, der mit sich selbst ehrlich ist, kennt diese Selbstverleugnungsprozesse, jeder hat so seine eigenen Spielchen zur Vermeidung der eigentlichen Ursachenforschung! Man muss nur die richtigen Drogen in ausreichender Menge schlucken und alles wird gut. Für die Pharmaindustrie.

Der Körper hat immer recht

Der klarste, deutlichste und auch häufigste Ausdruck einer Reaktion des Körpers auf das, was sich in der Seele abspielt, ist der unaufhaltsame Ausbruch von Tränen. Selbst bei Männern, die ja bekanntlich nicht weinen dürfen, oder wenn sie es denn doch tun, eben keine „richtigen Männer" sind. So jedenfalls eine gängige Meinung. Tränen können nicht – oder höchst selten, vielleicht bei sehr guten Schauspielern – über den Geist, durch das Bewusstsein ausgelöst werden. Sie brauchen den Auslöser einer Emotion, die alleine in der Seele abläuft, die Seele berührt. Und dann kommen diese Tränen spontan, manchmal nur, indem die Augen feucht werden, oft aber als ein starker Fluss, der schwer zu kontrollieren ist. *„Zu Tränen gerührt"* oder auch *„mir kommen die Tränen"*. Sie kommen von selbst, mit einer zuverlässigen Automatik, die sich der Kontrolle und des Willens entzieht. Weinen als klarster Ausdruck für das, was die Seele erreicht. Freude genauso wie Leid. Beide Gefühle sind Seelengefühle und bringen die Tränen zum rollen. Ein Narr, wer diese schöne Emotion unterdrücken will! Richtig intensiv Heulen macht frei, es hat schon in der Kindheit seine Wunder bewirkt – warum soll es beim Erwachsenen anders sein? Selbst vermeintlich „starken Männern" sei es als Heilmittel empfohlen!

Die Entwicklung des Körpers verläuft umgekehrt zu der von Geist und Seele, wobei man in Bezug auf die Seele unterschiedlicher Meinung sein kann. Es gibt philosophische Schulen, für die die Entwicklung der Seele über das derzeitige Leben hinaus geht – dies ist jedoch Glaubenssache und liegt damit nicht im Bereich der von mir gesuchten objektiven Darstellung. Mit Sicherheit jedoch entwickeln sich Geist und Seele langsamer als der Körper, nämlich immer noch mit zunehmendem Alter! Ganz wie ein guter Wein, der zu seiner Reife nur allmählich gelangt. Natürlich kann auch der Geist, ähnlich wie ein guter Wein, im Alter kippen. Nämlich dann, wenn ein Teil des Körpers, das Gehirn, dement wird. Die Entwicklung des Körpers kommt bis in die frühen „mittleren Lebensjahre" zu einem leistungsmäßigen

Höhepunkt – und dann geht's schon bergab. Der Korpus wird alt, runzlig, mitunter krank, dabei zunehmend und deutlich schwächer, bis er am Ende mit wahrlich tödlicher Sicherheit zerfällt.

Geist und Seele hingegen vermögen sich bis zu guter Letzt, bis zum Zeitpunkt des körperlichen Todes, zu stets neuen Höhen entfalten. Eigentlich sollte allein diese Tatsache genügend Anlass sein, auf die Pflege und Weiterbildung von Geist, Seele und Körper in gleich verteilten Portionen zu setzen, auf das zu achten, was an entsprechender Nahrung zugeführt wird. Der Jugend- und Schönheitswahn fände damit rasch sein längst verdientes Ende und ältere Menschen würden wieder mehr – wie immer noch in anderen, allerdings nicht westlichen Kulturen – den verdienten Respekt und die angemessene Achtung erfahren. Dabei hätten es gewisse Medien schwer, ihre Leser über sexistische und fragwürdige Darstellungen zu entBILDen, und selbst für die öffentlich-rechtlichen Fernsehanstalten wäre es auf Dauer nicht leicht, mit ihren sensationsheischenden Empörungsforen sowie unzähligen Krimiserien zur besten Sendezeit, ein auch nur einigermaßen anspruchsvolles Publikum unverantwortlich zu langweilen. Aber *„the show must go on"*, genau wie die Verblödung! *„Bildung für Alle"* wird gefordert – aber nicht wirklich geliefert.

Wenn man diesen Sachverhalt, nämlich diese umgekehrte proportionale Entwicklung von Geist, Seele und Körper erkennt und für sich auch akzeptiert, dann ergeben sich für *„die Zeit nach dem Arbeitsleben"* schlagartig neue Inhalte und wertvolle Perspektiven! Man gibt diesen nicht zu gewinnenden Kampf gegen diesen Selbstläufer des körperlichen Alterungsprozesses auf und widmet sich ganz entspannt dem weiteren Wachstum von Geist und Seele. Einem durchwegs befriedigendem Vorgang, in dem man in jedem Fall und sogar dauerhaft nur gewinnen kann – während der körperliche Zerfall unaufhaltsam vor sich geht und höchstens in Nuancen zu bremsen ist!

Lassen Sie uns somit das Nachdenken über das, was im Leben wirklich zählt, noch ein klein wenig vertiefen, damit es Ihnen leichter fällt, die Weichen für das Leben-nach-dem-Beruf in eine Richtung zu stellen, die dieser vielen freien Zeit einen neuen, mit Sinn gefüllten Inhalt geben kann.

In diesem gesamten Kontext von Inhalt, Ziel und Sinn des Lebens, der doch so sehr mit dem Berufsleben verbunden ist, muss ein klares Verhältnis deutlich benannt werden: Je mehr Sie sich mit Ihrem bisherigen Beruf identifizieren, je mehr er Sie erfüllt, um so schwieriger kann es werden, diesen loszulassen, dafür einen Ersatz zu finden. Denn den wenigsten von uns ist es vergönnt, diesen Lebensinhalt langsam ausklingen zu lassen, um sich auf neue Wege vorzubereiten. Umgekehrt gilt: Je mehr der Job Maloche also Belastung war, um so einfacher wird das Loslassen sein. Ein Ersatz, etwas Neues, steht auf jeden Fall an.

Denken Sie dabei nicht so sehr an den Verlust, sondern an das hohe Maß an Freiheit, das Sie geschenkt bekommen.

Inhalt – Ziel – Sinn des Lebens

Wenn Sie beim Lesen des letzten Absatzes nachdenklich geworden sind und immer noch Lust haben, meinen Ausführungen zu folgen, dann lade ich Sie an dieser Stelle ein, folgerichtig ein Thema aufzugreifen und *die* Fragen zu stellen, die Sie sich mit Sicherheit schon mehrfach, in verschiedenen Phasen Ihres Lebens gestellt haben und dazu bestimmt auch Ihre eigenen, individuellen Antworten gefunden haben. Gewöhnlich taucht *„die Frage nach dem Sinn"* spätestens so Mitte dreißig auf, nachdem man seine verschiedenen Ausbildungen hinter sich hat und auch beruflich mit den praktischen Tatsachen konfrontiert wurde. Erfahrungen im Beziehungsbereich und möglicherweise einer eigenen Familie, ersetzen weitere Illusionen durch Realitäten – und häufig schließen sich schon die Folgefragen an *„Soll das ewig so weiter gehen"* und *„Gibt es Alternativen?"*.

Jeder, der sich in der Altersgruppe um die sechzig befindet und sich bewusst wird, was hinter ihm liegt und noch vorne liegen könnte oder sollte, stellt sich diese Fragen neu. Mit einem längeren Rückblick, in das was war – und einem Blick in eine Zukunft, die wahrscheinlich noch unsicherer ist als die bereits gelebte Vergangenheit. Denn hier gibt es neue Realitäten, die etwas mit Alter zu tun haben: mit veränderten Finanzen, mit zuverlässig abnehmender Gesundheit und physischer Kraft, mit der Paarbeziehung, und nicht zuletzt die Auseinandersetzung mit dem Tod, dem absolut sicheren Ende des Lebens.

Die Themenkomplexe Sinn, Inhalt und Ziel werden gerne vermischt oder auch als ein und dasselbe gesehen. Es hilft jedoch, diese Begriffe genau zu trennen und ebenso die *Quellen* zu hinterfragen, die den Sinn, den Inhalt und das Ziel des Lebens ausmachen.

Ich wage nun die Aufforderung, Ihre persönlichen Modelle diesbezüglich zu überprüfen und bitte Sie, bevor Sie weiter lesen, zu reflektieren, was der *Sinn*, der *Inhalt* und das *Ziel* des Lebens für Sie bisher darstellte und wie Sie ihn für sich selbst definieren. Bitte nehmen Sie nun eine kleine Auszeit und vielleicht ein Stück Papier und einen Bleistift in die Hand, um das zu notieren, was Ihnen dazu einfällt.

Kurze Denkpause …

Inhalt des Lebens

„Ich tue, also bin ich!"

Nachdem Sie sich Gedanken zu Ihren eigenen Ansichten bezüglich dieser Begrifflichkeiten gemacht haben und ich Ihnen möglicherweise ein etwas anders definiertes Angebot unterbreite, bitte ich Sie zunächst sich zu erinnern, welche *Inhalte* Ihren jeweiligen Tag, Ihr bisheriges Leben mit Ihrem Job, ausfüllten.

Unweigerlich werden Sie zu dem Schluss kommen, dass Sie ständig mit irgendeiner Sache beschäftigt waren. Man kann es Arbeit nennen – was leicht den Beigeschmack von „Maloche" haben kann, man kann es treffender benennen als „Tun" oder auch als „Schaffen". Also *Arbeit* im weitläufigen Sinn, die Wortwahl dafür bleibe individuell.

Des Weiteren werden Sie erkennen, dass Sie den ganzen Tag mit verschiedensten Personen in Verbindungen, in Kommunikation standen, bzw. stehen. Also *Beziehungen* in allen Formen – mit Familienmitgliedern, Kollegen, Geschäftspartnern, Freunden und auch Gegnern.

Ohne viele weitere Worte bleibt somit die Feststellung, der *Inhalt des Lebens* sind Arbeit oder eine Form des Tun, in idealer Form ein kreatives *„Schaffen"* – sowie Begegnungen, Beziehungen mit

Menschen in allen Ausprägungen, reduziert formuliert, *„Kommunikation“*.

Schließt man sich dieser Beobachtung an, so liegt der Gedankensprung nahe, dass viel im Leben eines Menschen passiert, der nach jahrzehntelanger Berufstätigkeit dieses Umfeld aufgibt oder aufgeben muss. Die Arbeit, die in aller Regel fünf von sieben Wochentagen ausfüllte, ist meist von einem auf den anderen Tag weg, und die Kommunikationspartner fallen zu einem großen Teil aus.

Es ist logisch, dass sich bei sehr vielen Betroffenen damit ein riesiges Loch auftut, das nach Ausgleich, nach Ersatz verlangt. Wird die erste Zeit nach der Pensionierung häufig mit Befriedigungen ausgefüllt, die lange aufgeschoben wurden oder von denen man geträumt hatte, wie zum Beispiel ausgedehnten Reisen oder Weiterbildungskursen an verschiedenen Institutionen, so stellt sich dennoch meist schon nach ein bis zwei Jahren heraus, dass diese nicht ausreichen um das zu kompensieren, was vorher war und den bisherigen Großteil des Lebensinhalts ausmachte. Die Tatsache, dass viele Freiberufler, Selbständige und auch Künstler weit über das fünfundsechzigste Lebensjahr hinaus in ihrem angestammten Beruf aktiv bleiben, obwohl die Kasse längst übervoll ist und für mehrere Wiedergeburten reichen würde, beweist, dass nicht Geld der Inhalt des Lebens ist, und schon gar nicht dessen Sinn, sondern die vielen positiven Aspekte, die ein *Tun und Schaffen* ergeben. Was man ist, ist man durch sein Tun! Daraus schöpft man diese innere Befriedigung, Anerkennung, Status, häufig auch Macht, verbunden mit Prestige. Dies alles passiert nicht im Alleingang, sondern immer im Verbund mit Menschen, mit Begegnungen, im Sich-Austauschen. Nur andere Menschen können Liebe, Bestätigung und Reflexion geben, genau wie ein Fordern und die entsprechende Förderung. Man braucht seine Mitmenschen bei der Arbeit, ebenso wie beim Spiel, als Partner und Teammitglieder. *„Alleine ist es im Himmel nicht schön“* – und Robinson hätte auf seiner Insel noch viel einsamer gehaust, wäre da nicht dieser Freitag gewesen, und wahrscheinlich wäre es noch viel schöner gewesen, wäre es eine Freitagin gewesen.

Der Wert der ständigen Kommunikation während des Arbeitslebens wird oft unterschätzt, weil diese täglichen Begegnungen nicht immer Wunschpartner sind – Kollegen, Kunden, Vorgesetzte, Mitarbeiter ... Erfreuliche genauso wie unerfreuliche Zeitgenossen. Dennoch, diese Kontakte mit anderen Menschen halten das Leben farbig, geben Bereicherung und Herausforderungen, und lassen erst gar nicht zu, dass diese Einsamkeit aufkommt, mit der viele Mitbürger im Rentenalter häufig konfrontiert sind. *„Am meisten fehlt mir die Begegnung mit den Kollegen und mit Geschäftspartnern“*, erzählte mir ein pensionierter Beamter, *„und es tut mir leid, dass ich mich nicht vorher, noch in meiner aktiven Zeit, mehr um meine Freunde und auch Kollegen gekümmert habe. Vor allem um die, die mir sympathisch waren! Jetzt muss ich von vorne anfangen, weil mir zu Hause manchmal das Dach auf den Kopf fällt, aber die Gelegenheiten, Menschen zu treffen, sind nicht mehr so zahlreich. Und bis man eine Vertrautheit aufbaut, für die man wiederum Jahre braucht, bin ich vielleicht schon zu alt!“*

Sich rechtzeitig und möglichst in Stufen aus dem Berufsleben zurückzuziehen und bereits vor der eigentlichen Pensionierung die Weichen für neue Inhalte und Ziele zu stellen, dabei zu überlegen, was und wen man mit herüber nehmen will, ist eine echte Herausforderung. Sie darf nicht auf den Tag der Verrentung aufgeschoben werden, denn sonst bricht zu viel auf einmal und mit einem Schlag weg, und nichts ist da, was das Leben neu stimulieren könnte!

Was jedoch das Ende von dem Einem ist, ist ebenso der Anfang von etwas Anderem. Und alles was neu ist, hat auch seinen besonderen Reiz. Man muss sich nur darauf einlassen. Mit vollem Herzen und mit einem möglichst klaren Plan im Kopf. *„Readiness is all!“* Die Vorbereitung ist alles – wie auf einer langen Wanderung, wenn man vor einer neuen Etappe steht und die Entscheidung treffen muss, wie viel man vom Gepäck noch weiter mit sich schleppt, und wie man seinen Rucksack neu packt.

Auf den Inhalt kommt es an – und auf die Begleiter.

Ziel des Lebens

„Wo Geist und Seele zwar nicht schlafen, sondern sich in einer wohltuenden Ruhe befinden.“

Hat man den Inhalt des Lebens entsprechend definiert, so wird der Schritt leicht fallen, dass dieses „Tun“, diese Beschäftigung mit Dingen und Menschen, dass dieser Raum und Tag füllende Inhalt in idealer (!) Form, möglichst zu einem Zustand führt, der Geist, Seele und Körper in ihren entsprechenden Möglichkeiten befriedigen („befrieden“), also eine möglichst hohe Zufriedenheit schaffen. Man könnte dies auch mit den Begriffen belegen *„Glücklich sein“* oder auch *„Gelassenheit“*, die sich insgesamt in einer *„Ausgeglichenheit“* ausdrückt. Also eine Form des Daseins, in dem der Geist nicht ständig auf dem Weg nach neuen Beschäftigungen, dieser hektischen und oft verzweifelten Suche nach Irgendetwas ist, sondern in einem Zustand der Entspanntheit, mit dem inneren Einverständnis, dass „Das was ist“ gut ist „Wie es ist“. Das Ziel des Lebens kann danach also nicht Hektik und überdrehte Motorik sein, ein ständiges Anhäufen von „Mehr und Mehr“, von Macht, Status, materiellen und sonstigen äußeren Werten, sondern ein *„Less is More“*, dieses gehaltvolle „Weniger ist Mehr“, nämlich in allererster Linie die *Zufriedenheit*, die einzig und allein in einem geistig-seelischen Zustand stattfindet. Da, wo Geist und Seele nicht schlafen, sondern sich in einer wohltuenden Ruhe befinden.

Nicht ganz einfach zu erreichen! Schwierig deshalb, weil es fast ausschließlich eine Sache des Geistes ist, die wesentlich mit „innerer Einstellung“, mit Reife, Nachdenken und Wachstum verknüpft ist. Dennoch leichter als gedacht, weil es nur bedingt etwas mit Geld und materiellem Wohlstand zu tun hat. Allerdings schwer fest zu halten, weil auch dies nur ein Zustand ist, welcher der Vergänglichkeit und der Nichtdauerhaftigkeit unterliegt, der, so sehr man ihn auch behalten möchte – nur auf begrenzte Zeit und nur in einer gewissen Tendenz zu schaffen ist! Daher gilt

„Der Weg ist das Ziel" und dieser Weg ist einzig und allein das Leben an sich.

Ziel im Leben ist also ein möglichst hoher und häufiger Zustand von Zufriedenheit – den man leider auch immer wieder und sogar sehr regelmäßig loslassen muss. Denn dieses Leben bringt ständig unerwartete Ereignisse und Situationen, die nicht mit Verhaltensmustern aus der Vergangenheit bewältigt werden können. Es ist unberechenbar und steckt voller Überraschungen. Wer sich nur in Zufriedenheit wiegen mag, jede Widrigkeit, jeden Fehler und jedes Leiden möglichst vermeiden will, jeder Gefahr und damit auch den Chancen des Lebens aus dem Weg geht, der vermeidet auch die Möglichkeit von Lernen und von Wachstum. Denn leider braucht es dazu die selbst gemachten Fehler, das Ausprobieren und die Selbsterkenntnis. Es kann nur zum kleinen Teil in der Theorie stattfinden, durch Bücher und durch Lehrer vermittelt werden, der wesentliche Anteil aber ist *„learning by doing"*, es braucht die eigene Erfahrung und Praxis.

Schließlich bedarf es noch der eigenen Seelenerforschung und des ziemlich gnadenlosen Aufräumens um zu erkennen, welches Tun und Schaffen, welche Beziehungen und welche Kommunikation im weitesten Sinne gut für den Geist und gut für die Seele sind! Auch diese Erkenntnisse sind einem zunehmendem Alter vorbehalten. Man bekommt sie nicht geschenkt, man muss sie sich mühsam erarbeiten und dabei ehrlich mit sich selbst sein. Zugegebener Weise ist dies eines der schwierigsten Unterfangen, zu dem auch sehr viel Mut gehört. Aber es ist der einzige Weg, um das *Ziel* zu erreichen – nämlich die *Zufriedenheit von Geist und Seele.*

Sinn des Lebens

„Nicht ein Existieren, sondern ein Werden“

Wenn also der *Inhalt* des Lebens ein „Tun und Schaffen“, im Verbund mit menschlichen Begegnungen aller Art ist, und wenn dabei das logische *Ziel* ist, dass dies nicht zu Missmut, zu Frustration oder zu Würdelosigkeit führt, sondern genau im Gegenteil, zu einem möglichst hohem Maß an innerer Zufriedenheit und ausgeglichenem Lebensgefühl, so ergibt sich nahezu von selbst die Frage nach dem eigentlichen Sinn des Lebens. Er wird häufig mit Inhalt und Ziel verwechselt, ist auch damit verbunden, weil Inhalt und Ziel die eigentlichen *Quellen* dessen sind, was dem Leben einen tieferen Sinn zu geben vermag.

Bei der Sinnfrage stößt man in der Konsumwelt schnell an Grenzen, denn materielle Werte können das geistige Selbst nicht dauerhaft befrieden. Wer irgendwann an seine eigenen Grenzen des Wachstums durch Haben gestoßen ist, wird möglicherweise für die Beantwortung der Frage „Was gibt dem Leben Sinn?“ seinen Suchradius erweitern und diesen Sinn im Überirdischen suchen müssen. Ein „Gott“, gleich wie er geartet ist, und eine Religion, die klare Anweisungen und Strukturen für ein Leben gibt, in dem häufig nur noch Gewalt und Chaos herrschen, mögen für viele Menschen einen Ort der Zuflucht bieten – ihre Antworten sind dennoch oft genug sehr zweifelhaft und unbefriedigend! Der Gott, von dem wir in der Schule gelernt haben, hat sich als nicht so ganz zuverlässig oder gütig herausgestellt, und die Religionen mit ihren Regeln, wie wir sie erleben, erzeugen häufig mehr Widerstand als Beifall. Philosophen der alten und der neueren Zeit sind da oft besser nachvollziehbar. Die Suche nach diesem Gott oder nach „einem Leben nach diesem irdischen Leben“, möglicherweise in einem nicht so ganz genau definierten „Paradies“ oder mittels einer „Wiedergeburt“, in was für einer Form auch immer, stieß schon immer an die Grenzen der Ratio und bleibt Glaubenssache. „Glauben ist nicht Wissen“, dafür aber

Hoffnung. Glaube beruht auf Hoffnung, weil dieses Leben unberechenbar ist, und Hoffnung ist nichts anderes als die Sehnsucht auf Erfüllung unserer Wünsche. Einer dieser tiefen menschlichen Wünsche ist „nicht zu sterben" – oder zumindest das, was man in dieser kurzen Lebensspanne erreicht hat, über dieses jetzige Leben hinaus zu erhalten. Die mosaischen Religionen bieten dafür so etwas wie ein Paradies oder ein „überirdisches Leben" an, der Hinduismus die Reinkarnation, Buddhisten eine Wiedergeburt, materialistische Denkschulen suchen ihr Heil alleine in diesem jetzigen Leben, im Hedonismus. Allen gemein ist jedoch die inhärente Suche nach einer tieferen Befriedigung des Geistes und der Seele! Die Quellen dafür finden sich in den Lebensinhalten, in dem, mit *was* und *wem* man sich beschäftigt, und in dem, was „tief innen" einen Zustand des Glücks und der Zufriedenheit erzeugt.

Wenn dieser Zustand nur sehr begrenzt über *„Haben"* und ein „Mehr an Mehr" zu erreichen ist, dann lohnt ein Blick nach innen, zu dem, was *„Sein"* ausmacht. Und dieses *„Sein"* ist nur sehr begrenzt käuflich, es beinhaltet die Abgrenzung von „Wissen" zu „Weisheit", von „Person" zu „Persönlichkeit", von „Sex" zu „Liebe", von „Aufwachsen" zu „Wachstum" und von „Alt werden" zu „Reifung". Einfach ausgedrückt: Wer viel weiß, dieses aber nicht umsetzen kann, weiß wenig.

Wer seine Person hinter Titeln verstecken muss, ist letztlich eine Fassade in der sich ansonsten ein ziemlich armseliger Hohlraum verbirgt. Wer Sex mit Liebe verwechselt, geht an dem tiefen Gefühl von altruistischer Liebe vorbei, hat wahrscheinlich nie etwas geschenkt bekommen und genauso wenig zu geben vermocht. Wer also nur alt wird ohne innerlich zu wachsen und zu reifen, geht am eigentlichen *Sinn des Lebens* vorbei!

Lehrer und Bücher vermitteln zwar Wissen – können aber nicht die Weisheit bringen, die man sich selbst in einem langen Leben mühsam erarbeiten muss. Weisheit hat etwas zu tun mit Klugheit, mit Reife und Erfahrung. Weisheit beinhaltet Güte und Liebe in ihrem wahren Kern. Man erreicht sie nur über ein aktives Tun und Schaffen, durch Kreativität und einem Sich-mit-dem-Leben-einlassen. Das mögliche Ziel dabei zu erreichen, Zufriedenheit und Ausgeglichenheit, kann nur tendenziell und zeitweise gelingen. Der eigentliche Weg jedoch, dieses Leben an sich, muss selbst und individuell gegangen werden, mit allem Auf und Ab, mit Freude und Leid, mit voller Kraft und den unvermeidlichen Krankheiten.

Das Leben an sich kann man nicht vermeiden, man kann es nur gestalten, und so gut wie es geht, genießen. Dabei ist dieser Genussbegriff sehr relativ und auch vielgestaltig, denn übermäßiger Genuss in Teilbereichen führt rasch zu Überdruss. Das Leben in seiner ganzen Vielfalt und mit seinen unzähligen Möglichkeiten verlangt ebenso nach Pluralität und will keine Einseitigkeit. Das Leben mit seinen vielen positiven wie negativen Herausforderungen, mit seinen unsagbaren Höhen und Tiefen ist das eigentliche Lehrbuch, dem man zwar immer wieder ausweichen möchte, dessen negative Seiten man gerne überspringen würde, das einen jedoch immer wieder gnadenlos auffordert hin zu gucken, zu schauen, was passiert, einen ständig zwingt zu lernen. Das Leben ist damit nicht ein Dahinleben, ein Sich-treiben-lassen, sondern ein Akt des Bewusstseins, ein Ort des lebenslangen Lernens. Auf einen einfachen Nenner gebracht: *Der Sinn des Lebens ist nicht ein bloßes Existieren, sondern ein Werden.* Es geht einzig und allein um die Entwicklung des eigenen Selbst – oder wenn Sie wollen und sich auf diesen Begriff einlassen können, *die Entwicklung der Seele.*

Damit gibt es für „das Leben nach der Arbeit", nach der beruflichen Arbeit, noch eine grandiose Perspektive:

„Man kann nur noch tun was sich lohnt und nicht was sich rentiert!"

Quellen des Glücks und der Zufriedenheit

„Das Geld hat noch keinen reich gemacht."
(Seneca)

Wenn man sich mit der Definition von „Glück" beschäftigt, lohnt es sich, zunächst sich auf dessen wörtliche Herkunft zu besinnen: Es kommt von dem mitteldeutschen „Gelücke" und dieses wiederum bedeutet das Gelungene, das Erreichte. Das heißt im Klartext, dass man selbst etwas zu seinem Glück beitragen muss. Nun sollte man noch unterscheiden zwischen *„Glücksmomenten"*, also vorübergehenden Zuständen, die sich durch eine erfreuliche Begegnung oder bei guten Essen einstellen und *„Glücklichsein"*, als einen in der Tendenz dauerhaften Zustand, der insgesamt das Gefühl von Zufriedenheit („Zu-Frieden" in der Seele, im Körper und im Geist) auslöst. Von letzterem sei hier die Rede. Und nun auch gleich die gute Nachricht zuerst: Fundierte Studien haben gezeigt, dass Menschen im Laufe ihres Lebens glücklicher und auch zufriedener (!) werden: Nicht die Jugend ist die Zeit des größten Glücks, sondern das mittlere und höhere Alter! Dieser letztlich im Geist und in der Seele stattfindende Zustand nimmt ein ganzes Leben lang konstant zu, bis hin zu dem Zeitpunkt, wenn schwere gesundheitliche und körperliche Schäden auftreten. Aber selbst dann ist es eine Sache der inneren Einstellung und geistigen Reife, diesen Zustand in Relation zu setzen und das Glück in dem zu finden, *„was ist"* und nicht in dem, was nicht mehr sein *kann*. Glück und Zufriedenheit sind also eine Sache des Werdens, des Lernens und der Reifung, und diese beinhaltet nicht nur die positiven Erfahrungen des Lebens, sondern auch dessen negative Seiten.

Die moderne Glücksforschung versucht die Einflussfaktoren für diesen Zustand nach verschiedenen Kriterien zu untersuchen. Dabei wird Menschen in allen möglichen Ländern zunächst die sehr einfache, aber doch sehr persönliche Frage gestellt: *„Wie zufrieden oder unzufrieden sind Sie mit dem Leben insgesamt?"*

Zusätzlich kommen relativ subjektive Merkmale in Betracht wie das Klima, der allgemeine Bildungsstand, Beschäftigungssituation, Zugehörigkeit zu sozialen Schichten, die Wohlstandsverteilung und sogar der durchschnittliche Stand des Blutdrucks soll Auskunft geben über das Seelenbild einer Nation.

Daraus bilden sich sehr interessante Fakten. Die gute Nachricht wieder zuerst: Einkommen und Bildung stehen lediglich für 5 % dafür, warum sich Menschen in verschiedenen Ländern besser oder schlechter fühlen! Soziale Faktoren wie „Verheiratet sein", „Freunde haben" und „Mitarbeit in freiwilligen Hilfsdiensten" tragen zu 15 % bei, individuelle Persönlichkeitsstrukturen erklären weitere 25 %, zufälliges Glück oder Unglück stehen für zusätzliche 10 %, und für die restlichen 45 % gibt es unterschiedlichste Faktoren. Weltweit scheinen sich die Australier am wohlsten zu fühlen, nicht weit davon entfernt die Brasilianer, und innerhalb Europas die Dänen, gefolgt von den Schweizern. Die Deutschen befinden sich im guten Mittelfeld. (Eine detaillierte Auswertung findet sich in der „World Database of Happiness" und vereinfacht u. a. im Internet unter „happiness.org").

Die beiden oben genannten guten Botschaften sollte man nicht ganz unkommentiert belassen, denn häufig sind sie miteinander verquickt. Die Extreme „Armut" oder „Reichtum" implizieren keineswegs ein inneres Gefühl von Zufriedenheit und Glück. „Hohe Bildung" oder „geringe Bildung" bewirken diesbezüglich genauso wenig einen Automatismus. Wesentlich sind allerdings die Relationen innerhalb der Gesellschaft in der man lebt. Ein monatliches Einkommen von 1000 Euro mag in Europa gerade so zum Existieren reichen, in vielen Ländern der Dritten Welt erlaubt es Wohlstand. Verbringt man seinen ganzen Tag nur unter akademischen Eierköpfen, fühlt man sich als Kaffeeausschenker wahrscheinlich etwas untergeordnet. Die Erkenntnis, dass jedoch „soziale Faktoren" und „individuelle Persönlichkeitsstrukturen" einen deutlich höheren Anteil am Glücksgefühl haben als Geld oder auch Bildung, erlauben den Rückschluss, dass man für sein Glück in hohem Maße selbst Verantwortung übernehmen muss und auch eine Menge dazu beitragen kann! Das Alter mit seiner Erfahrung und Reife erlaubt in diesen Bereichen einen weitaus bedächtigeren Umgang mit *„Dem was ist"*, als die Jahre der Jugend, die noch geprägt sind vom *„Wollen und Sollen"*.

Bewegt man sich auf der Suche nach den Inhalten dessen, was zu Glück und Zufriedenheit führt, weg von den Daten der modernen Glücksforschung, so findet man die wohl klarsten Antworten bei den Philosophen der griechischen Antike, namentlich bei Aristippos, Platon, Aristoteles und bei Epikur. Eine genauere Beschreibung ihrer Philosophien bezüglich dessen, was zu einem glücklichen und erfüllten Leben beiträgt, ginge weit über den Umfang dieses Buchs hinaus. Es sei deshalb die Essenz von nur drei Eckpfeilern eines Lebensstils wiedergegeben, die zu einem „glücklichen Leben" in jedem Fall gehören und die, mit geringsten Einschränkungen, von Jedermann (Jederfrau!) auch machbar sind. Auf eine möglichst ausgewogene Kombination dieser drei Komponenten sei hingewiesen, ebenso wie auf den Umstand, dass diese namentlich im Leben nach dem Beruf und im späteren Alter nicht vernachlässigt werden sollte.

1. Lust und Freude – aber nicht nur

Zuerst sei ein *hedonistischer Lebensstil,* (hedone = Freude, Lust) genannt, frei nach Aristippos und auch Epikur. Interessanterweise gehören für Aristippos zwei völlig unterschiedliche Seelenzustände zu dieser vordergründig lustbetonten Lebensweise: *„Die Lust als sanfte, und der Schmerz als raue, ungestüme Bewegung der Seele"*. Die Kunst dabei ist, die Momente der körperlichen Lust zu steigern und dem Schmerz auszuweichen. Dies klingt zunächst nach Sex und dann nach Klugscheißerei, denn erstens, so werden Sie entgegenhalten, ist das mit dem Sex eine andere Sache als in der Jugend und zweitens, wer kann dem Schmerz, namentlich dem des Körpers und der Zufälligkeiten, schon ausweichen. Bitte langsam und der Reihe nach! Zu „Sex im Alter" sei auf ein späteres Kapitel verwiesen. So viel sollte aber an dieser Stelle angemerkt sein: Die körperlichen Genüsse sollte man im Alter auf keinen Fall vernachlässigen. Dazu gehört der Spaß am guten Essen und Trinken, den man jeden Tag bewusst zelebrieren kann, dazu gehören Massagen oder Wellness-Programme oder auch schöne Reisen und Ferien, dazu gehört ein Maß an Ästhetik, wie gepflegte Kleidung oder auch nur ein Strauß Blumen auf dem Tisch, die tägliche Körperpflege, sowie ein altersgerechtes Maß an Sport und Bewegung – alles Dinge, die dem individuellen Bedürfnis und dem Geldbeutel angepasst werden können! Man muss nur Tun und sich ab und an zu Etwas aufraffen!

„Dem Schmerz ausweichen", dieser zur lustvollen Lebensweise gehörende Anteil wird nicht immer möglich sein. Schon gar nicht, wenn dieser Schmerz durch den eigenen Körper gemeldet, oder auch durch den Verlust eines Lebenspartners verursacht wird. Was aber möglich ist, ist ein bewusstes Verarbeiten der jeweiligen Situation, eine Akzeptanz „dessen was ist" und der jeweilige Wille „das Beste daraus zu machen". Dazu gehört immer wieder ein Loslassen „dessen was war" und möglicherweise verschiedenste Annehmlichkeiten beinhaltete, dazu gehört auch die Auseinandersetzung mit dem Tod, nämlich das grundsätzliche Anerkennen, das jeder neue Lebenskeim bereits den Tod als natürliches Ende beinhaltet.

Eine „hedonistische", lustbetonte Lebensweise beinhaltet also körperliche Aspekte, die mit zunehmendem Alter sicherlich eine andere Ausrichtung haben werden als in der Jugend. Zu ihr gehört aber in jedem Fall auch ein gutes Maß an Bewusstheit, ein gezieltes Steuern des Geistes. Ein Geist, der zu gelenkigen Ausweichmanövern und luftigen Höhenflügen genauso fähig ist wie zu einem Crash in die volle Depression. Wenn davon gesprochen wird, dass man „den Geist schulen" muss, dann ist in unserem Kulturkreis meist eine Anhäufung von Wissen gemeint. So ge-nannter Bildung, die sich wiederum auf Ausbildung beschränkt und selten eine Bewusstseinsbildung beinhaltet, nämlich die Wahrnehmung *„Dessen was ist"* und warum es so ist. In diesem Zusammenhang bin ich skeptisch, wenn ich lese, dass beispielsweise Vorlesungen in Kunstgeschichte an den Universitäten teilweise zu 50 % von Rentnern und Frühpensionären belegt sind. Wenn dies beim Einzelnen nicht ein ausgeprägtes inneres Lustgefühl erzeugt, sondern mehr dazu dient um die „Bildung" oder das Wissen zu erweitern, dann fände ich persönlich es weitaus sinnvoller, wenn man diese Energie in das Studium der Philosophie und Psychologie lenkt. Denn diese sind deutlich mehr dazu geeignet, den Geist in Bereichen zu schulen und somit ein Wissen bereit zu stellen, das die Verarbeitung der Vergangenheit und den Prozess des Älterwerdens in einen anderen Sinn und Kontext stellen kann.

2. Lebenslang aktiv

Als zweiter integraler Teil einer „glücklichen Lebensführung" sei ein *„aktives Leben"* genannt, in dem es um „die Vervollkommnung der *eigenen* Fähigkeiten und Interessen" geht. Wer in der trüben Aussicht schwelgt, dass mit dem Ende der beruflichen Tätigkeit damit das Ende der Fahnenstange erreicht sei, dem muss man leider eine ganze Reihe von Zähnen ziehen! Sicherlich werden Sie nicht von heute auf morgen einen vollen Ersatz für das finden, was Sie jahrzehntelang beschäftigt und vielleicht auch sehr zufrieden gestellt hat. Höchstwahrscheinlich werden Sie erst mal durch eine Phase der Neuorientierung gehen, die gekennzeichnet ist durch ein Tasten und Tappen, durch Verunsicherungen und Ausprobieren. Wenn Sie sich auf diesen Prozess aber erst einmal eingelassen haben, werden Sie den Reiz dessen erfahren, was Hermann Hesse in seinem wunderbaren Gedicht *„Stufen"* einmal so beschrieb:

„... und jedem Anfang wohnt ein Zauber inne
der uns beschützt und der uns hilft zu leben ..."

Im Abschnitt *„Neue Inhalte und Ziele"* werde ich den Versuch machen, brauchbare Wegweiser und Hinweise für die soeben gemachten Thesen zu liefern, um Sie auf diese interessante Reise in den Abschnitt des Älterwerdens mitzunehmen. Auch mein eigenes Beispiel, wie es mir in dieser Übergangsphase erging und welche emotionalen Kurven ich durchfahren musste, um schließlich völlig neue, und sogar sehr befriedigende Aufgaben zu finden, werde ich schildern. Um das zu leben, was ich hier beschreibe, gehörte in meinem Fall dazu, dass ich auch mein Beziehungsleben völlig neu ordnen musste. Dazu musste ich erst durch ein tiefes Tal schreiten, um das Scheitern meiner ersten Ehe zu verarbeiten, und dann doch noch ein Glück zu erfahren, das ich nun mit meiner zweiten Ehe erleben darf – und dies in meiner siebten und inzwischen achten Lebensdekade.

Das „aktive Leben" fordert wohl immer auch den Tribut des Scheiterns und des Ausprobierens, der Wagnisse und des Muts zum Neuen. Stehen bleiben wäre oft schön und auch bequem, aber nur das Gehen bringt uns weiter. Das auszuleben was in uns steckt, die Träume und Seifenblasen der Jugend, die Talente, die häufig dem Praktischen und der Notwendigkeit weichen mussten, sie alle kann man mit dem offiziellen Ende des Berufslebens neu auspacken und ihnen eine späte Chance geben. Häufig braucht es dazu nur den Mut zum Scheitern und die Akzeptanz, dass man im Alten, wo man früher vielleicht ein Meister war, im Neuen nun ein Lehrling ist. Aber einer, der auch nichts mehr bringen und beweisen muss! Er darf vielmehr spielen und auf die Uhr schauen, wenn er es selbst für richtig hält. Denn selbst das Geld kommt inzwischen von selbst, und zwar über die Rente oder aus dem Sparschweinchen.

3. Soziale Beziehungen und das Höhere

Schließlich und endlich, als dritter Bestandteil eines „glücklichen und zufrieden stellenden Lebens" sei die *„Sinnerfüllung"*, das Streben nach einem *„tieferen Lebenssinn"* genannt. Dies umfasst einerseits die Einbindung in ein Netz sozialer Beziehungen, in die Familie, im Freundeskreis, in die Gesellschaft, und zum anderen die menschliche Sehnsucht nach „dem Höheren", dem

„Göttlichen", dem „Übersinnlichen" oder auch „Überirdischen". Die ausschließliche Suche des Glücks in der irdischen Lust und Freude erschöpft sich, solange sie in erster Linie auf materialistische Güter und die Befriedigung der Triebe ausgerichtet ist, ziemlich rasch und endet mit einem Gefühl der Leere.
Das altruistische Engagement in der Familie, mit Freunden und in der Gesellschaft, verspricht dagegen einen dauerhaften und auch konstanten Befriedigungspegel, weil die Resonanz für das was man gibt und sich einbringt, eine sofortige ist, mit dem Effekt der beliebigen Wiederholung. „Wie man in den Wald ruft, so schallt es wieder". Will heißen, „wer Gutes tut, wird Gutes ernten". Die Gesellschaft im weiten und im engsten Sinn die Familie oder Paarbeziehung, ist der Resonanzboden für unsere Gefühle, unsere Sinne, unsere Sinnlichkeit. Aristoteles schreibt in seiner „Nikomachischen Ethik", dass die Voraussetzung dafür, mit anderen Freundschaft schließen zu können, *„die Freundschaft mit sich selbst"* ist. Dies hat nichts mit Egoismus zu tun, sondern damit, „mit sich selbst im Reinen zu sein", „gütig mit sich selbst" umzugehen. Im christlichen „Liebe Deinen Nächsten wie dich selbst" wird fälschlicherweise die Betonung meist auf den ersten Teil der Aussage gerichtet. Die Essenz liegt aber im zweiten Teil: Du sollst Dich selbst lieben. Denn wenn Du Dich selbst lieben kannst, dann erst weißt Du, wie Du Deinen Nächsten lieben kannst!

Einer, der (vielleicht) Struktur im Chaos gibt

Der Weg ins Alter ist häufig mit einem Verlust der wertvollen menschlichen Kontakte in Stufen ausgesetzt. Erst verlassen die Kinder das Haus, so um die fünfzig sterben die ersten Freunde oder werden krank, dann verliert man das berufliche Kontaktfeld und zu unguter Letzt stirbt der oder die Partner/in. Die berüchtigte „Einsamkeit des Alters" scheint unausweichlich, an die Stelle personenbezogener Kontakte tritt die verstärkte spirituelle Suche nach dem Höheren, nach einem unvergänglichen, aber nicht genau definierbaren Gott, einer starken, höheren Kraft, die umfassender ist als die des Individuums, dieses „Überirdische", von dem man ein Leben lang glaubte, dass es da ist, dessen Identität man aber genauso lange schon sucht. Doch ist dieser Gott sehr stark von Zweifeln umgeben. Denn dieser Gott des Christentums, des Judentums und des Islams, ist nicht nur ein Gütiger, sondern auch ein lustfeindlicher, ein strafender, einer, der Unrecht und Kriege in dieser Welt zulässt, in dessen Namen Verbote und Verzicht gepredigt, Regeln und Richtlinien aufgestellt werden, ein Gott, von dem niemand mehr so genau weiß, wo er eigentlich wohnt und wie er aussieht. Der gütige Mann mit dem weißen Rauschebart von den Bildern des Mittelalters kann es wohl nicht sein, auch nicht der, der da von einer dicken Wolke herunter schaut. Er muss eher etwas Allumfassendes sein, etwas, das man nicht genau greifen und auch schwerlich erklären kann, etwas, das mit Geborgenheit, altruistischer Liebe und Weisheit zu tun hat. Und einer, der (vielleicht) Struktur im Chaos gibt.

Das persönliche Glück, also der Glückszustand der einzelnen Person, erlaubt somit einen hohen individuellen Gestaltungsraum, der einerseits ein aktives Gestalten und Tun erfordert, zum anderen von einer prinzipiellen geistigen Einstellung gelenkt werden kann. Dieses klare Wort „Einstellungen" wird in aller Regel schnell dahingesagt und in seiner tiefen Aussagekraft nicht wahrgenommen. Sagt es doch ganz deutlich etwas darüber aus, wie man „persönlich eingestellt" oder auch in Neudeutsch, „getuned" ist. Ganz ähnlich wie eine Maschine. Beispielsweise auf „Oberflächenbearbeitung", auf „Tiefbohren", auf „Polieren", auf „Schnell" oder „Langsam". Soll heißen: die „geistige Einstellung" kann man genauso verändern wie seine Körperhaltung oder die Knöpfe an einer Maschine. Man muss nur zunächst herausfinden, wie man überhaupt eingestellt ist, sich dies *bewusst* (von „Wissen-was-ist") machen – und dann wollen –, dass eine Veränderung herbeigeführt wird. Man kann freilich seine Einstellung auch nur zur Kenntnis nehmen und gar nichts weiter wollen.

Als Beispiel eines möglichen Veränderungswunsches sei an dieser Stelle „Rauchen“ erwähnt. Solange die geistige Einstellung besagt, dass es „Spaß macht“, dass man es in gewissen Situationen „zum Entspannen“ braucht, dass es „gut schmeckt“, und „dass es doch nicht so ungesund ist“ und dass man schon gar „nicht damit aufhören kann“, wird man munter weiter rauchen. Wenn man seinen Geist aber umpolt auf: „Ich *will* damit aufhören“, „es ist ungesund“, „ich finde diese Abhängigkeit blöd“, wird man die ersten Entzugserscheinungen durchstehen und auch in der Lage sein, sich von dieser Sucht zu befreien.

Ähnlich verhält es sich mit allem, was gesund oder ungesund, glücklich oder auch nicht ganz so glücklich macht. Zunächst braucht es die Bestandsaufnahme, die Phase des Bewusstwerdens, (also: „Wissen“ und „Werden“) dann die Entscheidung „Ich will das oder nicht“, und dann – im gegebenen Fall – den Plan zur Veränderung.

Zu dieser Bestandsaufnahme gehört auch ein persönliches Wertesystem, das zwar zunächst stark von der Gesellschaft geprägt sein mag, das sich aber im Laufe eines lebenslangen Lern- und Reifeprozesses sehr verändern und den individuellen Bedürfnissen angepasst werden kann. Dazu ein paar Gedanken im folgenden Kapitel.

Werte im Wandel

„Die Dinge haben nur den Wert, den man ihnen verleiht.“
(Molière)

Zum erfolgreichen Aufbruch in einen anderen Lebensabschnitt gehört die Überprüfung dessen, was man mit hinüber schleppen *will* oder *kann*. Wie bei einer echten Wanderung wird man sein Bündel wohl selber tragen müssen und deswegen ist es ratsam, jeden Bestandteil auf seinen tatsächlichen und aktuellen Wert zu testen. Von einzelnen Teilen, die auf einer anderen Reise sehr sinnvoll waren, wird man sich verabschieden, auch wenn der Abschied manchmal schwer fallen mag, bei gewissen Komponenten wird man sich fragen, warum man sie so lange überhaupt mitgeschleppt oder aufbewahrt hat. Das was früher wichtig und wertvoll erschien, erscheint plötzlich als Ballast und gewisse Dinge, die einst als trivial und nutzlos galten, sind nun auf einmal genau die richtigen.

Werte haben in erster Linie subjektiven Charakter, denn selbst ihre objektiv definierten Bestandteile unterliegen dem Wandel. Ein Euro hat im Jahr 2017 einen anderen Wert als im Jahr seiner Einführung, 2002. Sie erhalten in Deutschland für einen Euro eine andere Menge an Waren als in Italien, obwohl ein Euro immer noch ein Euro ist. Ein Schoppen Wein war einmal ein viertel Liter, heute sind es 0,2 Liter und man spricht von einem „ehrlichen Schoppen“, falls es tatsächlich noch einen Wirt gibt, der einen viertel Liter aus schenkt. Genauso verhält es sich beim Bier – eine Halbe war einmal ein halber Liter, heute sind es im besten Fall noch 0,4 Liter. Der objektive Wert hat sich verändert, weil der Preis nach oben ging – der subjektive Wert ist geblieben, weil Sie immer noch gerne Bier trinken und bereit sind, den Preis für einen halben Liter zu zahlen, obwohl nun weniger drin ist.

Bei den subjektiven Bestandteilen vom Wert verhält es sich meist drastisch: Das Foto einer Partnerin (oder das eines Partners), von der Sie sich soeben getrennt haben und das Sie vielleicht zehn Jahre in der Brieftasche mit sich herum schleppten, wird spätestens nach dem Auseinandergehen im Schuhkarton bei all den anderen Bildern mit der Aufschrift „Memorabilien“ landen. Wenn überhaupt! Und viele kunstvoll gestaltete Eheringe sind schon beim Goldhändler gelandet, im Verbund mit alten Zahnfüllungen. Subjektive oder persönliche Werte unterliegen den Funktionen der Seele und nur durch das Bewusstsein oder den Wandel der Zeiten rücken sie in die Objektivität – die allerdings auch keine Konstante ist.

Ich war einmal … – doch was bleibt, ist die Persönlichkeit

Mit Wissen, beruflicher Qualifikation und mit Titeln verhält es sich ganz ähnlich wie mit dem soeben erwähnten Eheringen oder Zahnfüllungen. Einer meiner engen Freunde ist promovierter Ingenieur. Er hatte sein Leben, sogar bis knapp vor seinem siebenundsechzigsten Lebensjahr, für ein bedeutendes deutsches Chemieunternehmen gearbeitet. Auf seiner Visitenkarte stand Dr. Ing. Markus Buchner (Name geändert) und darunter „Prokurist – Bereichsleiter Produktion“. Am Tag der Pensionierung war die Visitenkarte nichts mehr wert, sein fachliches Wissen war das gleiche geblieben, und seinen Doktortitel darf er zeitlebens behalten. Rein objektiv war er „am Tag danach“ von seiner fachlichen Qualifikation und von seinem Wissen derselbe geblieben. Nur subjektiv hatte sich dramatisch etwas verändert: Seine Firma wollte sein Wissen nicht mehr haben, der Nachfolger stand in den Startlöchern und wollte sich selbst bewähren. Dr. Ing. Markus Buchner war zwar immer noch Dr. Ing., aber schlagartig war aus der Aktiva eine Passiva geworden, sein äußerer Wert hatte sich drastisch verschoben. Und sein innerer Wert, sein so genannter Selbstwert – der war angeknackst.

Viele Gespräche mit älteren (oft auch gar nicht so alten) Menschen, die inzwischen eine Pension oder Rente beziehen, beginnen mit dem Satz: *„Ich war mal ... – Oberstudienrat, Abteilungsleiter bei..., Selbstständig als...“* Dabei schwingt häufig Stolz mit, manchmal auch der Versuch, vom Gegenüber noch Respekt zu erheischen für eine Leistung, die sicherlich einmal ihren Glanz hatte – die letztlich aber genauso der Vergangenheit angehört wie die einst tollen fußballerischen Leistungen des Herrn Beckenbauers oder eines Maradonas. Es ist schön und manchmal auch noch ganz interessant davon zu erzählen – aber es ist wie mit Orden, die man sich für Heldentaten aus der Vergangenheit noch anheften kann, deren aktuelle Tat jedoch längst vorbei ist. Schön zu haben, aber sehr häufig ohne Wert für das, was jetzt ist. Das mag anders sein, wenn man in der relativ seltenen Situation ist, dass man sein Berufsleben um ein paar Jahre verlängert, indem man seine Dienste noch zeitweilig als Berater oder Coach anbieten kann, als Aufsichtsrat, als „Senior Expert“, bei „Ärzte ohne Grenzen“ oder dergleichen (Adressen und Links folgen in einem späteren Kapitel). Grundsätzlich ist es jedoch so, dass das zählt, was Jetzt ist, und was man an Positivem aus der Vergangenheit in die Gegenwart mit hinein nehmen kann: Die persönlichen Stärken, die menschlichen Erfahrungen, Kontakte und Beziehungen, vieles an Können, Fertigkeiten und Talenten, die man im Beruf einsetzen konnte, die aber über das hinaus reichen was die bisherige Tätigkeit ausmachte, denn diese ist in aller Regel mit der Pensionierung zu Ende.

Bei einer Tagung überreichte mir einmal ein schneidiger älterer Herr eine Visitenkarte auf der zu lesen war: „Wolfgang Bukow – Staatssekretär a. D.“, also „außer Diensten“ (Name geändert). Der Hinweis auf die ehemalige Tätigkeit aus der Vergangenheit war dazu ausersehen, in der Gegenwart noch Respekt zu erheischen. Beinahe peinlich. Denn „a. D.“ klingt, wenn man es ausspricht, wie „Ade“ und dies wiederum heißt auf gut Schwäbisch schlicht und einfach „Tschüs“. Also „Herr Staatssekretär, Tschüs!“, oder so. Wer´s denn braucht ... Das alles hat etwas zu tun mit „Nicht-loslassen-können“ und „Festhalten wollen an der Vergangenheit“. Ein nicht anerkennen wollen, dass das Leben dynamisch ist und gerade in der Dynamik die eigentliche Lebendigkeit steckt, nicht in der Statik.

Was bleibt, ist die Persönlichkeit! Dies ist der wahre Wert, den Sie mitnehmen in die Pension oder in die Rente. Das, was Sie aus sich selbst in dieser langen Zeit ihres Berufslebens gemacht haben, unabhängig vom Nimbus und Status ihrer ehemaligen Position. Es ist nun, in diesem neuen, beschaulicheren Lebensabschnitt, viel mehr die Zeit, verdrängte oder vernachlässigte Werte zu verstärken, die etwas mit dem gesamten Bereich der Ethik und Charakterbildung zu tun haben, mit Familie und Freunden, mit Würde und mit Milde, mit Menschlichkeit und mit Selbstrespekt. Die *materiellen* Werte, die Sie haben wollen, müssen Sie bis zu dieser Lebensphase alle geschaffen haben, denn entweder Sie haben sie – oder werden sie (in aller Regel) nicht mehr bekommen! Es wäre sinnlos, etwas hinterher zu laufen, was man nicht mehr erreichen kann. Genauso wie es sinnlos ist, an etwas fest zu halten, was der Vergangenheit angehört. Sie können sich also in aller Ruhe auf das besinnen, was wirklich zählt. Denn die nächste große Stufe – auch darüber muss man reden – ist der Tod. Und das letzte Hemd hat bekanntlich keine Taschen. Selbst der schönste Grabstein bleibt dennoch nur ein Grabstein, ein steinernes Etwas, auf dem vielleicht noch Ihr Name steht, aber was darunter liegt hat ausgelebt, ist ein verblichener Wert der Endlichkeit.

Wenn Sie sich von Ihrem Berufsleben verabschieden (oder verabschiedet werden) gerät ein ganz erheblicher Wert ins Wanken, nämlich ein wesentlicher Teil Ihrer Identität an sich. Und nicht nur das! Ihr Beruf gab Ihnen Status, finanzielle Sicherheit, ich unterstelle auch viel Spaß und Freude, Kommunikation mit anderen Menschen, häufig auch Macht und die Möglichkeit, zumindest fachlich zu wachsen. Die Liste lässt sich beliebig lange fortsetzen, positiv wie negativ. Tatsache ist jedoch, dass dieser ganz wesentliche Wert in Ihrem Leben mit dem Tag Ihrer Pensionierung kollabiert und dass daher andere Werte in den Vordergrund geschoben werden oder gar gänzlich neu gefunden werden müssen. Die buchstäbliche *Neubewertung* all dessen, was bisher wertvoll und wichtig erschien, ist also unvermeidlich. Es hilft kein Wegschauen und auch kein Selbstbetrug!

Selbst wenn sie zu der auserlesenen Kaste derer gehören, denen man für eine gewisse Zeit noch einen Beratervertrag anbietet, oder wenn Sie vom Vorstand in einen Aufsichtsrat wandern können, Sie sind nie mehr die Persönlichkeit, die Sie einmal waren. Von heute auf morgen sind Sie nicht mehr Stürmer, sondern sitzen im besten Fall noch auf der Reservebank und gucken zu, wie sich die anderen die Bälle zuspielen. Sie können den anderen Beifall klatschen oder sich über die Flaschen auf dem Spielfeld ärgern. Sie haben jedoch die freie Wahl zu sagen *„Ich darf nicht mehr mitspielen“* oder auch *„Ich muss mich nicht mehr plagen“*.

Zunächst neigt man gerne zu ersten Version, obwohl die zweite komfortabler ist. Man unterliegt automatisch den gewohnten Wertvorstellungen, die besagen, dass nur derjenige wertvoll ist, der ständig die Bälle ins Tor knallt. Die Zuschauer braucht man aber genauso, weil sonst keiner da ist, der Beifall klatscht. Wobei nichts und niemand besagt, dass Sie ab der Pensionierung nur noch passiver Zuschauer sein müssen. Ganz im Gegenteil! Sie haben, bei positiver Sichtweise, eine weitaus breitere Anzahl von Möglichkeiten, weil Sie nämlich Zeit haben, die Sie vorher nicht hatten. Sie müssen sich nur neu orientieren und die Zeit entsprechend einsetzen. Diese Neuorientierung ist keinesfalls einfach, denn Sie müssen sich ja erst einmal wieder selbst finden, ihre eigene Struktur erforschen, den selbständigen Umgang mit der freien Zeit erlernen. All dies braucht sehr viel Geduld und Güte mit sich selbst – weil vieles neu und ungewohnt ist! Denn nach dem Sonntag kommt kein Montag mehr und fünf Tage, die bis Freitag durchgetaktet waren, sondern im Prinzip schon das nächste Wochenende. Jeder Tag könnte also ein Samstag oder Sonntag sein – wenn man will und sich dies geistig zugesteht!

Loriot, Schmidt, Spiller, Stumpf

Es gibt zwei großartige Filme, die die Situation von Männern bei ihrem Berufsende auf drastische, aber sehr eindrucksvolle Art darstellen und die ich jedem angehenden Pensionär als

Lehrbeispiel sowie zum Schmunzeln empfehlen kann (beide als CD oder DVD verfügbar): *„Papa ante Portas"* von und mit Loriot, und *„About Schmidt"* mit Jack Nicholson. Loriot zeigt auf sehr humorvolle und komische Art, was man als Mann alles falsch machen kann, wenn man versucht, seine Arbeitswelt auf den Haushalt und seine Familie zu übertragen, und er stellt auch tiefgründig dar, wie sehr doch Papa zu Hause ein Fremder geworden ist, dem es zusätzlich schwer fällt, eine neue Rolle für sich selbst zu finden. Der drastische Fall vom respektierten „Direktor Lohse", der völlig unvorbereitet zum Rentner wird und sich als Hausmann versucht, ist einfach zu drastisch und auch ganz logischerweise zum Scheitern verurteilt. Jedoch von Loriot herrlich gespielt, die Rolle des „Hausmanagers" allerdings keineswegs zum Nachahmen empfohlen!

Auch in *„About Schmidt"* geht es um einen leitenden Angestellten, der an jenem bestimmten Tag, Punkt 17 Uhr seinen Aktenkoffer nimmt und nach einem strukturierten, arbeitsreichen Leben, jedoch ohne klare Zukunftsperspektiven, in den Ruhestand geht. *„Was habe ich im Leben erreicht"*, und zwar *außerhalb meines Berufs*, ist die Frage, die Warren Schmidt nachhaltig bewegt und auf die er keine befriedigende Antwort findet. Dieser Film verzichtet auf die Lacheffekte eines Loriot, regt aber mit anderen Blickwinkeln genauso und auf wundersame Weise, ergänzend zu *„Papa Ante Portas"*, zum Nachdenken an. So zum Beispiel, als Schmidt, gespielt von einem großartigen Jack Nicholson, drastisch über seine langjährige Ehefrau und die eingeschlafene Beziehung lästert, dann aber, als seine Frau unerwartet stirbt, deren vertrauten Wert erst so richtig in der Erinnerung zu schätzen weiß. Oder wie er von Anfang an darunter leidet, nicht mehr gebraucht zu werden, bis er schließlich – zumindest kurzzeitig – einen neuen Sinn für sich selbst darin findet, indem er die Patenschaft für einen kleinen Jungen in Afrika übernimmt. Das Ende bleibt dennoch offen: Denn Schmidt wird weiter suchen müssen! Die Patenschaft allein reicht bestimmt nicht lange aus. Schmidt muss sich neu definieren, neu erfinden.

In diesem Zusammenhang möchte ich auch ein sehr ehrliches, wenn auch nicht gerade aufbauendes Buch (leider vergriffen) von Hansjürgen Spiller erwähnen: *„Das Post Professional Life – oder Das Leben danach"*, mit dem Untertitel *„Wie ein Manager ohne berufliche Herausforderungen zurechtkommt"*. Er tut sich sehr schwer damit, und man kann es auf 63 Seiten nachlesen. Genau wie Loriot als „Herr Direktor Lohse", der er am Tag nach der Pensionierung nicht mehr ist; genau wie „Vice President Warren Schmidt", der auch nicht mehr das ist, was er einmal war und Probleme hat, solange er keine neue Rolle gefunden hat.

Und wie war es bei mir selbst? Es gab auch ein Loch. Aber erst nach etwa zwei Jahren. Erst reiste ich und versuchte mich an ein Leben ohne Vorgaben zu gewöhnen. Dann schrieb ich über den Prozess meiner Frühpensionierung und wie es mir persönlich dabei ging ein Buch („Ausstieg mit Mitte 50"). Bis dahin schien alles gut gegangen zu sein. Aber folglich, als das Buch sogar sehr schnell einen Verlag gefunden hatte, kam die Leere und die entscheidende Frage: „Was nun?", auf die ich keine schnelle Antwort hatte. Dazu kam eine Beziehungsentscheidung und ich fand mich irgendwann sehr alleine mit mir selbst. Ohne Partnerin, ohne Kunden und Kollegen, gänzlich ohne Vorgaben, mit viel zu viel Zeit und plötzlich ohne Kraft, diese sinnvoll zu füllen und neue Aufgaben anzupacken. Wenn auf einem Fest oder bei einer Veranstaltung jemand von sich erzählte, was er so machte und mich dann fragte, „Was machen Sie?", dann spürte ich einen innerlichen Druck, etwas ebenso Wichtiges oder Bedeutungsvolles von mir zu erzählen und gleichzeitig eine innere Scham, so etwas wie ein „Rentner" zu sein und nicht mehr der Angestellte einer großen Firma, der vermeintlich wichtige Projekte managte, die über das eigene Arbeitsleben hinaus gehen sollten. Es war auch für mich nicht leicht, den Dreh zu finden – und er kam erst, als ich begann, ein Seminar zu entwickeln, das genau denjenigen helfen sollte, die sich im Übergang vom Berufsleben in die Pensionierung befanden. Mein erstes Buch zu dem Thema öffnete zusätzlich einige Türen und ich hatte plötzlich eine erfüllende Aufgabe sowie die Anerkennung und Bestätigung für mein Tun, die ich zugegebenerweise und namentlich in diesem Tal in dem ich mich befand, auch brauchte. Ab da fühlte ich mich wieder sehr wohl und zufrieden mit mir selbst. Ich hatte erneut einen sinnvollen Inhalt – aber das Ventil dazu völlig in der eigenen Hand. Den Druck bestimme ich nun selbst und den Durchlauf ebenso. Ich *muss* ja nichts mehr! Ich kann mich mehr auf die Kür beschränken als auf die Pflicht.

Aber auch das muss man lernen und braucht dafür seine eigene Zeit. Und ein paar geschätzte Wertvorstellungen muss man dieser neuen Zeit wohl anpassen!

Falls Sie der Schublade Rentner entgehen wollen und meinen, doch noch eine Visitenkarte zu brauchen, dann hier zwei Vorschläge: Schreiben Sie Ihren Namen drauf, eventuell versehen mit Ihrem akademischen Titel, und darunter „Freizeitgestalter". Oder „Aktivist". Das erzeugt Neugier und Fragen, etwa in der Form „Was is 'n das?" Manche wählen den Begriff „Privatier"; was jedoch etwas angestaubt klingt. Die meisten Menschen brauchen aber gar keine „business card" mehr.

Über Gott, den Tod und ein Leben danach

„Am Ende stellt sich die Frage:
Was hast Du aus Deinem Leben gemacht?
Was Du dann wünschst, getan zu haben, das tue jetzt.“
(Erasmus von Rotterdam)

Zur inneren Vorbereitung auf das Berufsende oder noch besser, den Prozess des Älterwerdens, gehört auch die deutliche Benennung dessen, was am Ende einer Zeit kommt, von der man im Alter um die sechzig mit hoher Wahrscheinlichkeit drei Viertel – oder sogar noch mehr – gelebt hat. Auch wenn das Thema, genau wie das Wort „Gott", von dem einen oder anderen Leser verdrängt werden mag, so glaube ich fest, dass man der Auseinandersetzung mit dem Tod nicht ausweichen kann und auch nicht sollte. Hilft es doch, sich namentlich über die Kostbarkeit der Zeit bewusst zu werden. Die Klarheit, dass dieses eine Leben begrenzt ist, und dass das, was noch vor einem liegt um Dimensionen kürzer ist als das, was hinter einem liegt, kann helfen, dass man viel schneller die Spreu vom Weizen trennt und sich auf das konzentriert, was einem persönlich gut tut.

In mir selbst habe ich im Laufe meines dreiundsechzigsten Lebensjahres eine spürbare Veränderung meiner Wahrnehmung festgestellt, die mir am deutlichsten auffiel, als ich mich in der Natur bewegte. Der damalige Herbst und die Veränderungen der Bäume, das Absterben der Blumen nach dem ersten Frost, machten mich nachdenklicher als sonst. Dann, das langsame Erwachen neuen Lebens im folgenden Frühling, nach dem Winter. Eine Binsenweisheit wurde zur Klarheit, dass etwas Abfallen und Sterben musste, damit Platz für neues Leben ist, und ich beobachtete bewusst, wie dieses neue Leben keimen wollte. Die Kraft und diese Freude des Wachsens, dieses volle Werden im Frühsommer der Blätter und der gesamten Vegetation. Ich kam nicht umhin, den Vergleich und das Verhältnis zu meinem eigenen Leben zu suchen. Waren das doch Bäume, die noch immer da sein würden, wenn meine restlichen fünf, zehn oder auch vielleicht noch zwanzig Jahre abgelaufen sind. Werden sie diesen Prozess des Erneuerns doch weiter führen, wenn ich nur noch ein Häufchen Asche oder Erde bin. Und dieser Fluss vor meiner Haustür, in dem Park, in dem ich täglich spazieren gehe – er wird weiter fließen. So, wie er floss, als es mich noch nicht gab, genau so wie er fließen wird, wenn es mich nicht mehr gibt. Meine eigene Verhältnismäßigkeit, das Bewusstsein, das ich nur Gast auf dieser Erde, und dies nur für kurze Dauer sein kann, kann nicht mehr ausgeblendet werden. Und wenn ich kleine Kinder betrachte, wie sie ihr Leben erforschen, neugierig und spielerisch, so sehe ich auch hier den Unterschied deutlicher als früher. Sie sind am Anfang ihres Wegs, und ich irgendwo am Ende; werde irgendwann diese Straße gänzlich frei machen müssen, damit sie an mir vorbei kommen, so, wie ich meinen Platz bei Hewlett-Packard frei machte, damit die Jüngeren den ihren einnehmen konnten. Diese ständigen Wiederholungen von Kommen und Gehen, von Leben und Sterben, mit unterschiedlichen Lebenszeiten und Lebensinhalten. Sowie einer klaren Grenze, die zu übersehen eine Dummheit wäre!

Bei der Beerdigung meines Schwiegervaters las der Pfarrer folgende Worte vor, die mich sehr nachdenklich machten und die ich gerne an Sie weitergeben möchte: (Hiob 14, I-2.10-13b)

Der Mensch, vom Weibe geboren,
lebt kurze Zeit und ist voll Unruhe,
geht auf wie eine Blume und fällt ab,
flieht wie ein Schatten und bleibt nicht.
...
Wie Wasser ausläuft aus dem See
Und wie ein Strom versiegt und vertrocknet,
so ist ein Mensch, wenn er sich niederlegt,
er wird nicht wieder aufstehen;
er wird nicht aufwachen,
solange der Himmel bleibt,
noch von seinem Schlaf erweckt werden.

...

Die Aussage ist unübertrefflich in ihrer Klarheit, um die Hoffnung auf eine „Wiederauferstehung" im günstigsten Fall gerade noch als Metapher mit unterschiedlichen Auslegungsmöglichkeiten deuten zu können. Die Ausgabe des evangelischen Magazins chrismon vom Juni 2007 bietet diesbezüglich folgende Ergänzung:

„Die Rede von der Auferstehung ist eine Symbolrede voll unterschiedlicher Bilder. Auch in der Bibel bezeichnet die Auferstehung der Toten an verschiedenen Stellen Unterschiedliches: mal das endzeitliche Verlassen der Gräber ohne Blick auf das Endgericht, mal gerade die Auferweckung zum Gericht; mal ist die Rede von der Verwandlung der Lebenden (das hofft der Apostel Paulus), mal wird selbst die Taufe als eine Auferstehung von den Toten bezeichnet.

Das zeigt zugleich: Sie geschieht täglich, nicht erst am Ende der Tage. Es kann ein unverhofftes Wiedersehen mit einem Zerstrittenen sein ebenso wie die erlösende Nachricht eines Arztes, die Lebensfreude aufgrund der Geburt eines Kindes wie die neue Freundschaft zu einem Fremden.

Werden wir alle auferstehen? Im weitesten Sinne ja. Die „Auferstehung der Toten" ist ein anderes Wort für das Handeln Gottes, „der die Toten lebendig macht und das, was nicht ist, ins Dasein ruft" (Römerbrief 4,17). Auferstehung kann jeder erleben."

Ich zitiere diese Worte deshalb, weil ich ähnlich klare Aussagen bislang nur bei den Buddhisten gehört hatte und inzwischen weiß, dass die Hoffnung auf eine Wiedergeburt sehr abstrakt gesehen werden muss. Diesen Leib, an den man sich gewöhnt hat und den man vielleicht auch lieb gewonnen hat, kann man mit Sicherheit nicht mitnehmen. Wohin auch? Und was ist mit der „Unsterblichkeit der Seele" von der in fast allen Religionen die Rede ist? Was ist überhaupt mit „Gott"? Gibt es überhaupt einen Gott? Und wenn, welchen? Wie wird er definiert? Wo ist er? Vielleicht ist die richtige Antwort jeweils eine rein persönliche.

Auf die Frage, an welchen Gott er glaubt, sagt Bernhard Schlink („Der Vorleser") diese schönen Worte: *„Ich denke, Gott ist eine Erfindung des Menschen – vielleicht die größte. Darum ist er nicht etwa nicht wichtig; auch Kunst und Wissenschaft sind Leistungen des Menschen..."* (chrismon 06/2008).

Dies sind grundsätzliche Fragen, mit denen sich Jeder im Laufe des Lebens irgendwann einmal auseinander gesetzt hat, für die auch ein Jeder versucht hat, eine oder seine eigene Antwort zu finden. Fragen, die gegen Ende eines Lebens wahrscheinlich dringlicher werden, weil man ja gerne wissen möchte, wie es weiter geht und ob es überhaupt weiter geht. Ob etwas bleibt. Ob es sich gelohnt hat, in diesem Leben Meriten durch „gute Werke" gesammelt zu haben, oder ob ein Gauner, ein Mörder, am Schluss genauso da steht.

Suche nach schlüssiger Antwort müßig

Die Suche nach einer schlüssigen Antwort ist jedoch müßig! Denn um Gott oder die Unsterblichkeit der Seele zu verstehen, müsste man sich auch die Endlosigkeit des Universums vorstellen und beschreiben können. Kann man aber nicht! Denn dazu müsste man die dreidimensionale Beschränktheit unseres Gehirns überwinden. Dieses Hirn kann aber nur in drei Dimensionen denken – Länge, Breite, Höhe – und jede davon hat ein klares Maß, einen Anfang und ein Ende. Eine Endlosigkeit ist unvorstellbar. Genauso wenig kann sich dieser menschlich beschränkte Geist einen Gott, eine höhere Ordnung, ein übergeordnetes System vorstellen, das größer ist als er selbst. Es geht nicht. Denn dazu müsste dieser Geist in der Lage sein, über sich selbst hinaus zu wachsen. Kann er aber nicht. Ein Albert Einstein, ein Stephen Hawkins oder sonstige Superhirne waren oder sind bestimmt in der Lage in Sphären zu denken, die dem durchschnittlichen Menschen verschlossen bleiben. Das Universum oder Gott begreifen können sie dennoch nicht, weil sie sonst über sich selbst und über die menschliche Fähigkeit insgesamt hinaus wachsen müssten. Ihre Erklärungen zum Universum, zu Gott, zur Seele, werden immer nur Vermutungen bleiben können, die einer ständigen Erneuerung unterliegen und in ihrer Beweisführung immer im Dunkeln bleiben müssen. Der menschliche Geist verschiebt ständig die Grenzen – um sofort wieder neue abzustecken. Jedes Gehirn kann letztlich nur in Konstrukten denken, die in ihrer Logik unter diesem Gehirn liegen, aber nicht darüber. Genau wie jede Religion zu diesen Fragen nur Erklärungsmodelle liefern kann, verbunden mit einem Moralkodex, der helfen soll, das Zusammenleben der Lebewesen und mit der Natur zu strukturieren. Inwieweit man sich diesen unterwirft und für unumstößlich hält, ist individuelle Glaubenssache und die Freiheit dazu im Artikel 4, Absatz 1 des Grundgesetzes der Bundesrepublik Deutschland geregelt.

Es bleibt die Folgerung, dass man seine Freiheiten nutzt, um jeden Tag bewusst leben zu können, denn es könnte der vorletzte sein! Und wer meint, dass Leben gleichzusetzen mit Leiden ist (wie schlecht übersetzte buddhistische Texte suggerieren), dem sei verraten, dass man es genauso gut genießen kann!

Die nun folgenden Abschnitte mögen Ihre Gedanken wieder zurück auf dieses jetzige Leben lenken, mit dem Versuch, Ihnen noch ein paar praktische Anregungen zum Umstieg vom Berufsleben in die Zeit danach zu geben, und die hoffentlich auch helfen, diesbezüglich neue Inhalte und Ziele zu finden.

DRITTER TEIL

Die Umsetzung

Wann und wie: Der richtige Zeitpunkt zu gehen und verschiedene Varianten

„Wer zu spät kommt, den bestraft das Leben."
(Michail S. Gorbatschow)

Die Zahlen, wer im Alter um die sechzig überhaupt noch sozialversichert beschäftigt ist, wurden im 1. Teil, unter „Formelles" dargestellt. Zur Erinnerung: Es ist inzwischen wieder mehr als die Hälfte der deutschen Bevölkerung. Wie wichtig und geradezu notwendig ein „Tun", also eine Beschäftigung im weiteren Sinn auch nach dem offiziellen Arbeitsleben ist, wurde in Abschnitt 2 verdeutlicht. Wer allerdings so um die sechzig herum immer noch Workaholic ist und sich schwer damit tut, kürzer zu treten, obwohl er dies finanziell könnte, dem sei eine simple Arithmetik vor Augen geführt:

Unter der recht positiven, aber nicht ganz unrealistischen Hoffnung, dass man mit 80 stirbt und mit so um die 60 in Rente geht, dem bleiben noch 20 Jahre oder ein Drittel der bisher gelebten Zeit. Davon mögen noch 10, vielleicht auch 15 Jahre *gute Jahre* sein. Vielleicht auch weniger. Wer erst mit 65 gehen kann, dem bleiben 15 Restjahre und davon möglicherweise nur noch 5 oder auch 10 „gute Jahre". Die Endlichkeit des Lebens mag man zwar gerne verdrängen – und das funktioniert recht gut in jungen Jahren – aber wer selbst erst einmal die 60 überschritten hat, dem mag dies nicht mehr so ganz leicht gelingen. Der Körper gibt deutliche Hinweise, und der Arzt macht immer häufiger beunruhigende Feststellungen. Irgendwann ist es an der Zeit, sich die Frage zu stellen: *„Was habe ich noch vor und was kann ich noch erreichen?"* Und wie schon in früheren Lebensabschnitten, ist auch hier die Antwort zugleich die mögliche Lösung!

Wenn man sich der Aussage anschließt, dass der Inhalt des Lebens ein „Tun" oder „Schaffen" ist, dann fällt es leichter, das Ende einer bestimmten Tätigkeit (im konkreten Fall die des

Berufslebens) weder mit den Ängsten einer bevorstehenden Katastrophe zu erleben, - aber auch nicht mit Euphorie, so wie im Falle einer Last, die man endlich loswerden kann. Das Leben geht ohnehin weiter! Nur häufig mit neuen Tätigkeitsbereichen, in einem veränderten Umfeld, mit einer reduzierten Geschwindigkeit, und möglicherweise mit einer ganz anderen Werteskala (für die man selbst verantwortlich ist!).

Wann nun der richtige Zeitpunkt ist, und wie man seinen Ausstieg vollzieht, ist in jedem Fall individuell zu beantworten. Oft wird einem die Entscheidung aus der Hand genommen. Das Wann kann mit einer bestimmten Altersgrenze fremd bestimmt sein, für das *Wie* gibt es mehrere Varianten. Selbst bei Vorständen in zahlreichen internationalen Unternehmen, wie BP oder auch BMW, gilt immer noch die magische Grenze von sechzig und damit ist das *Wann* auch schon definiert. Dann hat Schluss zu sein, egal wie gut die Person noch ist. Sinnvoll oder nicht! Für das Heer der Angestellten oder Beamten gilt die allgemeine Regelgrenze von 65 mit Tendenz in Richtung 67, wobei beide Gruppen weiter arbeiten „dürfen" – sofern es einvernehmlich vereinbart wird.

Der bekannte SPD-Politiker Hans-Jochen Vogel, damals um die Achtzig, sagte in einer Fernsehsendung zum „richtigen Zeitpunkt" des Ausstiegs: *„Man muss seinen Schlusspunkt selber setzen, und zwar dann, wenn seine Mitmenschen sagen: 'Schade dass er geht und nicht wenn alle warten bis er geht'."* Und kurz darauf fügte er hinzu: *„Jeder ist gut beraten, selber den Schlusspunkt zu setzten. Auch für den Lebensabschnitt danach ist das enorm wichtig!"* Ich glaube, diesen Ratschlag sollte man sich auf der Zunge zergehen lassen.

Zum *„Wie man aufhört"*, gibt es die abrupte und die gleitende Variante. Wer sich vom Bürostuhl fortan nur noch auf dem Golfplatz bewegt, hat eindeutig die abrupte Version vollzogen. Wer beispielsweise vom Vorstandssessel in den Aufsichtsrat rückt oder künftig eine mit der vorherigen Tätigkeit verbundene Berater- oder auch Lehrtätigkeit wahrnimmt, erlebt dagegen eine gleitende Variante. Manche dieser Nachfolgetätigkeiten münden allerdings in eine regelrechte neue Karriere mit demselben Arbeitsvolumen wie vorher und damit ist der „Ausstieg aus dem Beruf" eigentlich keiner, sondern lediglich ein Umstieg.

Für Selbstständige ist oft ein gleitender Ausstieg aus dem Berufsleben die richtige und auch bequemste Lösung. Auch hierzu zwei aktuelle Fälle:

Fall 1: Hubert Lortzing ist Bausachverständiger in Köln (Name und Ort geändert) und seit vielen Jahren recht gut im Geschäft. Hat er sich früher um gute Kontakte zum Gericht, zu Architekten und einigen Rechtsanwälten gekümmert, lässt er seine Tätigkeit allmählich „einschlafen", indem er sich bereits seit 2 Jahren kaum noch um Kontakte kümmert und nur noch diejenigen Aufträge bearbeitet, die ihm quasi von selbst ins Haus getragen werden. Inzwischen hat er die 65 überschritten, fährt mit seiner Frau viermal im Jahr in Urlaub und arbeitet maximal noch 20 Stunden in der Woche. Tendenz sinkend.

Fall 2: Dr. Inge Schulze betrieb eine gut gehende Praxis für Neurologie und Psychotherapie, die sie durchschnittlich 50 Stunden pro Woche beschäftigte. Nachdem sie diese, im Alter von 62 an eine Nachfolgerin übergeben und auch auf ihre Kassenzulassung verzichtet hatte, behandelt sie nun nur noch ein paar Privatpatienten, für maximal acht Stunden, verteilt auf zwei Tage. „Wenn ich mich von meinem Beruf entwöhnt habe", so erzählt sie, „dann höre ich in etwa zwei Jahren ganz damit auf".

Es gibt auch Menschen, die schon sehr früh ihren Beruf an den Nagel hängen, zumindest den Versuch machen. Einer davon ist Michael Schumacher. Mit 37 verabschiedete er sich zum ersten Mal hochoffiziell vom Kurvendrehen – was ihm bei einem geschätzten Jahreseinkommen von 70 Millionen Euro auch relativ leicht gefallen sein dürfte. Dennoch, kaum zwei Jahre stieg er bei einem anderen Rennstall wieder ein. Mit mäßigerem Erfolg. Jün-gere Männer waren da, wo er vorher war. Vielleicht hätte er damals gleich ganz was anderes machen sollen, – vielleicht mit weniger materiellem, dafür mit mehr ideellem Wert und einem anderen Spaßfaktor. Gleiches gilt für viele Leistungssportler.

Like a Rolling Stone

Stellvertretend für die vielen, die überhaupt nie aufhören wollen oder können, erwähne ich hier den Fall von Berthold Beitz, dem legendären Vorsitzenden der Alfried-Krupp-von-Bohlen-und-Halbach-Stiftung und Ehrenvorsitzenden des Aufsichtsrats der Thyssen-Krupp AG. Im Juli 2013 verstarb er nach ganz kurzer Krankheit, kurz vor seinem hundertsten Geburtstag. Über 65 Jahre hat er die Geschicke seiner Firmen bestimmt und ging fast noch jeden Tag in sein Büro. Oder den Alt-Kanzler und Kettenraucher Helmut Schmidt, der selbst Ende Achtzig noch respektable Zeitungsartikel und ganze Bücher schrieb, ähnlich wie sein Freund, Henry Kissinger. Ein Beweis dafür, dass man nicht nur für Geld arbeitet, sondern dass es um das Tun an sich geht, um einen sinnvollen Lebensinhalt. An dieser Stelle seien auch noch die unzähligen Künstler genannt, bei denen Geld längst schon keine Rolle mehr spielt – ich nenne den Schauspieler Mario Adorf, einen Achtziger und Publikumsliebling, Barbara Rütting, die mit Achtzig noch im Bayrischen Landtag saß, oder Picasso, der wie viele seiner Branche, bis zu seinem späten Lebensende malte – oder malen musste.

Welchen Riesenspaß man mit seinem Tun – und überhaupt mit seinem Schaffen – auch noch im Alter von deutlich über sechzig haben, wie man auch noch als „Alter“ in der Lage sein kann, Menschen mitzureißen, das zeigt der Film von Martin Scorcese über die Rolling Stones, *„Shine a Light“*. Erst ist man erschrocken, wenn man in die faltigen Greisengesichter von Mick Jagger und Keith Richards in Großaufnahme blickt, man fragt sich unwillkürlich was das Ganze noch soll, erwartet die brüchige Stimme von Wackelopas – und dann geht's los. Über zwei volle Stunden. Und am Schluss ist man begeistert, hofft auf noch ein Konzert und noch ein Konzert und dass diese Typen nie aufhören mit ihrer Arbeit, findet sich selbst beinahe wie vor vierzig Jahren und ist überzeugt, man gehört längst noch nicht zum alten Eisen. Man nimmt sich spontan vor, den Körper wieder öfter von der Couch zu heben um auch nur annähernd wieder so beweglich zu werden wie Mick Jagger, man vergleicht seine eigenen Falten mit denen von Keith Richards, verdrängt jeden aufkeimenden Gedanken an den Schönheitschirurgen, denn diese beiden Kerle sind einfach schön, mit ihren Gesichtern voll gelebten Lebens! Ja, und plötzlich glaubt man wieder, man könnte auch noch viel. Wenn man sich nur nicht schert, was die Umwelt denkt und wenn man einfach weiter geht, das scheinbar Unmachbare zum Machbaren macht und sich traut, das Paradox herauszufordern – *„Like a Rolling Stone!“* Ein Tipp: Suchen Sie auf You Tube deren Konzert auf Kuba. Da war Mick Jagger unfassbare 73! Um zu beweisen, dass dieses Privileg nicht nur *Runzel-Männern* vorbehalten bleibt, sondern dass auch Frauen zu derartigen Leistungen fähig sind, nenne ich nur einen einzigen Namen: Tina Turner. Bei ihrem letzten Abschiedskonzert (sie hatte mehrere) war sie an die siebzig – und gut wie mit vierzig, in jedem Fall besser als mit zwanzig.

Dass nicht nur die Großen und Bekannten dieser Welt gerne arbeiten, beweist folgende kurze Geschichte aus der Süddeutschen Zeitung vom 23. März 2006 in der Rubrik „LEUTE“:

Arthur Winston, 100, Angestellter einer amerikanischen Eisenbahngesellschaft, hat sich pensionieren lassen. Bis zu seinem 100. Geburtstag am Mittwoch arbeitete er 75 Jahre bei derselben Firma. „Ich bin etwas nervös, meinen Job aufzugeben“, sagte er an seinem letzten Arbeitstag, „ich werde meine Kollegen vermissen.“ Der Baumwollpflücker heuerte 1924 bei der Pacific Electric Railway an. In seiner gesamten Dienstzeit hat Winston nur einen Tag gefehlt, 1988, als seine Frau starb.

Es gibt jedoch auch Negativbeispiele! Menschen, denen das Leben einen Fingerzeig nach dem anderen gibt und die trotzdem nicht aufhören können oder wollen. Auch dazu ein aktueller Fall aus meinem persönlichen Umfeld:

Martin Schmidt ist Rechtsanwalt in Berlin (Name geändert), unter seinen Kollegen anerkannter Spezialist in Sachen Arbeitsrecht. Aufgrund seiner Qualifikation und Erfahrung wird er vom Gericht sogar als Schiedsrichter bestellt. Seine Kanzlei ist respektabel, um Mandate muss er sich keine Sorgen machen. Allerdings ist Herr Schmidt inzwischen 72 und was kaum einer weiß, seine persönlichen Probleme und die seiner Gesundheit versteckt er mit äußerstem Kraftaufwand hinter einer Fassade von Geschäftigkeit. Die Diagnosen seiner Ärzte, darunter inzwischen auch ein Psychiater, nimmt er zwar zur Kenntnis, schluckt aber lieber Antidepressiva und Tranquilizer. Seine Scheidung hat er längst hinter sich, nach wechselnden Beziehungen lebt er inzwischen seit Jahren allein. Sein privater Freundeskreis hat sich auf ein oder zwei Personen reduziert und auf das gelegentliche „Guten Tag" mit den Nachbarn. Ihm ist zwar klar, dass er in einer totalen Sackgasse steckt, aber er sagt, nun habe er nicht mehr die Kraft, sein Leben zu verändern und lässt sich lieber weiter treiben. Prognose: Schlecht!

Ein trauriger Fall, aber leider kein Einzelfall! Die Geschichte ist voll mit Personen, die ein großartiges Lebenswerk vorweisen können, die aber nicht den Mut hatten, rechtzeitig den Stab weiter zu reichen. Max Grundig war so einer, der bis weit über siebzig im Stuhl hängen blieb und schließlich sein Weltunternehmen den Bach runter gehen sah. Außer dem Namen ist nichts mehr da, und der gehört inzwischen einer türkischen Firma. Mit Nixdorf war es ähnlich. Und Konrad Adenauer machte sich mitsamt seiner ganzen Partei lächerlich, als er noch im Greisenalter von 88 in den Wahlkampf ziehen sollte. Oder die Peinlichkeit von Heide Simonis (damals 61), die 2005, nach der Wahlniederlage, eine Große Koalition in Schleswig-Holstein mit den Worten ausschloss: „Und wo bleibe ich dabei?" Aus der Welt der Musik kann man die klägliche Situation der Festspiele in Bayreuth 2008 benennen, wo der Wagner-Enkel, Wolfgang Wagner, schließlich nur unter gehörigem Druck auf seinen Vertrag auf Lebenszeit verzichtete. Im Greisenalter von neunundachtzig, und nach siebenundfünfzig Jahren im selben wohligen Job.

Die Frage *„Wann"* und *„Wie"* man sich aus seinem Berufsleben verabschiedet – und in gewissen Fällen „ob überhaupt" – verliert ihre Schärfe dann, wenn man den Abschluss als Chance erkennt und nicht als Bedrohung. Dabei können Zwischenschritte hilfreich sein – sofern sie möglich sind, es kann aber auch sein, dass ein abrupter Abschied genauso erfrischend ist, wie der berühmte Sprung ins kalte Wasser.

Wie ich diese Zeilen schreibe, denke ich darüber nach, wann und wie das mit meinem eigenen Berufsausstieg war und ob ich wieder mit knapp 56 meinen insgesamt doch recht interessanten und auch befriedigenden Job aufgeben würde. Natürlich ist dies nicht zum ersten Mal, dass ich mir diese Frage selbst gestellt habe, aber es ist ein warmer, sonniger Herbsttag und genau die Stimmung, die zum Grübeln und zu einer kleinen Unterbrechung einlädt, um die Gedanken bei einem kleinen Spaziergang durch den Park zu vertiefen. Unwillkürlich bin ich beim Herbst meines eigenen Lebens, schlage die Brücke zum nächsten Winter – dem der Jahreszeiten und dem der mir selbst noch verbleibenden Tage.

Ja, mir ist klar, auch ich befinde mich in einem Abschnitt, dessen genauen Beginn und dessen Dauer man nie so richtig vorhersagen kann. Mit einem Schlag kann alles anders sein! Wie lange dauert dieser Herbst – und wann setzt der Winter ein? So wie die Tage zwar noch warm und sonnig sein können und allzu gerne den angenehm trügerischen Eindruck vermitteln mögen, dass da doch noch viel vom Sommer ist, so werden dennoch die Schatten unübersehbar länger, die Nächte ziehen sich hin und werden stetig kühler. Was wäre geworden, wenn ich weiter für Hewlett-Packard gearbeitet hätte? Ich hätte noch ein paar Projekte bewegen können, von denen ich mir selbst oder andere mir eingeredet hätten, dass nur ich sie realisieren könnte – um nachher feststellen zu müssen, dass andere dies genauso gut, wenn auch vielleicht anders gekonnt hätten, oder dass der Wert, den ich ihnen beigemessen hätte, doch sehr relativ für die Nachwelt gewesen wäre.

Ich hätte sicherlich mein Bankkonto und meine Betriebspension verbessern können, aber ich glaube, und das wiegt für mich persönlich deutlich schwerer, mir wäre insgesamt sehr viel an wichtiger Zeit verloren gegangen! Zeit, die ich zur Vertiefung brauchte und zur Reflexion über verschiedene Verwindungen in meinem Leben. Da war ein Loch zu verarbeiten, über das ich sonst durch den Berufsalltag hinweg geglitten wäre, ich hätte sicherlich nicht diese beiden letzten Bücher geschrieben, ganz bestimmt hätte ich diesbezüglich keine Seminar gehalten, die mir erlaubten, ganz neue und interessante Menschen zu treffen, wahrscheinlich hätte ich einige Reisen nicht gemacht oder zumindest nicht so, wie ich sie gemacht habe, und ich fürchte, ich wäre weiter vor mich hin gelaufen, ohne zu merken, dass ich zwar laufe, aber nicht mehr selbst der Läufer bin. Vielleicht hätte ich dann spätestens mit Fünfundsechzig ein Ziel erreicht gehabt, das Andere für mich definiert hätten, um zu sehen, dass dahinter, für eine wirkliche Veränderung und einen Neuanfang, gar nicht mehr so arg viel Raum und Zeit liegen, weil vor allem die Kräfte für neue Ziele immer matter werden.

Zu oft hatte ich in den letzten Jahre miterleben müssen, wie schnell Hoffnungen und Pläne im ähnlich oder gleichaltrigen Bekanntenkreis über den Haufen geworfen werden mussten, weil der Körper – manchmal auch der Geist – ab sechzig einem anderen Alterungsprozess unterliegt als in den Jahren vor fünfzig und früher. Die ernüchternde Erkenntnis ist, dass die Vorschau und eine Prognose über den Verlauf der nächsten fünf oder gar zehn Jahre mit sechzig sehr viel unzuverlässiger sind, als dies mit vierzig oder auch noch mit fünfzig der Fall war.

So konnte ich für mich die Vorteile der Langsamkeit entdecken und die Erkenntnis gewinnen, dass mit Geschwindigkeit das Leben nicht verlängert werden kann. Ich bin dankbar, dass mir die Chance und die Zeit geschenkt wurden, um mit Mitte fünfzig mein Leben noch mal deutlich verändern zu können. Dabei betone ich ausdrücklich, dass dies lediglich mein eigenes Empfinden und meine Erfahrung widerspiegelt, ohne jeden Anspruch auf allgemeine Gültigkeit erheben zu wollen!

Dass Veränderungen an sich nicht immer herbei gesehnt werden, aber welche Veränderungen durch die Aufgabe des Berufslebens meist unausweichlich sind, wird auf den folgenden Seiten betrachtet werden.

Veränderungen und Übergänge

„Allen Fortschritt verdanken wir den Unzufriedenen. Zufriedene Menschen wünschen keine Veränderung."
(H. G. Wells)

Friedrich von Schiller wusste schon: *„Ein jeder Wechsel schreckt den Glücklichen"*. Und dennoch wissen wir: *„Nichts ist so beständig wie der Wandel"*.

Eine Crux in sich! Aber ebenso eine Tatsache, mit der wir leben müssen. Die Veränderung sehnt man herbei, wenn man sich unglücklich fühlt – und man weicht ihr mit aller Macht aus, wenn man sich zufrieden fühlt. Beziehungsweise, wenn man seine eigenen Gitterstäbe nicht zu sehen vermag ...

Es gibt den schönen Vergleich vom Fisch, der in einem Aquarium geboren wurde, der das offene Meer nie kennen gelernt hat, und der plötzlich ins Meer frei gesetzt – man kann auch sagen „ausgesetzt" wird, und der nun so weit schwimmen kann, wie er will. Der Preis ist, dass er sich selbst ernähren muss, dass er aber auch nicht mehr auf die Hand angewiesen ist, die ihm täglich Futter in das Becken wirft, und dass er auf eine Umgebung trifft, die ihm völlig fremd ist, in der auch Feinde leben, die er bisher nicht gekannt hat. Er muss nun sehr vieles Neues erlernen, er muss sich auf das Unbekannte einlassen, und er muss sich wahrscheinlich mit völlig neuen Ängsten auseinander setzen. Aber dafür ist er frei und endlich ein Fisch, der lebt wie ein Fisch leben sollte, nämlich so, dass er in einem Wasser ohne Grenzen schwimmt.

Und es gibt die beinahe unglaubliche Geschichte vom lebenslänglichen Häftling, der nach vielen Jahren begnadigt wird und sofort wieder eine Straftat begeht, nur damit er wieder in seine vertraute Zelle kommt.

Beide Beispiele zeigen, dass jede Veränderung – und es müssen gar nicht die ganz großen sein (!), eine Herausforderung ist, die man annehmen und sich darauf einlassen kann, oder der man ausweicht, so lange und so gut es geht. Alles Neue ist schließlich unbekannte *Terra Incognita*. Für den einen ist es ein Reiz, für den anderen eine Bedrohung. Wie man mit dieser Herausforderung jeweils umgeht, ist eine Sache des Geistes, die sowohl den Einsatz des rationalen Verstandes, als auch des Bewusstseins verlangt. Die Seele – oder das Unbewusste – spielt dabei ihre eigene, oft schwerlich erkennbare Rolle. Die Moralvorstellungen unseres Kulturkreises, unsere sozialen Kontakte, alles was uns an sinnvollen oder unsinnigen Vorstellungen eingetrichtert wurde, machen es dabei häufig schwer, das persönlich wesentliche Lebensziel, nämlich einen Zustand von Zufriedenheit und Glücksgefühl, im Auge zu behalten. Meist lebt man unbewusst vor sich hin und macht das, was man schon immer gemacht hat, weil man es so gewohnt ist und weil schließlich derjenige auffällt, der an den selbst- oder fremdbestimmten Gitterstäben rüttelt. Man trottet vor sich hin – und merkt gar nicht, dass Trottel von trotten kommt und dass darin auch das Wörtchen rotten steckt.

Bereitschaft zur Veränderung

Wer seinen Beruf aufgibt oder aufgeben muss, wird eine Veränderung im großen Stil durchleben müssen! Ausweichen oder vorbei mogeln wird nicht funktionieren. Alle inneren Abwehrmechanismen zur Verhütung von Veränderungen, wie Bequemlichkeit oder Selbsttäuschung, werden ihre oft erprobte Wirkung versagen. Man ist gut beraten, sich diesem Prozess mit ganzem Herzen zu stellen, indem man sich die neue Situation klar ansieht und analysiert, neue positive Ziele und Herausforderungen setzt, und schließlich die letzte Hürde nimmt, die vor jedem Übergang in eine grundsätzlich neue Lebensphase steht: Sehr viel Gewohntes und Vertrautes loslassen. Es ist wie bei einem Umzug in eine neue Wohnung: Ihr Vermieter hat ihre Wohnung gekündigt wegen Eigenbedarf – Sie müssen raus. Nun können Sie sich eine

Weile sträuben, aber irgendwann werden Sie die Tatsache als solches annehmen müssen und den gewohnten Platz räumen. Sie werden neue Räumlichkeiten finden müssen und diese auch finden. Danach haben Sie die Wahl, sich auf das neue Heim zu freuen oder der alten Bleibe nachzutrauern. Schnell werden Sie auch erkennen: „Wer in eine neue Wohnung zieht, kann nicht alles mitnehmen". Wenn Sie nun noch ihren Geist bewusst von negativ auf positiv einstellen, nämlich in den Zustand „freuen", wird sehr vieles einfacher sein. Die Suche kann interessant werden, das Planen der Einrichtung auf jeden Fall, der eigentliche Umzug mag noch eine unangenehme Last sein, das erste Ankommen ziemlich abenteuerlich – aber irgendwann sind Sie auch da angelangt, haben etwas Vertrautes losgelassen und etwas Neues gewonnen. Bei positiver Sicht! Und die ist nicht eine Sache des Körpers, sondern des Geistes – auch wenn die Seele noch ein Weilchen nachhängen wird. Sie kann dem Geist aber folgen. Der Körper ohnehin. Der Körper geht dabei am schnellsten (er hat den Akt erledigt, wenn Sie am letzten Tag die Tür ihrer Arbeitsstelle hinter sich zu machen), die Seele am langsamsten, und der Geist muss an jeder Veränderung aktiv voraus– und nacharbeiten. Er muss die Situation erfassen und durchleuchten, er macht den Plan, und schließlich braucht er den Entschluss zur Durchführung. Das Gehen findet dann fast von alleine statt.

Wenn das Gehen trotzdem schwer fällt und die Füße sich dabei schwer wie Blei anfühlen, dann mag eine Reflexion in Bezug auf Lebensfreude und der Bereitschaft zur Veränderung helfen. Es gibt da nämlich einen klaren Zusammenhang, der in folgendem Statement zusammen gefasst ist:

„Die Lebensfreude ist dann am größten,
wenn auch die Bereitschaft zur Veränderung
am größten ist."

Wenn Sie ihr Leben kurz Revue passieren lassen, dann werden Sie diesen Kontext eindeutig nachvollziehen können. Ein paar allgemein gültige Beispiele sollen dabei helfen:

- Wie ist es, wenn der Mensch geboren wird, wenn er die warme, schützende Umgebung des Mutterleibs verlassen muss? Ist er zu einer Veränderung bereit?
  Nein! Sicherlich nicht. Das Leben beginnt bekannterweise mit fürchterlichem Drücken und Pressen, dann mit einem Klaps auf den Po, worauf das Menschlein erstmals Luft holt und dann folgt ein martialischer Schrei. Von Lebensfreude ist da erst mal wenig zu spüren.
- Dann aber, wenn dieses Kind allmählich aus der Liegeposition ins Krabbelalter mutiert – was passiert dann? Es ist voll bereit zur Veränderung, es will sich bewegen, es will entdecken, es lacht und juchzt und genießt jeden Fortschritt, bis es endlich auf den Beinen steht. Die damit verbundene Lebensfreude ist eindeutig sehr hoch und setzt sich fort.
- Irgendwann, so im Alter von Sechs soll dieser Mensch in die Schule. Eine ganz gewaltige Veränderung! Wie ist die Bereitschaft zur Veränderung? In aller Regel sehr groß. Die meisten Kinder wollen in die Schule, denn der Mensch will lernen! Und wenn die Umgebung und die Lehrer auch noch einigermaßen gut sind, dann ist damit auch eine sehr hohe Lebensfreude verbunden.
- Einige Jahre später kommt wieder eine riesige Veränderung. Der Mensch kommt in die Pubertät, entdeckt das andere Geschlecht, findet alles, was die Eltern sagen ziemlich doof, will seine eigenen Werte und Wege definieren – er will eine Veränderung! Und die Lebensfreude? Sie kann schwanken zwischen Unsicherheit und Tatendrang – wenn dann aber die erste Verliebtheit passiert, gibt es in aller Regel kein Halten mehr zwischen dem starken Drang nach Veränderung und einer damit verbundenen enormen Lebensfreude!
- Schließlich will dieselbe Person die Schule verlassen, einen Beruf erlernen und diesen auch ausführen. Die Bereitschaft zur Veränderung ist in diesen Zwischenstufen jeweils sehr hoch und der Zugewinn an Lebensfreude im Normal fall ebenso!

Setzen Sie das Beispiel bitte beliebig mit Ihrer eigenen Lebensgeschichte selbst fort. Wie war es etwa, als Sie Ihr Junggesellenleben für die Ehe eintauschten? Und dann, als Sie eventuell vom Paar zur Familie wurden, als Kinder kamen und so weiter. Wie war es bei den einzelnen Karriereschritten? Wie war das jeweils in den einzelnen Lebensabschnitten mit der Bereitschaft zur Veränderung und der damit einhergehenden Lebensfreude? Klar waren da auch Rückschläge und Enttäuschungen, waren da Unvorhergesehenes und Unerwartetes! Nichts ist linear oder geradlinig. Die Tendenz bestätigt jedoch die Kernaussage!

Und wie ist es jetzt, wo Sie möglicherweise kurz vor dem Ende Ihres Berufslebens stehen, oder auch schon danach? Vergleichen Sie Ihre innere Bereitschaft etwas los zu lassen, sich dem Neuen zu stellen, und die damit verbundene mögliche Freude. Bleiben Sie nicht am Negativen hängen, sondern betrachten Sie eher das Positive und das Potenzial, das im Neuen stecken kann! Wenn Sie erst mal Angst und Unsicherheit erleben, so ist dies ganz normal. Aber lassen Sie sich davon nicht gefangen halten – denken Sie daran, dass auch dieser Status keine eigene Materie ist, sondern lediglich ein Zustand des Geistes, der in seiner Unbeständigkeit vorübergehend ist und den Sie lenken können. Erinnern sie sich an Ihre eigenen, inneren Stärken, an die vielen Situationen, die Sie im Leben gemeistert haben, wo Sie erst einmal tief tauchen mussten, bevor Sie schließlich wieder oben schwimmen konnten. Sie sind zahlreich! Betrachten Sie die Übergänge zwischen den einzelnen Lebensphasen, diese Nahtstellen, die sich oft durch Unebenheiten und Holprigkeiten auszeichnen, jedoch dazu geschaffen sind, wie Brücken, um das eine mit dem anderen zu verbinden.

Lassen Sie uns nun, im nächsten Schritt, etwas genauer betrachten, wo und in welchen Bereichen Sie mit Veränderungen rechnen müssen und welche Überlegungen dabei hilfreich sein können.

Veränderungen im sozialen Umfeld

„Kein Händeklatschen ertönt nur von einer Hand ohne die andere."

(Rumi)

Laut Definition besteht das soziale Umfeld im Wesentlichen aus Familie, Freunden und Bekannten sowie Kollegen und Geschäftspartnern. Dazu gehört noch das Land, in dem wir leben, und dessen kulturelle Einflüsse. Beschränken wir uns in unserer Betrachtung zunächst aber auf das persönliche Umfeld, denn hier wird sich beim Ausscheiden aus dem Berufsleben und somit aus dem geschäftlichen Umfeld, am meisten verändern.

Wer in Pension oder Rente geht, verliert in der Regel nicht nur einen Teil seines Einkommens, sondern in aller Regel auch die zahlreichen kleinen und größeren Interaktionen, die mit einem Arbeitstag verbunden sind. Dies geht schon los mit den häufig wortlosen, aber vertrauten Blickkontakten mit Leuten, die genau wie Sie und zur selben Zeit sich auf den Weg in die Arbeit machen, dies kann eine kurze Begrüßung des Pförtners sein, ein kleiner Schwatz mit einem Kollegen oder Kollegin vor oder während der eigentlichen Arbeit. Routinen ohne großen Inhalt, aber dennoch von hoher Bedeutung, denn es sind Rituale, die zeigen, dass Sie ein Teil dieser weitläufigen Arbeitswelt sind. Sie unterstützen die persönliche Identifizierung und das Bewusstsein, dass man dazu gehört und in diesem Getriebe seinen Beitrag leistet. Die eigentliche Tätigkeit während des langen Arbeitstages verstärkt dieses *Wir-Gefühl,* indem man an einem größeren Ganzen beteiligt ist, sich für ein gemeinsames Ziel einsetzt, für Dinge und Positionen kämpft, die im Moment als wichtig erscheinen, man sitzt in Besprechungen, man telefoniert, man führt Unterhaltungen und Gespräche mit verschiedensten Personen, man ist mehr oder weniger ständig engagiert und in eine feste Struktur eingebaut. Mit dem Tag der Pensionierung ist jedoch dies alles vorbei.

Es gibt Pensionäre, denen dies in keinster Weise fehlt. Das ist der Typ Mensch, der froh ist, wenn die Rackerei endlich vorbei ist, der seine Arbeit eher als Maloche, denn als Befriedigung erlebt hat, oder auch mit seinen Kolleginnen und Kollegen mehr in einem Wettbewerbsverhältnis stand, als in einem Verhältnis der gegenseitigen Unterstützung und des Teamgeists. Es kann auch durchwegs sein, dass so eine Person schlicht und einfach mit dem ruhigeren Leben eines Rentners zufrieden ist. Die Regel ist dies jedoch nicht!

Die meisten Neupensionäre sind sehr bald schon von der Ruhe des Rentnerdaseins schwer beunruhigt, bis hin zur Panik. Sie suchen eher ruhelos nach neuen Inhalten, vermissen die gewohnte Kommunikation, die früher geschmähte Hektik – und einige Ehrliche erzählen schon auch mal, dass ihnen *„die Decke regelmäßig auf den Kopf fällt"*. Das Gros versteckt sich lieber hinter Plattitüden, die da zunächst heißen *„Keine Zeit"*, oder *„Bin im Rentnerstress"*, manchmal auch *„Es ging mir nie so gut"*. Die häufig zusammen mit der Pensionierung eintretende soziale Isolation wird gerne negiert oder total verleugnet. Dies hieße nämlich eine Schwäche zuzugeben und man neigt dazu, sich lieber stark, quasi als Dauergewinner zu zeigen. Dabei ist ein Tasten und Suchen, eine gewisse Unsicherheit, in jeder Phase einer Neuorientierung völlig normal! Für die Zeitspanne, die man benötigt, bis man sich in einem veränderten sozialen Umfeld wieder wohl und vertraut fühlt, gibt es keine festen Regeln. Dies hat stark damit zu tun, inwieweit man selbst kontaktfreudig ist, auf neue Menschen zu zugehen vermag, bereit ist sich zu engagieren, es hängt davon ab, ob man auf einen gewachsenen Freundes- und Bekanntenkreis zurückgreifen kann, und nicht zuletzt, wie und ob man überhaupt in eine Familie eingebettet ist.

Bestandsaufnahme

Folgende Checkliste hat in meinen Seminaren häufig zu Aha-Effekten geführt und ich schlage vor, dass Sie sich zunächst einige

Fragen ganz ehrlich und schonungslos selbst beantworten. Bitte nehmen sie sich die dafür erforderliche Zeit und reflektieren Sie im Prosa-Stil und nicht im flüchtigen Schnellabhaken. Überprüfen Sie die folgenden vier Bereiche mit den Fragen *„Habe ich diesbezüglich überhaupt eine Beziehung?“* und *„Wie gut, bzw. wie schlecht ist diese Beziehung und warum?“*

- Partnerschaft
- Kinder
- Erweiterte Familie
- Freunde / Bekannte / Kollegen

Diese Reflexionen auf ein Stück Papier zu bringen, sie zu beschreiben im wörtlichen Sinn, hilft häufig um die Gedanken durch das Sichtbarmachen zu unterstützen und sie so der allzu schnellen Verflüchtigung zu entziehen. Geben Sie sich bitte nun die Zeit, um diese Erkenntnisse noch ein Stück zu erweitern und zu konkretisieren, indem Sie sich zusätzlich folgenden Fragen stellen (bitte nennen Sie dabei explizit die jeweiligen Namen der Personen):

- Wer ist mir wichtig?
- Wer ist mir weniger wichtig?
- Wer ist mein/e beste/r Freund/in?
- Zu wem gehe ich mit meinen Sorgen?
- Wer kommt zu mir mit seinen Sorgen?
- Wer macht mir Sorgen?
- Welche Interessen habe ich außerhalb meiner Arbeit?
- Wer teilt meine Interessen?
- Wer inspiriert mich?
- Mit wem habe ich Spaß?
- Wer geht mir auf die Nerven?
- Mit wem verbringe ich am liebsten meine Zeit?
- Wer hat Zeit für mich?
- Gibt es Kollegen / Geschäftspartner, die ich gerne mitnehmen möchte

Wenn Sie diese Fragen inspiriert haben – oder auch beunruhigt, nehmen Sie sich bitte Zeit und spinnen Sie den Faden fort! Je tiefer Sie einsteigen, umso mehr werden Sie in der Lage sein, zu erkennen, wo eventuelle Lücken sind, bzw. in welchen Bereichen Sie aktiv werden sollten, um rechtzeitig eine Kompensation für eine mögliche einseitige Fokussierung durch ihr noch bestehendes (oder auch schon früheres) Arbeitsumfeld ansteuern zu können.

Einige Erfahrungen aus zahlreichen Seminaren mit angehenden Pensionären möchte ich in diesem Zusammenhang gerne an Sie weiter geben:

- Eine überraschend hohe Anzahl von Teilnehmern hat erkannt, „dass der oder die Partner/in weitgehend der einzige echte Freund ist“ und dass zu viel auf diese Person abgewälzt wird, wenn im Falle der Pensionierung nicht rechtzeitig auch andere Bezugspersonen aufgebaut werden können. Zudem wurde deutlich, dass, falls dieser Person etwas zustößt (was im Pensionsalter ja absolut bedacht werden muss!), man selbst dann *„ganz schön alleine da steht!“* Insgesamt wurde der Stellenwert von „Familie“ sehr hoch angesiedelt. Echte Freunde, auf die man zurückgreifen konnte, fehlten häufig, „weil der Beruf dafür keine Zeit lies“ – was in allen Fällen durchgehend als großes Manko empfunden wurde.

- Namentlich männliche Teilnehmer, die sich in ihrem Beruf sehr engagiert zeigten und viel auf Reisen waren, haben häufig die leidvolle Erkenntnis ausgesprochen, dass sie *„Fremde in ihrer eigenen Familie geworden sind“*, verbunden mit der Angst, „jetzt 24 Stunden nur noch mit meiner Frau zusammen sein zu müssen“ – und häufig mit Kindern, die über die Pubertät hinaus sind und „ebenso gewohnt sind, ein eigenständiges Leben zu führen“. Im Klartext: Nur sehr selten wird die Familie der Ersatz sein können für den Verlust des sozialen Umfelds, der mit dem Beruf verbunden ist.

- Im Unterschied zwischen männlichen und weiblichen Teilnehmern war auffällig, dass Männern häufiger *„Ängste vor dem Alleinleben im Alter"* äußerten als Frauen, und dass Frauen im angehenden Rentenalter auch tatsächlich häufiger alleine leben (können!) als Männer. Zudem scheinen Frauen mehr konkretere neue Inhalte und Ziele im Vorfeld formuliert zu haben als ihre männlichen Pendants. Als Erklärung fand sich, dass Frauen, anders als Männer, öfter mal die eigene Karriere, wegen der Kinder oder der beruflichen Ziele des Mannes, hinten anhängen mussten und damit Unterbrechungen sowie Neuanfänge meist mehrfach durchlebt hatten.

- Der Wert von *Zugehörigkeit* ist insgesamt recht hoch in der Wertskala angesiedelt bei Menschen, die sich in der Altersgruppe um die sechzig befinden. *Individualität* scheint nicht mehr ganz so wichtig zu sein, wie in den Lebensdekaden davor. Der Wunsch nach *Sicherheit* und für ein *gewohntes Umfeld* scheint mit der realistischen Erkenntnis einher zu gehen, dass die Kräfte geschont werden müssen und man nicht mehr beliebig oft neu anfangen kann. Diese Aussagen relativierten die manchmal idealisierte Lebensform des „Single-Daseins" früherer Lebensjahre und auch den Traum vom „Leben unter südlicher Sonne".

- Insgesamt war sehr viel „Freude auf den neuen Lebensabschnitt" zu verzeichnen, verbunden mit *Neugier* und der *Lust, noch mal etwas Neues anzupacken*. Auch der Faktor Zeit spielte eine wichtige Rolle. Eine Teilnehmerin zitierte dabei, um den Unterschied zwischen vor und nach der Pensionierung besonders klar zu machen, den Papalangi: *„Sie haben die Uhren, aber wir haben die Zeit."* Könnte man es positiver ausdrücken?

Verschiedenartige soziale Beziehungen erfüllen unterschiedliche Bedürfnisse

Bekannterweise erfüllen verschiedenartige soziale Beziehungen unterschiedliche Bedürfnisse. Deshalb ist es sinnvoll für die persönliche Sozialhygiene, dass dementsprechend eine Reihe differenzierter Beziehungen gepflegt wird. Die vielseitige *„Bestätigung von außen"* ist ein wesentlicher Punkt, der im Beruf häufig gut erfüllt wird und der *„im Leben danach"* genauso seine Erfüllung finden will, allerdings nur teilweise durch eine *„Bestätigung von innen"*, also durch Hinwendung auf mehr persönliche oder geistige Bereiche ausgeglichen werden kann.

Die folgende Auflistung soll ihnen erleichtern, einzelne Kriterien systematisch zu durchleuchten.

Wenn Sie die einzelnen Punkte durchlesen, überprüfen Sie bitte, inwieweit diese durch ihre Pensionierung verändert werden oder sich bereits verändert haben.

1. Das Bedürfnis nach Zugehörigkeit wird am besten durch dauerhafte und sichere Beziehungen befriedigt. Diese finden sich in aller Regel in der Ehe, in festen Partnerschaften, oder auch sehr engen und langjährigen Freundschaften. Letztere werden besonders nach der Trennung oder dem Tod eines Partners besonders wichtig und können den Verlust wenigstens teilweise kompensieren. Auf *„Wohnformen im Alter"* wird diesbezüglich in einem späteren Kapitel eingegangen, aber an dieser Stelle ein aktueller Fall:

Als Hilde B. das Alter von sechzig erreicht hatte, starb ihr Mann an einem plötzlichen Schlaganfall. Kinder hatten sie keine und sie fand sich alleine mit einem Reihenhäuschen. Nach zwei Jahren war sie das Alleinleben satt und da sie von Alterswohngemeinschaften gehört hatte, streckte sie ihre Fühler aus. Über ein Inserat fand sie Gleichgesinnte, die sich auch vorstellen konnten, ihr einsames Heim für eine komfortable, großzügige Wohngemeinschaft einzutauschen. Nach einem Jahr war ein geeignetes Objekt gefunden, nach weiteren 18 Monaten war es umgebaut und nun wohnt sie in einem Haus mit fünf separaten Wohnungen, aber einem gemeinsamen Gesellschaftsraum, einer Sauna und einem kleinen Garten, der von allen benutzt wird. Man hat eine „open door" Vereinbarung getroffen, d. h. man ist füreinander da, auch im Krankheitsfall, hat aber freies Recht auf Rückzug, wenn man alleine sein will. Inzwischen sind fünf Jahre des gemeinschaftlichen Wohnens vorbei und das System hat sich bestens bewährt, keiner der Beteiligten hat Sehnsucht nach seiner alten Wohnform.

2. Soziale Integration, ein weiteres sehr wichtiges Bedürfnis, wird am besten durch Menschen befriedigt, die gemeinsame Interessen und Werte verfolgen. Diese finden sich am häufigsten in gemeinsamer Arbeit (die durch die Pensionierung zumeist auf breiter Basis entfällt), in Vereinen, politischen Parteien oder auch sozialen Hilfsorganisationen. Durch ein gemeinsames Ziel befriedigen sie den Wunsch *„Etwas zusammen zu machen"* und geben zudem gesellschaftliche Bestätigung. Letztlich ist genau dies die eigentliche Motivation dafür, dass viele Pensionäre einen gut bezahlten Job häufig mit einer freiwilligen Tätigkeit in einer gemeinnützigen Organisation eintauschen und manchmal dabei sogar mehr arbeiten als vorher. Beispiele finden sich unter sehr vielen anderen bei *„Die Tafel"*, bei *„Technisches Hilfswerk"*, in *Sportvereinen* oder auch bei *kirchlichen Organisationen*.

Hierzu ein Beispiel: *Albert Z. war bis zu seinem vierundfünfzigsten Lebensjahr in leitender Position im kaufmännischen Bereich einer Firma in Heidelberg, bis diese den Betrieb liquidierte. Seine Frau, eine Ärztin, konnte sich wenig später beruflich nach Nürnberg verbessern. Sie beschlossen einen gemeinsamen Umzug, denn für Albert war es ziemlich aussichtslos noch mal einen adäquaten Job zu finden. Über ein Jahr suchte er vergebens und durchlebte eine persönliche Krise, bis er auf die Aktivitäten von DIE TAFEL in Erlangen stieß. Diese Organisation sammelt Produkte überall dort ein, wo Lebensmittel hergestellt oder verkauft werden, die leichte Mängel aufweisen (z.B. Verpackungsschäden) oder knapp über dem Ablaufdatum liegen, und verteilt diese in eigenen*

Sammelstellen an Bedürftige. Da es eine derartige Einrichtung damals in Nürnberg noch nicht gab, übernahm Z. die Initiative und gründete hier eine entsprechende Niederlassung. Damit hatte er sehr schnell wieder eine lohnenswerte Aufgabe, wenn auch unbezahlt, und war zusätzlich in ein weitläufiges soziales Netz integriert, denn auch dieses hatte er in seinem ehemaligen Wohnort zurücklassen müssen. Und: Er *„ist wieder wer"* und hat eine *„Aufgabe, die Sinn macht"*.

3. Das Gefühl wertvoll zu sein und gebraucht zu werden findet man am ehesten in Beziehungen, die sehr im persönlichen Bereich angesiedelt sind und etwas mit Liebe zu tun haben. *„Man tut Gutes, kümmert sich ohne Anspruch auf Gegenleistung"* zum Beispiel um die Partnerin, die Kinder, Enkelkinder oder auch die pflegebedürftigen Eltern. Sie geben die Bestätigung unserer Einzigartigkeit, weil nur wir persönlich es sind, die dieses Eine geben können. Denn wir als einzigartige Person sind es, die gebraucht und gewollt und nicht ohne weiteres zu ersetzen sind. Im aktiven Berufsleben könnte dies beispielsweise der gute Chef sein, der irgendwann in Rente geht und die Mitarbeiter in Traurigkeit hinterlässt – oder danach als Rentner, Herr Z. von der soeben genannten Nürnberger Tafel, der diese in Eigeninitiative ins Leben gerufen hat.

Als Beispiel einer gelungenen privaten Kompensation führe ich hier den Fall von Manfred O. aus München an: *Seine eigenen Kinder und Enkelkinder sind in alle Welt verstreut und er sieht sie nur noch selten. Die Initiative einer Lehrerin aus einer Grundschule mit einem Ausländeranteil von beinahe 100 % brachte ihn dazu, dass er „Pate" und „Ersatzopa" eines zwölfjährigen Türken wurde, mit diesem Deutsch und Hausaufgaben paukt, mit ihm ein Mal die Woche eine kulturelle Institution, wie das Deutsche Museum besucht, und seinen Einfluss dazu nutzt, dass auch die Mutter mittlerweile Deutsch lernt und mit dem Jungen nicht nur in der eigenen Sprache redet.* Inzwischen freut sich Mehmet auf den deutschen Opa und der sich über den türkischen Familienanschuss.

Menschen aus dem beruflichen Umfeld mitnehmen

„Ein Leben ohne Freunde ist wie eine weite Reise ohne Gasthäuser“
(Demokrit)

In einem anderen Abschnitt benannte ich als Teil des sozialen Umfelds neben persönlichen Freunden auch Kollegen und Geschäftspartner. Vertraute Beziehungen werden im Alter noch wichtiger als in früheren Lebensphasen, weil einhergehend mit dem Berufsende, wesentliche Bereiche, die das *„Bedürfnis nach sozialer Integration“*, sowie *„nach Zugehörigkeit“* befriedigten, durch den endgültigen Weggang aus einer Firma oder Institution, schlagartig weg brechen. Das Gefühl *„wertvoll zu sein und gebraucht zu werden“* wird von vielen Firmen in der heutigen Zeit häufig verschleiert und verbrämt, aber letztlich in eine handfeste Aussage umgewandelt, die im Klartext heißt: *„Wir wollen Dich nicht mehr!“*

Viele Menschen trennen sehr sorgfältig zwischen *„persönlichen Freunden“* und damit „Privatleben“, sowie *„beruflichen Kontakten“*, zu denen Kollegen und Geschäftspartner zählen, obwohl sich darunter wiederum ganz oft potenzielle Freunde, weil Seelengenossen, befinden. Jeder wird in seinem beruflichen Umfeld derartige Menschen kennen. Gerade weil langjährige Freundschaften im Alter sehr wichtig sind, deren Zahl sich aber durch Krankheiten und Todesfälle eher reduziert als vermehrt, sollte auf diesen Fundus an *„Brüder im Geiste und in der Sache“* hingewiesen sein! Häufig sind dies doch Menschen, mit denen man viele Jahre, oft Jahrzehnte, verbunden war, sich kennen und schätzen gelernt hat, allerdings ganz oft zu einander im Wettbewerb stand, oder auch immer wieder um eine Sache streiten und kämpfen musste. Die letzten beiden genannten Punkte entfallen mit dem Ende des Berufs von hier auf jetzt! Denn es gibt keinen Wettbewerb mehr, auch keine Machtspiele, und die Sache um die es ging ist ebenso vorbei. Was bleibt ist der Mensch, die Person, die man nun als solche betrachten kann, losgelöst vom Tagesgeschäft. Der Kollege, der ehemalige Geschäftspartner kann nun ganz „Mensch" sein – genau wie Sie selbst. Er oder sie kann zum Freund mutieren.

Mir persönlich erging es wie folgt: Viele Jahre hatte ich zwischen „Privatleben" und „Beruf" eine ziemlich klare Trennlinie eingezogen, hatte jedoch Kollegen und Geschäftspartner – männlich wie weiblich! - die ich sehr schätzte und von denen ich wusste, dass da ein tiefer innerer Gleichklang vorherrschte, dass man gerne miteinander arbeitete, sich aufeinander verlassen konnte, aber auch regelmäßig in Auseinandersetzungen mit unterschiedlichen Windstärken gehen musste. Eine dieser Personen, war mein Kollege Franz B. Mehr als 17 Jahre hatten wir in unterschiedlichen Funktionen immer wieder an gleichen Projekten gearbeitet, häufig auch „dicke Kisten" gemeinsam aus dem Sand gezogen, da waren sehr schöne und erfolgreiche Dienstreisen, wir mochten und schätzten uns, aber wir konnten ebenso miteinander streiten, bis knapp zur Gürtellinie. Es war aber immer ein Teil „bayrischer Art" dabei und somit, nach einigen Wochen, Vergebung und Versöhnung. Franz blieb noch 2 Jahre, nachdem ich weg war, dann ging auch er. Was blieb, ist eine lange, menschliche Verbundenheit durch einen jahrelangen, gemeinsamen Weg, die schließlich in eine wertvolle Freundschaft mündete. Eine Beziehung, die sich über eine lange Zeit aufgebaut und gefestigt hat – und deren besonderen Wert ich deshalb erwähne, weil man im Alter um die sechzig nicht mehr viele dieser langen Zeitspannen hat, in denen man derartige Kontakte aufbauen kann, in denen man sich über gemeinsames Tun kennen und schätzen lernt, wo man die Stärken, aber auch die Schwächen kennt, das Mögliche vom Unmöglichen trennen kann, und wo man schlicht und einfach weiß „auf den oder die kann ich mich verlassen". Franz steht in meinem heutigen Freundeskreis stellvertretend für noch ein paar andere, die ebenso vom Beruflichen ins Private mutiert sind. Und mit besagtem Franz habe ich inzwischen mehrere Reisen nach Asien und in Südeuropa gemacht, im Winter, wenn es hier recht kalt ist - und weil unsere beiden Frauen keine besondere Freunde weiter Reisen sind.

Mit dieser kleinen Geschichte möchte ich Sie ermuntern, Personen aus Ihrem Berufsleben mit hinüber in die neue Lebensphase zu nehmen, mit denen sich menschliche Beziehungen viele Jahre lang bewährt haben. Es sind die Erfahrungen, gemeinsame Geschichten, Erinnerungen, die Sie mit diesen Personen verbinden und die somit Teil Ihres eigenen Lebens sind. Es wäre schade, diese zusammen mit dem Berufsende auszukippen, denn diese menschlichen Netzwerke, die man im Berufsleben aufgebaut hatte und die einen häufig weiter brachten, die braucht man in anderer Form und wahrscheinlich auch in anderer Zusammensetzung, im Alter erst recht! Ansonsten kann es schon bald recht einsam werden.

Häuschen im Süden und – ganze Kuh kaufen oder nur ein Glas Milch?

Zum sozialen Umfeld gehören auch der Ort und das Land, in dem man lebt. Viele Rentner und Pensionäre denken diesbezüglich an eine wesentliche Veränderung nach getaner Arbeit. So gibt es angeblich über eine Million Häuser und Wohnungen in allen möglichen, meist südlichen Ländern dieser Erde, die Deutschen als Erst- oder Zweitwohnsitz gehören. Das angeblich leichtere Leben unter südlicher Sonne, das mildere Klima für die alternden Knochen, häufig das nahe Meer oder Berge mit den entsprechenden Freizeitmöglichkeiten sind Träume, die viele Mitbürger gerne jeden Tag vor der Haustür haben möchten. Und somit erwägen viele, nachdem sie ihren Job an den Nagel gehängt haben, einen Umzug ins Land und an den Ort ihrer Sehnsüchte.

Häufig stellen sich dann aber Realitäten ein, die vorher nicht so deutlich gesehen wurden oder denen man nicht den richtigen Stellenwert beimaß. Das kann eine völlig andere Sprache sein, Nachbarn mit einer anderen Mentalität und anderen Gewohnheiten, das Klima kann sich in den Wintermonaten als klamm und feucht erweisen, das gesamte Versorgungsnetz mag sich auf einem ganz anderen Niveau bewegen, das mit „Dein und Mein“

wird häufig auch nicht so eng gesehen ... Es gibt viele Faktoren, die gerne belegen, *dass die Realität der Illusion stets überlegen ist ...*

Eine dieser Realitäten ist mein ehemaliger „Lieblingsitaliener" in Nürnberg. Er ging, ganz ähnlich wie etwa 4 Millionen unserer Mitbürger, den umgekehrten Weg, nämlich vom Süden in den Norden und bleibt schließlich auch im Alter hier. Nach 35 Jahren Deutschland verkaufte er mit sechsundsechzig sein Restaurant an einen Landsmann – und blieb. *„Hier leben zwei meiner drei Kinder, hier sind meine Freunde, ich spreche zwar immer noch gebrochen Deutsch, aber hier bin ich zu Hause und in Kalabrien, wo ich her komme, längst ein Fremder."* Ganz ähnlich drückt sich meine griechische Änderungsschneiderin aus. Sie ist 63, will noch zwei Jahre machen und dann: *„im besten Fall 6 Monate bei meinen zwei Töchtern in Griechenland und mindestens 6 Monate hier, bei meinen anderen beiden Kindern und den Enkeln [sein]. Zu Hause ist da, wo man selbst, die Familie und auch Freunde leben, wo man kein Gast ist. Das muss nicht da sein, wo man geboren wurde".*

Ich nehme wieder meine eigene Geschichte und biete sie auch hier zur Diskussion: Viele Jahre war es nämlich mein großer Traum, das Alter irgendwo in Südeuropa zu verbringen. Anfang vierzig dachte ich schon über einen Zweitwohnsitz nach (damals noch zu bezahlbaren Preisen), der später zum Erstwohnsitz werden könnte. Ich sah mir Objekte an in der Toskana, in Kalabrien, in Ligurien, in Südfrankreich, in Griechenland und später auf den Kanaren und ganz zuletzt sogar auf Koh Samui, in Thailand. Meine Trägheit und, wie ich es heute bezeichne, mein Glück, hat mich aber letztlich immer davon abgehalten, den tatsächlichen und entscheidenden Schritt zu tun. Rechtzeitig – damals war ich noch voll aktiv im Job mit mehr als 40 Stunden -, besann ich mich immer wieder auf die zusätzliche Belastung, die Verpflichtungen und auch die Kosten. So wurde der Traum auf immer später verschoben. Als ich dann schließlich sogenannter Frühpensionär war, besuchte ich Freunde und Bekannte, die diesen Schritt vollzogen hatten, intensivierte und erweiterte meine Suche, wurde aber doch immer wieder auf einen etwas härteren

Boden gesetzt, weil ich mich selbst nie so richtig überzeugen konnte, dass es für mich (!) insgesamt das Richtige wäre. Irgendwann hatte ich nämlich Gefallen daran gefunden, kleine Häuschen zu mieten und nicht mehr ans Kaufen zu denken. Dabei fiel mir immer wieder der weise Spruch ein: *„Warum eine ganze Kuh kaufen, wenn man nur ein Glas Milch will"*. Inzwischen habe ich eine Reihe von kleinen Ferienhäuschen oder -wohnungen in Italien, in Frankreich und sogar auf den Kanaren gefunden, in denen ich mich sehr wohl fühle. Natürlich muss ich meine Aufenthalte zeitlich planen und wohne nicht in eigenen Möbeln. Aber ich bin flexibel in der Auswahl, ich zahle einen Fixpreis, habe keine Angst vor Waldbränden oder Einbrechern, und erlebe auch keine bösen Überraschungen, weil ich meine Vermieter mittlerweile persönlich kenne. Und das Geld, das zur Anschaffung notwendig gewesen wäre – inzwischen ein dicker Haufen, denn die Preise in Südeuropa sind explodiert – konnte gut anderweitig eingesetzt werden. Dazu kommt, dass ich auf keinen Fall mein soziales Netz, meine langjährigen Freunde und Bekannten, viel Vertrautes und Liebgewonnenes, im Alter von Mitte sechzig dauerhaft verlassen möchte. Außerdem rede ich gerne in meiner Muttersprache, höre gerne die Zwischentöne und die einzelnen Oktaven, genieße es, jedes Wort in seiner Vielseitigkeit und den Nuancen zu verstehen, ohne nach Deutungen suchen zu müssen, kann Ironie und Witz voneinander unterscheiden. Hier bin ich Teil der Kultur und des Landes. Nur hier bin ich kein Fremder! So habe ich für mich endgültig beschlossen, dass mein Platz da ist, wo ich den größten Teil meines Lebens verbracht habe. Und der ist hier in meiner Nürnberger Wohnung, mit Blick ins Grüne und von der Innenstadt per Fahrrad 15 Minuten entfernt. Ich war immer Stadtmensch und habe erkannt, dass all das, was ich hier habe, vieles von dem abdeckt, was ich glaube zu brauchen. Um es mit den klaren Worten einer Freundin auszudrücken: *„Hier funktioniert mein Leben"*.

Und wenn doch wieder (regelmäßig) Fernweh aufkommt? Siehe oben: Koffer packen!

Es gibt aber auch zahlreiche Beispiele von sehr gelungenen wohnortlichen Veränderungen. Hierzu möchte ich den Fall von Horst H. anführen. Seine Frau und er wählten eine *„zweibeinige Lösung“. Lange Jahre war Horst H. Chefarzt an einem Kreiskrankenhaus und erwarb bereits Anfang der neunziger Jahre ein Reihenhaus in einer Wohnanlage im Norden von Gran Canaria. Anfänglich, so erzählt er, hielt er es dort „nur zwei Wochen aus“, dann aber, nach seiner Pensionierung, wurden es auch mal drei, und später vier Wochen am Stück. Als er merkte, dass seine Aufenthalte auf den Kanaren immer länger wurden, namentlich im Winter, reduzierten er und seine Frau ihren Wohnort in Deutschland auf eine mittlere Dreizimmerwohnung. Diese befindet sich allerdings ziemlich genau im Zentrum ihrer bisherigen Freunde und Bekannten, so dass sie die hiesigen sozialen Kontakte nicht ganz verlassen mussten und dass sie auch jederzeit „nach Hause“ können. Dank Billigflieger fühlen sich beide mit dieser Lösung sehr wohl. Die kalte Zeit im Süden, den Sommer hier – solange er nicht verregnet ist. Und Weihnachten? „Natürlich in Deutschland!“ Und die Antwort auf meine Frage, ob sie auf Gran Canaria sterben wollen? „Das bestimmt nicht. Wenn einer von uns beiden so krank wird, dass er nicht mehr reisen kann, dann werden wir wieder ganz nach Deutschland zurück kommen. Erst in unsere Dreizimmerwohnung – aber hoffentlich nie in ein Altenheim!“*

Alternative Wohnformen im Alter

Weil nicht sich nicht jeder ein Haus im Süden kaufen kann, und weil es sehr viele Menschen im gehobenen Alter gibt, die sich entweder aus finanziellen oder zunehmend auch aus gesundheitlichen Gründen eine Ferienreise in südliche Breiten nicht mehr leisten können, sei hier etwas detaillierter auf verschiedene Wohnformen im Alter eingegangen. Im Prinzip sollte man sich damit rechtzeitig auseinander setzen.

1. Verkleinern

Große Häuser, die für die Unterbringung einer Familie mit Kindern geplant und gebaut wurden, stehen nach dem Auszug dieser Kinder halb leer, sind pflegeaufwendig (siehe Garten) und binden zusätzlich gutes Kapital, das man gegebenenfalls besser einsetzen kann. Dazu kommt, dass viele dieser schönen Häuser im Grünen liegen – und damit häufig weitab von jeder Infrastruktur, wie Geschäften, Ärzten, Cafés und Restaurants, Theatern und Kinos. Kein Problem, solange man mit dem Auto mobil ist – aber ein riesiges Problem, wenn man alleine leben muss, weil vielleicht ein Partner starb und man selbst nicht mehr Auto fahren kann oder darf.

Einer meiner Seminarteilnehmer, ein Mann von damals 59 und in Altersteilzeit, erzählte dazu seine Geschichte. Er war bei einem großen Konzern in Gütersloh beschäftigt und hatte mehr als zwanzig Jahre, etwa 25 Kilometer entfernt, mit seiner Frau und den zwei Kindern, in einem großen Haus gelebt, mit einem Garten, dessen Pflege zeit- und kräftemäßig sehr aufwendig war. Kurz nach einem Herzinfarkt, von dem er sich aber wieder erholte, zog auch die zweite Tochter aus. Nun setzte ein Prozess des Umdenkens ein. Das Haus war auf einmal viel zu groß, der Pflegeaufwand zu hoch, und er dachte nach, was wäre, wenn er noch einmal schwer krank würde. Ganz gezielt suchten schließlich er und seine Frau nach einer angemessenen Eigentumswohnung, nicht zu weit entfernt vom Zentrum von Gütersloh. Sie wollten zu Fuß die gesamte Infrastruktur erreichen können, die Wohnung sollte im Erdgeschoss liegen, möglichst über einen kleinem Garten verfügen, und natürlich sollten in der Anlage angenehme Menschen wohnen. Es dauerte ein Jahr, bis sie einen Neubau fanden, der ihre Wünsche weitgehend erfüllte, und sie legten zusätzlich Wert darauf, dass sie andere Käufer vor der eigentlichen Unterschrift kennen lernten. Es ging alles gut. Denn etwa zwei Jahre später berichtete Herr G., *„das war genau der richtige Schritt zur rechten Zeit. Wir haben mit den Nachbarn gute Kontakte, die Gegend ist ruhig, ich brauche kaum noch das Auto, und vom Erlös des Hauses* *blieb noch eine schöne Reserve übrig, die wir nun gezielt für Reisen einsetzen werden, die wir eigentlich schon lange machen wollten.“*

2. Alten-WG

Es gibt auch Menschen, die ganz gezielt nach einer Wohngemeinschaft Ausschau halten. Ein Beispiel wurde diesbezüglich schon genannt. Dabei dürften die bekannten WG´s der Studentenzeit mit gemeinsamen Bad, Küche und Kühlschrank, für Menschen im höheren Alter ziemlich out sein, oder gar unmöglich. Aus meiner bescheidenen Sicht auch nicht wirklich zu empfehlen! Was sinnvoll ist, sind Häuser mit mehreren separaten Wohnungen, die von Menschen mit ähnlicher Gesinnung, mit einer Art „open door“ Einstellung betrieben werden. Wer sich dafür interessiert, dem empfehle ich das Buch von Henning Scherf, dem ehemaligen Oberbürgermeister von Bremen, der seine Erfahrungen mit einer solchen Wohngemeinschaft in *„Grau ist bunt“* (Herder-Verlag) sehr lebhaft und ausführlich beschreibt. Henning Scherf ging eine derartige „Wohngemeinschaft auf hohem Niveau“ bereits im Alter von 52 ein. Inzwischen ist er über achzig und seine Erfahrungen in dieser Sache sind, laut eigener Beschreibung, nur positiv. Gleichartige Aussagen machte Frau Rieger, die zusammen mit ihrem Mann und weiteren fünf interessierten Paaren ein entsprechendes Objekt schon in den neunziger Jahren innerhalb der Stadtmauern von Nürnberg realisierte. Inzwischen gibt es hunderte derartiger Projekte in ganz Deutschland!

Was man dazu braucht sind entweder Mitstreiter mit Geld, um ein geeignetes Objekt finanzieren zu können, oder (und diese Möglichkeit gibt es durchwegs, zum Beispiel in Nürnberg), – die Kooperation einer städtischen Wohnbaugesellschaft, die bereit ist, ein derartiges Modell zu unterstützen. In beiden Fällen ist persönliches Engagement verlangt und wahrscheinlich ein langer Atem, bis ein solches Projekt umgesetzt ist. Aber es kann sich lohnen! Ist dies doch eine sehr gefällige Form, die, bei entsprechend guter Planung, die bestmögliche Alternative zur gefürchteten *„Einsamkeit im Alter“* oder der Abstelle in einem Altenheim bietet.

3. Abgemilderte WG

Es gibt aber noch eine weitere Form des *„altersgerechten Wohnens“*, die ich selbst versuche zu praktizieren, nachdem ich lange versucht hatte, eine Gemeinschaft mit mehreren Wohnungen zu gründen, und schließlich aufgegeben habe. Ursprünglich hatte ich nach einem Objekt gesucht, mit vier bis fünf Wohneinheiten, in ruhiger, stadtnaher Lage. Tatsächlich war es auch möglich, derartiges zu finden. Woran es scheiterte waren meine Freunde in ähnlichem Alter, die zunächst alle von der Idee begeistert, dann aber letztlich nie bereit waren, sich von ihrer jetzigen Behausung zu trennen. Entweder war es „noch zu früh“, oder „zu teuer“, oder man konnte sich über die Aufteilung nicht einigen, da alle auf einmal im Erdgeschoss wohnen wollten. Irgendwann gab ich auf und fand für mich und meine Frau im Haus gleich nebenan eine Wohnung, die genau passte. Und da ich auch die Menschen in dieser Anlage seit vielen Jahren kannte, wusste ich, dass wir auf Mitbewohner treffen würden, mit denen wir gut auskommen könnten und mit denen eine *„Wohngemeinschaft in abgemilderter Form“* möglich ist. Und so kam es auch. Wir pflegen gute Kontakte, nehmen am Leben der Anderen in wohltuender Distanz teil, helfen uns gegenseitig falls man Hilfe braucht, und haben damit genau das erreicht, was wir ursprünglich wollten. Wir haben erhebliche Freiheitsgrade, und dennoch nicht das Gefühl, dass wir isoliert auf einer Insel aus Backstein leben.

4. Seniorenanlagen, Alten- und Pflegeheime

„Hinterm Horizont geht's weiter“ –
soviel als Trost von Udo Lindenberg.

Schreibt man über „Wohnformen im Alter“, sollte man noch Alters- und Pflegeheime erwähnen. Es gibt Menschen, die planen ihren Heimaufenthalt schon sehr frühzeitig, suchen sich so um die sechzig einen für sie geeigneten Platz aus, halten jahrelang eine Anmeldung aufrecht und ziehen schließlich freiwillig dort ein. Das Schauspielerehepaar Walter Giller und Nadja Tiller wohnte jahrelang am Luganer See und dann, so um die achtzig, suchten sie sich nicht eines, sondern zwei nebeneinander liegende Apartments in einer entsprechenden Anlage in Hamburg und zogen schließlich „rechtzeitig“ um, damit noch Zeit zur Eingewöhnung bliebe, auch für den Fall, dass einer plötzlich alleine sein würde. Ähnlich machten es der Politiker Hans-Jochen Vogel und seine Frau. Ebenso mit achtzig und noch bei guter Kraft, tauschten sie das eigene Haus gegen eine kleine Wohnung im Münchner Augustinum, einer Seniorenanlage, ein. Es scheint Geschmacksache zu sein. Denn eine andere Kategorie Mensch scheut allein schon den Gedanken an ein Altersheim oder an eine Seniorenanlage wie der Teufel das geweihte Wasser und hat beschlossen, wenn überhaupt, dann nur zum Sterben dort hin zu gehen und das Ganze bis auf Weiteres zu verdrängen. Es bleibt Ansichtssache.

Man sollte jedoch beachten, dass, falls man sich irgendwann dann doch für ein Altersheim entscheidet, dieses über ein angeschlossenes und integriertes Pflegeheim verfügt, damit man selbst (oder die Angehörigen) im Notfall nicht noch mal suchen und umziehen muss.

Ansonsten, so muss ich gestehen, ist es nicht unbedingt das angenehmste Thema, mit dem man sich befassen möchte. Denn irgendwie reden wir hier über den finalen Wohnort.

Was danach kommt, besteht aus Holz, ist etwa zwei Meter lang, 60 Zentimeter hoch und ähnlich breit. Amen!

Die persönliche Standortbestimmung

„Wer nicht weiß, welchen Hafen er ansteuert,
für den ist kein Wind günstig.“
(Seneca)

Wenn Sie sich noch einmal auf die *Bedürfnishierarchie nach Maslow* besinnen, so haben wir uns in den bisherigen Abschnitten intensiv mit dem beschäftigt, was Ihnen *Sicherheit* zu geben vermag – im finanziellen, wie auch im geistigen Bereich –, gefolgt von den Veränderungen im *sozialen Umfeld* sowie *mit Werten* im Allgemeinen und *Wertschätzung* im Besonderen. Dies aus einer schwerpunktmäßigen Perspektive für Menschen, die sich in der umfassenden Transition vom Berufsleben in die Pensionierung befinden und damit von einer Lebensphase in eine andere. Es ist davon auszugehen, dass Sie ihre *körperlichen Grundbedürfnisse* in einer Weise befriedigt haben, die Ihrem individuellen Modus und Gesundheitszustand entspricht. Auf einige spezielle Aspekte, die mit dem Prozess des Älterwerdens verknüpft sind und dadurch deutlichen Verwandlungen unterliegen mögen, wie beispielsweise der Bereich der Sexualität, soll in einem späteren Kapitel eingegangen werden. In den folgenden Überlegungen soll es nun darum gehen, Vorbereitungen zu treffen, die Ihnen einen möglichst hohen Grad an *Selbstverwirklichung* und damit Befriedigung ermöglichen, um die neue Freiheit, die Ihnen der Abschied vom Berufsleben erlaubt, in der Ihren jeweiligen Möglichkeiten entsprechenden Weise bestens nutzen zu können.

Somit lade ich Sie in diesem Abschnitt zunächst zu einigen Reflexionen ein, die Ihren jetzigen Job betreffen und zu dem, was Sie dabei loslassen werden müssen -, sowie ein genauer Blick auf das, was Sie in Ihrem Leben bisher erreicht haben und was Sie noch erreichen wollen. Um den eigentlichen Abschied vom Berufsleben zu versachlichen, empfiehlt sich allerdings für diejenigen Leser, die sich noch im Beruf befinden oder auch diejenigen, die den Abschied kurz hinter sich haben, eine genaue Betrachtung dessen, was Ihnen ihr Job an positiven wie an negativen Inhalten gibt. Die folgende Auflistung ist ein Konzentrat der häufigsten Feststellungen, die unsere Seminarteilnehmer dabei benannten. In einigen dieser Angaben werden auch Sie sich finden – es ist jedoch empfohlen, dass Sie diese individuell, entsprechend Ihrer eigenen Empfindungen ergänzen:

Was gibt mir mein Job?

Positiv
Fixes Einkommen, soziale Absicherung, Status, Ansehen, Anerkennung, Stolz, feste Strukturen, gewohnte Umgebung, Kollegen, Kommunikationspartner, Reisemöglichkeiten, Fortbildung, kreative Möglichkeiten, etc.

Negativ
Monotonie, Stress, körperliche Belastung, Mobbing, Fremdbestimmtheit, Anpassung, Ein- und Unterordnung, ungesunde Luft, schlechte Stimmung, Abhängigkeiten, unnötige Vorschriften, sinnlose Regeln, Sachzwangsjacke, etc.

Sinn und Zweck dieser Reflexion soll sein, dass Sie rechtzeitig für das, was Sie an *Positivem* durch die Aufgabe Ihres Jobs loslassen werden müssen, *Kompensationsmöglichkeiten* finden. Mit Sicherheit werden Sie beispielsweise eine neue Struktur Ihres Tagesablaufs definieren müssen. Dieser muss ja keinesfalls schlechter sein, als der fremdbestimmte Takt in ihrem beruflichen Alltag. Auf den Wert von Kollegen und Kommunikationspartnern wurde im Abschnitt „soziales Umfeld“ verwiesen. Reisemöglichkeiten werden Sie nach der Pensionierung sicherlich so gestalten können, dass sie kein Stress mehr sind, sondern erholsam und erlebnisreich. Und Fortbildung werden Sie wahrscheinlich dort suchen, wo ihr urei-genes, inneres Bedürfnis steckt, um eine Kreativität in Bereichen zu ermöglichen, die bisher vielleicht zu kurz kamen. Wenn Sie sich erst einmal auf den Weg gemacht haben, reizvolle Alternativen für diejenigen Aspekte Ihres Berufslebens zu suchen, die

Sie mit gewisser Wehmut abgeben müssen, wird wahrscheinlich sehr rasch die Neugier auf das was vor Ihnen liegt, seinen eigenen Reiz entwickeln und sich entfalten können. Sie müssen diesem nur eine Chance geben und sich gelegentlich erinnern, dass es an der Bereitschaft zur Veränderung liegt, wie stark neue Lebensfreude aufkommen kann!

Von allem, was Ihnen an Negativem einfällt, dürfte Ihnen den Abschied nicht allzu schwer machen. Das Bewusstmachen all dieser Komponenten soll Ihnen jedoch immer wieder helfen, eine mögliche Trauer um das, was hinter Ihnen liegt und was Sie aufgeben mussten – oder auch durften -, in Grenzen zu halten. Wahrscheinlich werden Sie dabei immer wieder von Träumen daran erinnert werden (denken Sie an meinen eigenen Wiederholungstraum mit der Frage „Wo bleibt der Umsatz"), dass „ein Leben nach dem Beruf" ziemlich erleichternd sein kann!

Nachdem Sie in die positiven und negativen Aspekte Ihres bisherigen Berufslebens eingetaucht sind und wahrscheinlich einige Kompensationsmöglichkeiten für die Zeit danach gefunden haben, möchte ich Sie bitten, im Verlaufe Ihrer Standortbestimmung Ihre Gedanken nun dahin zu lenken, *wer Sie selbst sind*, also unabhängig von Ihrem bisherigen Beruf. Es sollte eine systematische Bestandsaufnahme dessen sein, was Ihnen sicherlich bekannt und vertraut ist, Ihnen in einem kurzen Überblick aber helfen mag, Ihre tatsächlichen Möglichkeiten für „das Leben danach" realistisch einzuschätzen, um bereits jetzt mögliche Prioritäten für künftige Aufgabengebiete zu setzen. Schärfen Sie also Ihr Bewusstsein nun für die nicht ganz einfache, weil einigermaßen umfangreiche Frage:

Wer bin ich persönlich (unabhängig von meinem Job)

1. Charaktertyp
Suchen Sie selbst nach den (maximal 5) *stärksten* Charaktereigenschaften, die Ihnen bisher zum Erfolg verholfen haben. Dies könnten unter anderem sein: Teamfähigkeit, Durchsetzungsvermögen, positive Lebenseinstellung, Neugier, Offenheit etc. und fragen Sie sich, ob Sie eher ein *kommunikativer* oder *introvertierter* Mensch sind. Ihre *schwächeren* Aspekte sollten Sie zwar auch kennen, aber nicht weiter vertiefen. Die persönliche Arbeit an diesen wunden Punkten dürfte leider eine lebenslange sein!

Hintergrund: Eine eher introvertierte Person wird mit dem Wegfall des durch den Beruf gegebenen sozialen Umfelds besser zu recht kommen als ein mehr kommunikativer Mensch, namentlich dann, wenn eine intakte Familie und ein umfassender Freundeskreis fehlen. In diesem Fall ist es dringend empfohlen, rechtzeitig, noch deutlich vor dem Berufsende, einen möglichen Ausgleich zu schaffen. Das Bewusstmachen Ihrer charakterlichen Stärken soll Ihnen dabei helfen, die *richtigen* Wege zu finden. So wird sich beispielsweise ein Mensch, dem es grundsätzlich an Neugier mangelt, schwer tun, sich auf ein neues Hobby einzulassen, von dem er weiß, dass er oder sie zunächst ganz unten, quasi als Lehrling anfängt – egal, ob es sich dabei um Golf spielen handelt, um Malerei oder was auch immer. Und eine sehr introvertierte Person wird ihre Zeit wahrscheinlich nicht damit vergeuden, in Prospekten zu blättern, die geführte Reisen in Gruppen anbieten – es sei denn, diese Person ist gar nicht so introvertiert, wie sie glaubt.

Nach dieser inneren Recherche bietet sich an, dass man (oder frau), falls noch nicht geschehen, sich einer objektiven Bestandsaufnahme des eigenen Körpers unterzieht:

2. Gesundheitszustand

Zu diesem Punkt sei eine grundlegende Untersuchung durch einen Arzt Ihres Vertrauens empfohlen und ein Blick in die genetische Herkunft. Wer Eltern hat, die beide die neunzig gesehen haben, wird wahrscheinlich eine höhere Lebenserwartung haben als jemand, der im Alter von dreißig bereits Vollwaise war. Ähnliches gilt für eine Person, die von einer entsprechenden Krankheitshistorie gezeichnet ist. Die eigene Planung des zu erwarten-den Restlebens kann man danach, mit aller Vorsicht, auf eine einigermaßen realistische Erwartung ausrichten und noch bewusster versuchen, die verbleibende Zeit so angenehm wie möglich zu verbringen. Ein gesunder Egoismus dürfte dabei beim Aufräumen helfen, um möglichst viel Ballast los zu werden mit der Klarheit, dass dieses Leben einzigartig und in jedem Fall kurz genug ist.

3. Aktuelle Lebensphase

Es gibt Personen meines Geschlechts, also Männer, die mit sechzig noch mal eine um zwanzig Jahre jüngere Frau ehelichen und bewusst ein Kind zeugen. Es sei die Bemerkung erlaubt, dass es sich hierbei um eine geistige Verwechslung handeln muss und um einen Akt, der in die Lebensphase irgendwo zwischen zwanzig und maximal fünfzig passt, aber nicht so ganz in das statistische letzte Viertel eines Lebens. Es sei auch erwähnt, dass, falls man den statistischen Exitus von etwa achtzig tatsächlich erreicht, dieser nicht mit einem Schlag und „Aus“ kommen muss, sondern in aller Regel durch einen mühsamen, nicht so ganz schönen Weg des Schwächerwerdens gezeichnet sein wird. Bleibt noch der nüchterne Hinweis, dass der Durchschnittswert von achtzig ein höchst theoretischer ist, der deswegen durchschnittlich ist, weil mindestens genauso viele vor achtzig sterben wie danach. Er muss also nicht erreicht werden! Es handelt sich eher um ein „Kann“ denn ein „Muss“. Vom körperlichen und geistigen Zustand ist in dieser Statistik ohnehin keine Rede! Mit Verlaub sei also auch in diesem Punkt auf eine pragmatische Selbsteinschätzung verwiesen, mit der Aufforderung, das zu tun, was realistisch ist, und in jedem Fall das, was sinnvoll und lohnenswert erscheint. Ich erlaube mir, Ihnen an dieser Stelle eine meiner eigenen Erkenntnisse mit auf den Weg zu geben, die mir „der Herr" (vielleicht auch „die Frau") leider erst mit steigendem Alter, jedoch in absolut notwendiger Ergänzung eines aus Amerika stammenden Mottos einflößte:

Zeit ist Geld – aber unbezahlbar

Vielleicht kann dieser Spruch dem einen oder anderen Leser dazu verhelfen, den Abschied vom Beruf noch mal in einem anderen Licht zu sehen ...

Die folgenden Punkte haben Sie im Verlauf der Lektüre dieses Buchs bereits behandelt, aber ich schlage vor, diese noch mal an dieser Stelle hervorzuholen, und zwar mit der grundsätzlichen Frage *„wie steht es um meine ..."*

- Partnerschaft (sofern vorhanden)
- Kinder und Enkelkinder (sofern vorhanden)
- erweiterte Familie
- Freunde/soziales Umfeld
- finanzielle Situation

Falls Defizite in den ersten vier Punkten bestehen, weil möglicherweise der Beruf zu viele Jahre im Vordergrund stand, besteht ernsthaft Anlass zum Grübeln – und zum Handeln! Mit der finanziellen Situation, die Sie im Alter von 65 erreicht haben, werden Sie voraussichtlich leben müssen.

Damit kann man sich allmählich der Frage nähern, ob es da noch etwas außerhalb dieses Berufs gibt, das die Tage danach ausfüllen könnte. So möchte ich Sie bitten, ohne dies durch konkrete Pläne zu verstärken (dies soll etwas später geschehen!), zu untersuchen, ob da noch etwas anderes ist – möglicherweise auch früher einmal war und was man wieder aufgreifen könnte! – an:

- Hobbys und
- Interessengebiete

die jenseits Ihres Berufs liegen. Bitte machen Sie an dieser Stelle nur eine Auflistung, die später zu einer konkreten Auswahl und Vertiefung führen soll.

Was habe ich im Leben erreicht

Ich möchte Sie keineswegs mit einer übertriebenen Nabelschau endlos nerven und mit langen Fragebögen langweilen! Aus Erfahrung weiß ich jedoch, dass für viele Menschen – davon bezeichnenderweise mehr Männer als Frauen – das Berufsende einher geht mit dem Gefühl der Wertlosigkeit, des Sinnentzugs, und vielfach lähmender Enttäuschung, bis hin zur Depression. Es ist daher enorm wichtig, dass Sie sich immer wieder auf ihre vorhandenen Stärken und persönlichen Werte besinnen, die Sie keinesfalls zusammen mit dem letzten Gang vom Arbeitsplatz nach Hause an den Nagel hängen!

Ich habe einen Mann getroffen, der mit Ende fünfzig früh pensioniert wurde, sich aber nicht getraute, dies seiner Familie zu erzählen und weiterhin jeden Morgen das Haus verlies und so tat, als ginge er weiter zu einem großen Elektrokonzern. Ich habe auch einen Herrn kennengelernt, der gestand, dass er sich zwar in der passiven Phase der Altersteilzeit befand, aber sich dennoch täglich den Firmenausweis um den Hals hängte, damit die Nachbarn meinten, er sei noch in festen Diensten. Keiner dieser Männer hat diese Phase lange durchgehalten und es war eine Befreiung, als sie in der Gruppe endlich davon reden konnten. Die Scham über den Verlust des Arbeitsplatzes und die ungewohnte Rolle des Pensionistendaseins ist übrigens von Loriot in seinem Film *„Papa ante Portas“* exzellent dargestellt und lädt zum Schmunzeln ein! Jeder muss da irgendwann durch und sollte sich glücklich preisen, dass er oder sie diesen Status erreichen durfte!
So gestatten Sie bitte dass ich Ihnen möglicherweise weiter auf den Wecker gehe und Sie hiermit auffordern möchte, an dieser Stelle ein letztes Mal in sich zu gehen und aufzulisten:

Was habe ich mir erfüllt?

Da werden Sie wahrscheinlich erst wieder an Ihren Beruf denken und das ist zunächst auch nicht verkehrt, denn da wird sich eine Menge finden, das Sie mit ein klein wenig Kreativität so abstrahieren können, dass es „zum Leben danach" übertragen oder sogar komplett mit hinüber genommen werden kann.

Sie sollten aber auch nicht vergessen, dass Sie es vielleicht geschafft haben, ein ganz toller Vater, ein Onkel, eine Mutter oder auch ein Freund zu sein, und dass Sie für diese Menschen etwas Einzigartiges und Besonderes sind! Und vielleicht waren oder sind Sie ein Trainer in der Jugendgruppe einer Fußballmannschaft, oder Sie sind im Gemeinderat oder Sie waren für viele Personen ein wichtiger Gesprächspartner. Vielleicht sind da auch Menschen gewesen, für die allein Ihre Präsenz von Bedeutung war. Möglicherweise haben Sie sogar in einer Nebentätigkeit mehr geglänzt als im Beruf.

Stellen Sie ihr Licht bitte nicht unter den Scheffel, ein jeder von uns hat im Leben etwas Besonderes erreicht! Es müssen auch gar nicht die starken Blender sein, denn es sind die kleinen Dinge, die das Leben ausmachen, nicht die großen! So nehmen Sie sich bitte diese Zeit und sinnieren darüber, was da alles war und wo man anknüpfen kann. Vielleicht ist es auch gut, wenn Sie mit jemandem Vertrauten darüber reden. Schreiben Sie aber ruhig alles auf, damit Sie es jederzeit hervor holen können, falls Sie doch noch irgendwann in eine Stimmung kommen sollten, in der Sie sich als „Loser" und nicht als „Gewinner" fühlen. Denken Sie auch im-mer wieder an die Talente und Fähigkeiten, die Sie in Ihrem Be-rufsleben vielleicht nicht so ganz nutzen konnten! Denn an das, was Sie im Leben bisher erreicht haben, schließt sich logischerweise das an, was Sie noch erreichen wollen – in der Zeit nach der Hauptarbeit, die man vielleicht auch als *„Tun im Nichtstun"* bezeichnen kann oder zumindest als eine Zeit mit Tätigkeiten, in der man ganz entspannt das tun kann, was man selbst will. Und diese Phase kann eine sehr lange sein – vielleicht 20 oder gar

30 Jahre (damit fast so lange wie Ihr offizielles Berufsleben), eine Spanne, die erlaubt, dass man sogar noch etwas richtig Großes anpackt, dass man sich auf eine neue Ausbildung einlässt oder im Laufe dieser Zeit immer wieder Neues ausprobiert. Der folgende Abschnitt möge Ihnen dazu einige Ideen geben. Sie finden tatsächliche Projekte und Vorhaben, die teilweise von unseren Seminarteilnehmern angepackt wurden oder denen ich im Laufe der Zeit selbst begegnet bin oder auch nur davon gelesen habe.

Was will ich noch erreichen

„Es ist nicht genug, zu wissen, man muss auch anwenden. Es ist nicht genug, zu wollen, man muss auch tun."
(Johann Wolfgang von Goethe)

Und jetzt wird's richtig schön! Denn nach einer Phase der Bestandsaufnahme weiß man, was zur Verfügung steht und wo man sich selbst befindet, man kennt seine Ressourcen. Damit kann man anfangen zu träumen und zu planen. Ich empfehle zunächst wieder ein „Brainstorming", indem Sie alles aufschreiben, was Ihnen einfällt, zunächst ohne jede Bewertung und ohne jede Überlegung ob das, was Ihnen in den Sinn kommt, in irgendeiner Weise realistisch ist. Bekannterweise entstehen Wege erst beim Gehen und wer das Ziel zu früh vorweg nimmt, vergisst oft, dass das eigentliche Ziel der Weg an sich ist. Und bedenken Sie auch, dass Sie keine Orden mehr brauchen. Die Medaillen, die Sie haben wollten, sollten Sie in diesem Alter haben – oder nicht! Alles, das Sie von jetzt an tun, „darf" Spaß machen, mehr Kür als Pflicht sein. Und die Sachzwangsjacke ist auch keine Entschuldigung mehr, denn ab jetzt sind Sie weitaus freier als je zuvor! Sie müssen Ihre Zeit nicht mehr verkaufen und das Geld (die Rente) kommt von selbst.

So fangen Sie bitte an mit dem Aufschreiben Ihrer Träume, der unerfüllten Wünsche, dem, was Sie schon „immer mal tun wollten" aber dafür nie Zeit oder Muse hatten. Gehen Sie dabei auch zurück in die Vergangenheit, bis hin zur Jugend, was Sie da gerne taten oder tun wollten und vielleicht verschüttet haben oder auf den „Sanktnimmerleinstag" aufgeschoben haben. Jetzt ist die Zeit, dieses wieder hervor zu holen und den alten Sehnsüchten eine zweite, wenn auch späte Chance zu geben. Das muss nicht alles jenseits vom bisherigen Beruf sein, das kann jedoch sehr gut mit dem Beruf verknüpft sein! Unterteilen Sie das Resultat Ihres Brainstormings in verschiedene Bereiche analog folgender Beispiele, die Ihnen auf Ihrer weiteren Suche Anregungen geben mögen.

1. Fortsetzer, Umsteiger, Freiwillige, Hobbyisten, Mußemenschen

Je nachdem, womit ein sogenannter Pensionär den Hauptteil seiner Zeit verbringt, kann man Kategorien bilden. Es gibt welche, die setzen in irgendeiner Form ihren Beruf fort, andere suchen sich etwas gänzlich Neues und steigen um, andere engagieren sich stark im sozialen Bereich oder in Freiwilligendiensten, andere frönen nur noch ihren Hobbys, andere üben sich nur noch in der Muse.

Einer meiner Bekannten, ein Kinderarzt, ging mit *„Ärzte ohne Grenzen"* nach dem Ausstieg für ein paar Monate auf die Philippinen und erzählte, *„es war wie eine Befreiung. Endlich wieder an der Basis arbeiten, ohne Apparatemedizin, ohne Bürokratie und ohne Geld"*. Es blieb nicht bei einem Aufenthalt, es folgten mehrere – bis schließlich seine Frau streikte mit dem nicht ganz falschen Hinweis: „Dein ganzes Berufsleben warst Du viel zu wenig zu Hause und jetzt soll das so weiter gehen. Vergiss es! Entscheide Dich bitte endgültig für Deine Familie oder die Fortsetzung Deines Berufs!" In diesem Fall handelte es sich zunächst um einen „Fortsetzer", der dann aber mehr oder weniger in die Muße gezwungen wurde.

Ein Ingenieur, der bisher für einen Anlagenbauer tätig war, fand eine neue Befriedigung bei SES, dem *„Senior Experten Service"*. Er geht für wenig Geld und Begleichung der Spesen immer wieder für ein paar Monate in Entwicklungsländer (Anmerkung: Projekte auch im Inland) und hilft bei der Planung oder beim Aufbau neuer Fabriken. Genauso wie ein Bäckermeister und ein Metzgermeister, die zu diesem Thema in einer Fernsehsendung auftraten. Beide sind bei derselben Organisation sporadisch engagiert und helfen bei der Realisierung von Handwerksbetrieben in Afrika. In diesen beiden Fällen haben auch die Familien mitgespielt.

Ursula Nölle, vom *Verein zur Unterstützung von Schulen in Afghanistan e. V.*, ist ein Beispiel dafür, dass man mit 58 noch etwas ganz Großes anfangen, und selbst im hohen Alter von 82, nach 26 Jahren Engagement noch seinem Leben einen befriedigenden Inhalt geben kann, der im Prinzip einem beruflichen Neuanfang gleich kommt. Sie baut in ganz Afghanistan Schulen auf und wer Interesse an ihrer Geschichte hat, gebe bei einer Suchmaschine wie z. B. Google nur „Ursula Nölle" ein und findet eine Menge an Informationen.

Ähnlich war es mit Karl-Heinz Böhm, dem Schauspieler. Er gründete mit Mitte fünfzig sein Hilfsprojekt *„Menschen für Menschen"*. Ein klarer Fall also von einem „Umsteiger". Wer mehr dazu wissen will, verfahre nach gleicher Methode oder gebe „Karl-Heinz Böhm" bei Wikipedia ein, dem Online-Lexikon.

Oder der pensionierte Polizist aus München, Heinz Reiter, der zunächst in Nepal und dann in Indien ein Schutzzentrum gegen Kinderprostitution gegründet hat (Süddeutsche Zeitung vom 2. 3. 2007).

Oder Rüdiger Nehberg, eigentlich gelernter Bäcker, im Hauptberuf aber lebenslanger Abenteurer und inzwischen Menschenrechtler. Ihm gelang im Alter von 72 noch eine internationale Konferenz in Kairo zur Verurteilung von Genitalbeschneidungen von Frauen zu organisieren (SZ vom 23. 12. 2006).

Heinrich Treutner aus Gießen, ein pensionierter Lehrer, konnte bei mehreren Tauchurlauben auf den Philippinen nicht ganz die Armut der Bauern ausblenden. Er gründete *„Lotus Hilfsprogramm"* und sammelt dafür Spenden ein.

Manfred Lackmann (inzwischen 75) aus Eisenberg in der Pfalz erging es ähnlich in Kenia. Er gründete den Verein *„Förderverein Schülerhilfe Kenia"* und gründete dort eine Schule.

Der Apotheker Reinhard Büttinghaus aus München ist bei *„Apotheker ohne Grenzen“* engagiert und sammelt Medikamente für Entwicklungsländer in der ganzen Welt.

Es müssen aber nicht immer ferne Länder sein. Hierzulande gibt es zahllose Interimsmanager, Herren und Damen (!), die nicht ganz aufhören können oder wollen, und ihre Fähigkeiten jeweils für ein zeitlich begrenztes Projekt einbringen.

Von München und Ansbach aus beraten die *„Aktivsenioren Bayern“* Existenzgründer und prüfen Geschäftsideen auf deren Umsetzbarkeit. Allein im Bereich Nürnberg-Fürth-Erlangen gibt es dafür über 40 Berater, darunter ehemalige Patentanwälte, Kaufleute, Ingenieure und Banker. Wen´s interessiert: Internet unter *„aktivsenioren.de“*. Außerdem gibt es u. a. *„dinosaur-exchange.com“* oder auch *„erfahrung-deutschland.de“*. Die in Bonn befindliche Zentrale des „Senior Expert Service“ findet sich unter *„ses-bonn.de“*, und in den U.S.A. findet sich *„seniors4hire.org“*.

Es geht aber auch ohne die Hilfe einer Organisation. So erzählte mir der Personalleiter einer Automobilfirma, Heinz O., kurz vor seiner Pensionierung, dass er eine neue, sinnvolle Aufgabe für sich darin sieht, seine vielseitigen Kontakte zu anderen Personalern zu nutzen, um zusätzliche junge Menschen unterzubringen. Eine sehr wichtige Aktion, die er inzwischen in die Tat umgesetzt hat und die sehr erfolgreich läuft.

Etwas ganz anderes machen Dagmar S. und Horst M. Sie arbeitet gelegentlich als Model bei *„Elbmodels“* in Hamburg, er bei „Seniormodels“ in München. Beide fanden ein recht lukratives Nebeneinkommen in einer Tätigkeit, die ihnen recht viel Spaß macht und zusätzlich Bestätigung bringt. „Die Alten“ sind schließlich im Kommen und auch die Werbeindustrie hat erkannt, wo das meiste verfügbare Geld liegt und wo noch was zu holen ist.

Klaus H. hatte Elektrotechnik studiert und war bis zu seiner Frühpensionierung Projektleiter bei Siemens in Erlangen, mit

Hobby Önologie. Wie so viele träumte er zunächst von Italien und von Südfrankreich, musste aber feststellen, dass dies aus Kostengründen ausschied. Irgendwann stieß er durch eine Zeitungsannonce auf einen kleinen Bauernhof mit eigenem Weinberg, nicht weit entfernt von seiner fränkischen Arbeitsstätte. Damals war er Mitte fünfzig. Der Familienrat tagte und man beschloss den Bungalow zu verkaufen, den alten Hof zu renovieren und damit stand für Klaus H. und seine Frau fest, was nach der eigentlichen Arbeit kam. Nämlich eine neue, die zugleich Hobby war oder dies zumindest bleiben sollte.

Viele Reiche dieses Landes, die nicht alles vererben wollen und kapiert haben, dass sie der Gesellschaft auch etwas zurück geben können, gründen Stiftungen und bringen außer ihrem Geld noch ihr wertvolles Know-how in eben diese ein. So zum Beispiel Hasso Plattner, der SAP-Gründer, der ein ganzes IT-Institut in Potsdam unterhält. Peter Schnell, der Gründer der Software AG bringt einen Großteil seines Vermögens in seine Stiftung „Software AG Stiftung" ein, die Kindern, Behinderten und Alten hilft. Der ehemalige Unternehmer Heribert Wirth hat den Ausstellungsbeitrag von Nepal bei der Expo 2000 in Hannover gekauft und in einem wunderbaren Park in Wiesent, bei Regensburg, neu aufgebaut und der Öffentlichkeit zugänglich gemacht (www.nepal-himalaya-pavillon.de). Die Liste ließe sich beinahe endlos fortsetzen. Über 200 Milliarden Euro werden jährlich in Deutschland vererbt oder verschenkt. Man muss nicht zu den Superreichen gehören um aktiv zu werden, die Beispiele oben haben gezeigt, dass offensichtlich auch bei ganz normalen Berufen etwas übrig bleiben kann, um dieser Welt wieder etwas zurück geben zu können. Es muss dabei nicht immer Geld sein, das Tun ist mindestens genauso wichtig!

2. Sozialer Bereich und freiwillige Dienste

Es gibt unzählige Anlaufstellen im sozialen Bereich, bei den Gemeinden, bei den Kirchen, die ehrenamtliche Mitarbeiter für die unterschiedlichsten Aufgaben suchen. Die bekannten sozialen und kulturellen Einrichtungen sind immer weniger in der Lage, ihre Aufgaben mit fest angestelltem Personal zu verrichten und sind deshalb auf Freiwillige angewiesen. Aus einer Vielzahl nenne ich hier nur wenige Beispiele, gebe im Anhang jedoch Hinweise und Adressen als Suchhilfe. Fangen wir bei denen an, die auf die Hilfe von Erwachsenen am meisten angewiesen sind und bei denen man auch noch am meisten etwas bewegen kann, den Kindern. Da gibt es zum Beispiel das Kinder- und Jugendhilfswerk „Die Arche" in Berlin, Hamburg und München. Man versucht Kinder von der Straße zu holen, sie zu beschäftigen und zu betreuen und sie außerdem mit einem warmen Mittagessen in der Schule zu versorgen.

Man kann jedoch auch ohne eine Institution im Hintergrund persönliche Patenschaften übernehmen, man kann Nachhilfeunterricht geben, man kann sich in privaten Schulen engagieren wie Montessori. Man kann sogar seine eigene örtliche Organisation (z. B. Die Arche), zusammen mit Gleichgesinnten gründen, falls in der Gemeinde, in der man wohnt, derartiges nicht vorhanden ist. Anregungen dafür kann man sich bei Institutionen holen, die in anderen Kommunen bereits tätig sind. Die Schere zwischen Arm und Reich klafft auch in unserem Land immer weiter auseinander und überall gibt es Menschen, deren Einkünfte nicht mehr für das Notwendigste reichen. Die Arbeit der „Tafel" habe ich bereits an anderer Stelle erwähnt. Leider gibt es aber auch zunehmend Familien, die weder finanziell noch pädagogisch in der Lage sind, sich um die Erziehung ihrer eigenen Kinder zu kümmern, oder Einwanderer, die ihren Kindern unsere Sprache nicht ausreichend vermitteln können. Hier bietet sich ein weites Feld an Engagement, Kreativität und sehr sinnvollen Aufgaben für Mentoren und Patenschaften! Neuerdings gibt es zusätzlich über zwei Millionen Flüchtlinge in unserem Land, von denen sehr viele auf eine helfende Hand angewiesen sind.

Für den Krankenhausbereich möchte ich die *„Grüne Damen"* (Herren sind auch dabei!) nennen. Sie entlasten das Pflegepersonal indem sie mit den Kranken das Gespräch suchen, kleine Dienste und Aufmerksamkeiten übernehmen, für die die Klinikbediensteten keine Zeit haben. Sicher kennen Sie *„Essen auf Rädern"*. Alten oder Kranken wird von verschieden Diensten (z. B. *Die Johanniter*) ein oder zwei Mal am Tag ein warmes Essen gebracht. Die Fahrer sind in aller Regel „Freiwillige 50 Plus" oder auch andere ehrenamtliche Helfer. Eva M., eine ehemalige Mitarbeiterin bei einer Bundesbehörde, geht in verschiedene Alten- und Pflegeheime und liest den dortigen Bewohnern Geschichten vor oder organisiert kleine Konzerte in Zusammenarbeit mit der örtlichen Musikschule.

Im kulturellen Umfeld kenne ich Hanne J. aus Miltenberg. Da sie sehr gut Französisch spricht, bietet Sie Stadtführungen an für Besucher aus diesem Sprachkreis. Helmut D. warb unentgeltlich Sponsoren für seinen lokalen Kulturtempel und seinen Verein „Freunde des Theaters Zwingenberg". Und Hilde M. gründete in Berlin eine eigene Seniorentheatergruppe.

Eine Adresse, die ich an dieser Stelle explizit nennen möchte, ist BAGSO, die *„Bundesarbeitsgemeinschaft der Senioren Organisationen"*. Auf ihrer Website findet sich eine Fülle an regionalen und überregionalen Adressen, an Veranstaltungen und Diensten. Oder auch die Website Ihrer jeweiligen Gemeinde. In meinem Wohnort, Nürnberg, findet sich beispielsweise nach wenigen Klicken ein Link zu „Ehrenamt" und führt dann zu „Bürgerstiftung Nürnberg". Fast jede Kommune bietet ähnliches. Wer Einer oder Eine von 22 Millionen Ehrenamtlichen in Deutschland werden möchte, findet diesbezüglich reichhaltige Informationen, wenn man bei einer Suchmaschine wie Google „Bundesnetzwerk Bürgerschaftliches Engagement" eingibt. Wer sich tatsächlich engagieren will und in seiner Zeit nach dem Beruf der tödlichen Langeweile des heimischen Sofas entgehen will, der sei an den Bibelspruch erinnert: *„Wer suchet, der findet!"* Und *Er* oder *Sie* wird finden.

3. Oder nur noch das Hobby und die Muße? Vielleicht auch Allrounder?

Man kann sich aber auch ganz ohne schlechtes Gewissen auf sich selbst und seine Mußen konzentrieren. So ist da die noch sehr sportliche Dame, bisher schon mit einem Handicap von 15 und nicht gerade am Hungertuch knabbernd, die meinte, sie wolle nach der Pensionierung noch „viele schöne Golfplätze kennen lernen und auf einen Wert von möglichst unter 10 kommen".

Günter L. und seine Frau Maria waren sich einig, dass sie zunächst einmal alle Reisen machen wollten, die sie bisher nicht gemacht hatten und dass sie bis auf Weiteres keine zusätzlichen Pläne machen wollten. Aus eigener Erfahrung erlaube ich mir allerdings den Hinweis, dass es auf Dauer nicht reichen wird. Nach etwa zwei, spätestens im dritten Jahr, wird man in aller Regel reisemüde. (Dies war meine ganz persönliche Erfahrung als ich Mitte dreißig zwei Jahre ausstieg und mit meiner Frau in einem VW-Bus um die Welt reiste.) Der ziel- und sinnesorientierte Geist braucht spätestens dann wieder konkrete Inhalte und Aufgaben. Günter B., der ehemalige Leiter einer Industrie- und Handelskammer im Süden der Republik kombinierte seine Reiselust mit neuer, dauerhafter Herausforderung: Anfang fünfzig hatte er seinen Segelflugschein und dann, wenige Jahre später den für Motorflugzeuge. Inzwischen transportiert er ein bis zwei Mal die Woche Passagiere im Regionalverkehr. Oder der passionierte Segler Fritz K., der sein Geschäft für Krankenhauszubehör verkauft hatte und es genau drei Jahre auf seiner 15 Meter Jacht, mit Schwerpunkt Karibik, aushielt. Bis seine Frau endlich wieder ein festes Heim auf nicht ganz so wackeligem Boden wollte.

Da war die Abteilungsleiterin bei einem Handelskonzern, die im Alter von 58, nach dem Auszug ihres Sohnes, dessen Zimmer leer machte und daraus ein Malatelier entstehen lies. Zuerst waren es Malkurse an der Volkshochschule und dann, noch in der Phase der passiven Altersteilzeit landete sie bei der privaten Kunstakademie, der „Faber-Castell Akademie" in Stein, die auch für ältere

Studenten offen steht. Inzwischen nutzt sie ihr kleines Atelier ein Mal pro Woche, um Kinder ans Malen heran zu führen.

Der ehemalige Leiter eines großen Ingenieurbüros entdeckte seine Kreativität beim Schweißen und stellt inzwischen beachtliche Kunstwerke her aus Teilen, die er auf Schrottplätzen findet. Ähnlich Irmtraud N. aus meinem persönlichen Freundeskreis: Sie entdeckte erst im Alter von 55 ihr Talent für das Modellieren von Skulpturen beim spielerischen Kratzen und Feilen mit einem Kalksandstein. Selbst verblüfft über das Gelingen eines ersten Kopfes entstand ein zweiter, dann ein dritter. Vom Kalksandstein ging es zum Sandstein, dann zum Granit und zum Marmor. Die Werke wurden immer ausgeprägter und auch größer, inzwischen ist sie eine anerkannte Bildhauerin mit besseren Verkaufszahlen als viele Künstler mit Akademieausbildung. Einer meiner ehemaligen Geschäftspartner, ein weißgrauer Charakterkopf und damals Referatsleiter bei einer großen Behörde, steckt inzwischen seine ganze Energie in eine Laientheatergruppe und ist ein gefragter Darsteller geworden. Sabine und Frank L., sie mit heller, er mit sonorer Stimme ausgestattet, singen im Chor. Er bei der Kirche, sie in einer Gospelgruppe.

Mein Freund Hermann L. sucht seinen Erfolg durch Investitionen in aufstrebenden Unternehmen – auch an der Börse. Nicht durch leichtfertiges Zocken, sondern durch langes und genaues Beobachten sowie detaillierte Analyse von Märkten, Branchen und aktuellen Trends. Das kostet dann maximal 2 Stunden pro Tag vor dem Computer und weitere breite Informationsgewinnung aus vielfältigen Quellen. Außerdem hat er eine Initiative gegründet, die Hauptschülern in verschiedenen Handwerksbetrieben und im Einzelhandel eine Praxisstelle zum Reinschnuppern vermittelt, um eine berufliche Orientierung zu finden. Dazu führt er regelmäßige Gespräche mit dem Rektor sowie mit Unternehmern, und nimmt die jungen Leute quasi bei der Hand, bis sie ihren Platz gefunden haben. Zusätzlich ist er alljährlich bei der Organisation des „Roth Triathlon“ engagiert und treibt in seiner Kommune sein Lieblingsprojekt voran, eine Wende, hin zur solaren Energieversorgung. Bleibt trotzdem noch genügend Zeit zum Sport, für die Muße und zum Nachdenken.

Ich möchte nochmal meinen Amigo Franz B. erwähnen, gelernter Diplom Informatiker, der ein Mal die Woche an einer Fachhochschule den dortigen Studenten praxisnahes Wissen vermittelt und zusätzlich regelmäßig seinem alten Hobby nachgeht, nämlich im schwarzen Outfit und mit der Trillerpfeife im Mund, um am Fußballplatz für die Einhaltung der Spielregeln zu sorgen. Ansonsten hat er noch eine beinahe professionelle Schreinerwerkstatt und genügend andere Interessen, so dass ich mir wenig Sorgen um ihn mache, solange ihn „der Herr" (oder „die Frau") von Krankheit und Siechtum verschont. Hermann und Franz, zwei ehemalige Kollegen und echte Allrounder in Sachen Pensionierung, mit Vorbildfunktion dafür, dass das spätere Leben nicht öde wird.

Möglicherweise haben Sie diese wenigen Beispiele inspiriert und ermutigt, das Glas nicht als halb leer, sondern als halb voll zu sehen. Es wäre schön! Bleiben noch die Worte von Johannes Heesters zum Jahresrückblick 2006, nachdem er davor das Methusalem-Alter von 103 erreicht hatte:

„Für mich geht wieder ein Jahr zu Ende, in dem ich mich nicht zur Ruhe gesetzt habe. Vorsätze für das neue Jahr habe ich keine, außer dem einen: Weiterarbeiten. Denn nichts lässt einen so schnell altern wie das Nichtstun. Keine Beschäftigung, keine Aufgaben zu haben, sondern dazusitzen und auf die Wehwehchen zu warten, ist grundverkehrt und hat „mit Leben genießen" nichts zu tun. Das Leben will gelebt werden!"

Verschiedene Aktivitätsbereiche

Falls Sie diese Beispiele inspiriert haben, mache ich im Folgenden den Versuch, Ihnen eine kleine Übersicht mit Anregungen für verschiedene Aktivitätsbereiche zu geben, die Sie entsprechend

Ihrer eigenen Neigungen ergänzen oder verändern können:

1. **Familie und Freunde**
   Hier können Sie sich beispielsweise bei diesen Personen engagieren: eigene Kinder / Enkel / Verwandte / Eltern / Freunde (bitte mit Namen konkret benennen)

2. **Sozialer Bereich**
   Vereine / Clubs / Die Tafel oder andere Organisationen / Bürgerinitiativen / Ehrenämter / Kirchen

3. **Gesundheit und Sport**
   Sport (welchen)/Wandern/Fitnessstudio/Walken/Yoga/ etc.

4. **Wohnen und Haushalt**
   Renovieren/Umgestalten/altengerecht gestalten/Kochen lernen/Feriendomizil/Haushaltshilfen

5. **Reisen**
   Wohin/mit wem/wann/Planung und Vorbereitung/ Finanzierung

6. **Fortbildungen**
   Volkshochschulen/Hochschulen/Kurse für die jeweiligen Hobbys/Sprachen / etc.

7. **Hobbys**
   alles von Segeln bis Malen über Töpfern zu Musizieren und allem, was Sie immer schon mal machen wollten

8. **Beschäftigungen und Ämter**
   wie z. B. Schöffe/Ausbilder/Beratungstätigkeiten/Lehrtätigkeit/Engagement in der Politik/SES oder andere Organisationen für professionellen Zeiteinsatz/Trainer im Verein/ Kirche/Kultur

9. **Finanzen und Vermögen**
   Ausgaben und Einnahmen kontrollieren/Vermögen verwalten/Versicherungen aussortieren/Erbschaft regeln (Testament)/Vollmacht/Patientenverfügung/ Betreuungsverfügung / Steuern optimieren / etc.

Lassen Sie mich zu guter Letzt meinen eigenen Senf zu diesem Findungsprozess geben, mit der Aufforderung:

Es gibt viel zu tun.
Wer seinen Ruhestand der Ruhe
opfert, ist selber schuld!

Nach dieser umfassenden Bestandsaufnahme Ihres aktuellen Standorts, Ihrer individuellen Situation, und „last but not least" mit einem Ausblick auf „das, was noch sein könnte", finden Sie in den nachfolgenden Abschnitten praktische Hinweise zu ergänzenden Themenbereichen für „das Leben nach dem Beruf".

Leinen los!

*„Wir können nur zu neuen Ufern aufbrechen,
wenn wir bereit sind, die alten zu verlassen."*
(Grafik Werkstatt Bielefeld, Karte Nr. 1214)

Die Fragen *„Was wird werden?"* oder *„Wie geht es weiter?"*, die Sie möglicherweise immer noch plagen, wenn der endgültige Abschied vom Berufsleben vollzogen ist, kommt aus der bekannten Angst vor dem Unbekannten und den Ungewissheiten, die mit jeder Art von neuem Lebensabschnitt einher geht. Diese Fragen stellen sich die Schulabgänger von heute, das bewegt jede angehende Mutter, die sich in gewissem Umfang zwischen Kind und Beruf entscheiden muss, sie können durch eine eigene Krankheit oder im Familienumfeld aufgeworfen werden, man wurde damit konfrontiert, wenn man seine Arbeitsstelle wechselte oder wechseln musste. Und irgendwie ging es immer weiter! Stets konnte man nur weitergehen, wenn man bereit war, sich der neuen Situation zu stellen, und einen vertrauten Standort aufzugeben. Eine Krise entsteht immer dann, wenn der Widerstand gegen Wandel und Veränderung größer ist als die Bereitschaft, sich der neuen Situation zu stellen. Wandel ist jedoch dynamisch und damit unaufhaltsam.

Wenn Sie immer noch von Bedenken und Ängsten vor der Pensionierung beherrscht werden, so erinnern Sie sich daran, dass Sie ihr ganzes Leben mit Veränderungen fertig werden mussten und diese auch bewältigt haben. Nur haben Sie jetzt den Vorteil, dass Sie nicht mehr die Unsicherheiten der Jugend in sich tragen, sondern eine gewisse Weisheit des Alters, einen hohen Grad an Erfahrung und ein bewährtes Muster, wie man erfolgreich mit Veränderungen umgeht. Man kann nicht immer kontrollieren, was und wie etwas passiert, aber man kann sehr wohl seine Reaktionen beobachten (denken Sie an das Kapitel „Geist-Körper-Seele") und damit das Resultat beeinflussen. Dazu gehört in jedem Falle positives Denken und Offenheit für das Neue, für das Unbekannte. Diese geben innere Stärke, wogegen Angst nur den Geist vernebelt.

Egal ob Sie den Vorteil haben zu sagen „Ich bestimme den Zeitpunkt wann ich gehe" oder ob Sie gehen müssen und damit jemand anders für Sie „die Leine los macht", stellen Sie sich auf den neuen Kurs ein und nehmen Sie tatkräftig das Ruder selbst in die Hand! Wenn Sie in der glücklicheren Lage sind, selbst über Ihr Berufsende zu entscheiden, können Sie dieses noch wesentlich besser vorbereiten als wenn dieses fremdbestimmt und plötzlich kommt. Sie sollten dies zu allererst mit Ihrer Familie, ihrem Partner oder ihrer Partnerin besprechen, mit den Kindern, vielleicht mit engen Freunden, ganz sicher aber mit Geschäftspartnern und Kollegen, dem engen Umfeld, in dem Sie arbeiten. Und dann sollten Sie, möglichst einvernehmlich, einen fixen und unumstößlichen Zeitpunkt festlegen, damit für alle Seiten Klarheit über diesen Entschluss besteht. Ein sachlicher und gut vorbereiteter Ausstieg erlaubt allen Beteiligten sich gebührend darauf einzustellen, im gegebenen Falle einen Nachfolger aufzubauen, und Ihren Abschied kreativ zu gestalten.

Die Trennung vom Beruf kann sehr gut mit einer Ehescheidung verglichen werden. Es ist sehr viel besser, man geht im Guten und mit gegenseitigem Respekt, als mit Holterdipolter und im Zorn. Ihre Arbeit hat schließlich viele Jahre Ihr privates Leben mitbestimmt und kann damit auch nachher nicht ohne Weiteres ausgeblendet werden. Deshalb ist es besser, man denkt gerne an das zurück was war, als mit Groll und Enttäuschung. Sollte es aller-dings so sein, dass Sie sich „rausgeschmissen" und ungerecht be-handelt fühlen, dann sollten Sie ebenso die Initiative nicht der anderen Seite überlassen und sich vielmehr qualifizierten, juristischen Rat einholen. Möglicherweise können dadurch die Konditionen, zu denen Sie gehen (müssen), wesentlich verbessert werden. Auch in diesem Fall werden Sie sich besser fühlen, nämlich dann, wenn Sie Ihre Haut so teuer wie möglich verkauft haben.

Wer sich auf eine Reise begibt, lässt stets vertraute Menschen zurück und beim Abschied winkt man sich in aller Regel zu.

Dieses Einander-Zuwinken ist ein festes Ritual für jedes Auseinandergehen und es soll heißen „Wir wünschen uns gegenseitig alles Gute", einhergehend mit dem Gefühl „es war schön mit Euch", vielleicht auch verbunden mit einem einfachen „Danke". Nur einsame Menschen gehen alleine! In diesem Zusammenhang tauchte öfter die Frage auf, *„wie gehe ich aus meinem Beruf heraus"*, mit welchem Gestus, mit welchem Ritual.

Es gibt Menschen, die verabschieden sich an ihrem letzten Arbeitstag, wie wenn es ein ganz normaler Feierabend wäre, sagen Tschüs, und das war's dann. Dies halte ich, mit Verlaub, für grundsätzlich falsch! Das ganze Leben ist durchsetzt mit Ritualen, von der Taufe über die Konfirmation, die Abiturfeier, die Eheschließung, der Umtrunk mit Sekt nach einer Erfolgsgeschichte, der Einstand in einen neuen Job – und erst recht der Ausstieg aus dem Berufsleben. Gönnen Sie sich in jedem Fall eine Abschiedsfeier und laden Sie alle die Menschen dazu ein, die für Sie in Ihrem Berufsleben wichtig waren – die Kollegen, Geschäftspartner, vielleicht auch die Familie. Es schafft für alle Seiten eine Brücke, die das Gehen von hier nach da erleichtert. Es tut allen Beteiligten gut, wenn man gerne aneinander denkt und auch noch später mit Wohlgefallen darüber redet. Auch wenn bei solch einem Event ungewollte Rührung aufkommen sollte und Sie möglicherweise Ansprachen, bei denen Sie noch dazu die Hauptfigur sein werden, überhaupt nicht leiden können – sie gehören dazu. Wie bei einer Hochzeit, wie bei einem runden Geburtstag, und ja – wie bei einer Beerdigung. „Beerdigen" Sie Ihr Berufsleben gebührend und feiern Sie hinein in Ihre Wiedergeburt, in einem neuen Lebensabschnitt!

Manche Menschen machen einen kleinen Scheiterhaufen. Und verbrennen alles, was sie nicht mehr brauchen oder gar als Ballast empfinden.
Falls Ihnen zusätzlich nach einem stillen, sehr persönlichen Abschied zumute ist, dann gibt es ein sehr schönes, ruhiges Ritual: Suchen Sie sich einen See, einen Fluss oder auch eine Stelle am Meer aus und nehmen Sie symbolisch einen Stein, der für Ihr

Berufsleben steht. Werfen Sie diesen ganz bewusst ins Wasser, wählen Sie dazu Ihre eigenen, endgültigen Abschiedsworte, betrachten Sie dabei die Wellen, die er hinterlässt, wie sie sich langsam auflösen, und meditieren Sie dazu über das, was Ihnen einfällt.

Und dann gehen Sie nach vorne!

Abstand nehmen und Batterien laden

Für diesen ersten Schritt nach vorne und in eine neue Zukunft empfehle ich Ihnen, dass Sie das tun, was jeder Maler tut, der in einem Bild stecken bleibt, das jeder Skispringer vor dem großen Sprung macht, das bei jedem Gewitter vor dem Sturm kommt – es ist hier der Abstand zum Werk, dort die tiefe Besinnung, und da die Ruhe. Beenden Sie den Feierabend (von „den Abend feiern") Ihrer Lebensarbeit mit einem großen, möglichst langen Urlaub, mit dem sprichwörtlichen Tapetenwechsel, der zugleich den Neubeginn einleitet. Dies kann der lang gehegte Traum einer Reise in die Südsee sein, eine Ayurveda-Kur in Südindien, eine Wanderung quer über die Alpen, eine Reise mit dem Traumschiff, was immer Ihnen und Ihrem Geldbeutel entspricht (es können auch mehrere dieser Reisen hintereinander sein). Dies muss keinesfalls sehr teuer sein – nur sollte das Ganze länger dauern als ein normaler Urlaub. Je mehr Abstand umso besser, umso tiefer können die Batterien neu geladen werden, umso mehr kommen Sie in eine Stimmung, in der Kreativität entstehen kann, in der Sie Ideen und Geschmack entwickeln können für die viele schöne Zeit, die Ihnen nun zur Verfügung steht.

Ich selbst hatte an einem 30. April meine Abschiedsfeier und am 1. Mai saß ich im Flugzeug nach Thailand, suchte erst den Rückzug in einem buddhistischen Kloster, und genoss anschließend eine ruhige Zeit auf Koh Samui. Meine diesbezüglichen Erlebnisse habe ich in *„Ausstieg mit Mitte 50"* beschrieben – ich will sie hier nicht wiederholen.

Ein guter Freund von mir, vormals Chef in einer Mammutbehörde, machte sich auf den sechswöchigen Weg des Jakobspfads von Le Puy, in Frankreich, nach Santiago de Compostela, in Spanien, kam ziemlich „runderneuert" wieder, und schrieb seine Erlebnisse in einem sehr empfehlenswerten Buch nieder *„Auf dem spanischen Jakobsweg. Reisebericht eines Pilgers"* (leider nur noch antiquarisch zu kaufen). Ein Steuerberater verkaufte seine Kanzlei, packte den Rucksack und ging den selben Weg sogar mit Beginn und Ende Nürnberg, und war dabei ganze vier Monate unterwegs. Resultat nach eigener Aussage: „Neuer Mensch".

Mein ehemaliger Kollege Hans F. realisierte einen echten Männertraum: Er holte seine nagelneue Harley Davidson in Milwaukee, im Staat Wisconsin ab und begann von dort, zusammen mit seiner Frau, eine achtwöchige Reise durch die Vereinigten Staaten und Kanada.

Dieter K. legte seinen Abschied in den Herbst, kaufte sich einen Geländewagen mit spartanischen Campingausbau und verbrachte den ersten Winter seiner neuen Freiheit, gemeinsam mit seiner Partnerin, in Nordafrika und im wesentlichen in der Sahara. (Inzwischen aufgrund politischer Wirren nicht mehr unbedingt zu empfehlen – es gibt für Wüstenliebhaber auch andere Länder!).

Hilde und Klaus M. verschifften rechtzeitig im Frühjahr ihre Zehn-Meter-Jacht vom bayerischen Chiemsee ans Mittelmeer, um dort einen Urlaub mit „offenem Ende" zu verbringen.

Und weil's nicht nur „teuer" sein muss: Heinrich B. wollte Deutschland per pedes kennenlernen und wanderte sechs Wochen von Norden nach Süden, von Hamburg bis zum Königssee, und übernachtete vornehmlich in Jugendherbergen. Andere machen den Weg quer über die Alpen.
Dies sind wenige, aber sehr praktische Beispiele für einen lustvollen Übergang vom Berufsleben in die freie Zeit danach und zum Regenerieren. Für den „Alltag", der danach zwangsläufig wieder beginnt, sollen im Folgenden noch einige Überlegungen und

auch Anregungen gemacht werden. Ich beginne mit der Paarbeziehung, die – sofern Sie eine haben – von erheblichen Umwälzungen betroffen werden kann.

Veränderungen in der Paarbeziehung

„Das Alter muss man mit Fassung tragen,
aber es kommt auf die Fassung an!"
(Lothar Schmidt)

Ihr Ausstieg aus dem Berufsleben wird zwangsläufig mit sich bringen, dass Sie einen Großteil Ihrer Zeit zu Hause, in Ihren vier Wänden und – falls vorhanden – mit Ihrem Partner oder Ihrer Partnerin verbringen werden. Dies ist, in aller Regel, die erste große Veränderung und eine, vor der viele der Beteiligten große Bedenken haben. Oft ist die Frau ein paar Jahre jünger als der Mann und hat trotzdem schon einige Zeit zuvor Ihren Job aufgegeben, hat sich daran gewöhnt, den größten Teil des Tages alleine oder nur mit den Kindern daheim zu verbringen. Routinen sind entstanden, Rückzugsmöglichkeiten, Abläufe, die nun schlagartig durch den Mann, der jetzt auch immer da ist, beeinflusst werden. Hier sind Respekt und Fingerspitzengefühl von beiden Seiten erforderlich, damit nicht alles Gewohnte von heute auf morgen durcheinander geworfen wird, und dass eine allmähliche Anpassung und Umgewöhnung erfolgen kann. Häufig muss man auf denjenigen, der diesen großen Schritt in eine völlig neue Rolle macht, mit sehr viel Geduld und namentlich Liebe eingehen, damit dieser seinen Platz findet und sich neu definieren kann!

Wenn beide Seiten berufstätig sind, sind es häufig die Männer, die altersbedingt zuerst aussteigen oder dies tun müssen. Die Frau braucht vielleicht noch ein paar Jahre, um die Rentenansprüche voll zu bekommen, vielleicht reicht das Geld auch insgesamt nicht ganz, möglicherweise macht ihr der Beruf noch so viel Spaß, dass sie weiter arbeiten will. In diesem Fall wird der Mann wohl oder übel und Knall auf Fall in eine völlig neue Situation geworfen, die häufig sehr gewöhnungsbedürftig erscheint. Denn er wird es sein, der den Tag über alleine zu Hause verbringt, er dürfte einen Teil der Haushaltstätigkeiten übernehmen, vom Putzen, über's Einkaufen, möglicherweise bis hin zum Kochen, und sie wird möglicherweise eine Rolle einnehmen, die man landläufig dem Mann eher zugesteht als der Frau, nämlich die des Machers, des Engagierten, des Angestrengten und Gestressten, desjenigen mit dem höheren Einkommen und dem, der (oder die) meint das Sagen zu haben. Auch in dieser Situation sind die hohen Künste des Respekts und der Partnerschaft gefordert, um über diese Klippe hinweg zu kommen. Für den Mann in dieser Lage ist es allerdings sehr ratsam, dass er für sich selbst möglichst schnell einen neuen, nicht nur haushaltsmäßigen Inhalt findet!

Beinahe ideal ist es, wenn beide Teile einigermaßen gleichzeitig und miteinander den Schritt in die Pensionierung vollziehen können. Dann haben in aller Regel beide eigene oder auch gemeinsame Pläne, beide Teile müssen sich in eine neue Rolle einspielen, beide haben Zeit, die sie nun zusammen gestalten können, keiner muss mit sich viel allein sein. Es sei aber auch hier empfohlen, dass sich jeder seine Freiräume schafft, für Rückzugsmöglichkeiten sorgt und seinen ureigenen, persönlichen Interessen nachgeht.

Obige Ausführungen haben unterstellt, dass Sie in einer festen Paarbeziehung leben. Dies ist jedoch keinesfalls selbstverständlich, denn bekannterweise sind inzwischen schon mehr als fünfzig Prozent aller Haushalte in Großstädten Single-Haushalte. Und die statistische Verteilung nach Altersklassen lässt nicht den Schluss zu, dass es sich hierbei in erster Linie um Menschen zwischen 20 und 40 handelt. Keineswegs! Auch wenn die Ehebeziehung oder zumindest ein Zusammenleben, so um die 50 und 60 zwar immer noch die bevorzugte Form des Wohnens ist, so ist dies nicht unbedingt die Norm. Allerdings scheint sie den Beteiligten gut zu tun (auch wenn dies nicht immer und notwendigerweise den Anschein erwecken mag!). Denn Frauen und Männer, so zeigen neueste Statistiken, die in einer langjährigen und festen Beziehung leben, haben eine um bis zu drei Jahre höhere Lebenserwartung. Ich persönlich bin ein überzeugter Paarmensch. Namentlich im Alter! Nach einer sehr anstrengenden und mühevollen Single-Zeit in meinen späteren Jahren, bin ich sehr glücklich, mit zweiundsechzig schließlich wieder in den ruhigeren Hafen einer Ehe eingelaufen zu sein. Bleibt zu befürchten, dass gegen Ende doch wieder Einer (oder Eine) übrig bleibt. Denn gleichzeitig sterben die wenigsten.

Sollte man schließlich noch darüber reden, was eine Paarbeziehung (mit oder ohne Ehering) lebendig hält.

Alterssex oder was?

„Ich bin zu alt, um nur zu spielen, zu jung,
um ohne Wunsch zu sein.
(Goethe, Faust, Tragödie, 1. Teil)

Danke, Herr von Goethe, Sie haben es auf den Punkt gebracht! Wenn ich die Frage nochmals aufgreife, „was eine Beziehung lebendig hält", dann gehört dazu sicherlich, dass man eine Menge von gemeinsamen Interessen hat und diese auch miteinander ausübt. Die Beziehung zwischen Mann und Frau entsteht aber grundsätzlich aus einem anderen Motiv, nämlich dem der gegengeschlechtlichen Anziehung. Natürlich verändert sich auch diese im Laufe der Jahre – aus Leidenschaft wird möglicherweise Routine und macht in späten Jahren einer innigen Kameradschaft Platz. Was jedoch bleibt, ist die Erinnerung an frühere Erlebnisse und damit ein Trieb, eine Lust, die, wenn noch vorhanden, schwerlich sublimiert oder substituiert werden kann. Körperliche Bedürfnisse können grundsätzlich nicht durch den Geist ersetzt werden! Auch nicht, wenn man dazu groteske moralische Barrieren aufbaut, die sich hinter den Begriffen „Scham" und „Schuld" verstecken, und sich noch deutlicher in der Unterdrückung der Frauen ausdrücken. Hier liegt einer der größten Irrtümer zahlreicher mosaischer Religionsrichtungen – unter anderem beweisen es die sexuellen Verirrungen, namentlich katholischer Priester, auf immer wieder traurige Art und Weise! Der Papst kann sich dafür zwar entschuldigen, seine Bischöfe ebenso, aber deutlich besser wäre es, er würde die Realität anerkennen und etwas Grundlegendes verändern!

Libido kann sinkend sein – muss es aber nicht

Auch wenn es manch einem schwer fällt dies anzuerkennen, aber es scheint ursächlich zu sein, dass sich in der Sexualität, in der Libido, im Lustverhalten, bei der Generation 50Plus in vielen (keineswegs in allen!) Fällen eine Verschiebung der sexuellen Bedürfnisse ergibt. Bei der Frau findet häufig durch die Wechseljahre eine hormonelle Veränderung statt, auch Männer sind davon nur selten verschont. Die Tendenz der Auswirkungen auf die damit verbundene sexuelle Lust kann sinkend sein, muss es aber nicht! Eine Beziehung zwischen Mann und Frau bleibt jedoch mit Sicherheit im Alter auch dann lebendig, wenn die Sexualität noch stimmt! Es ist ein großer Irrtum zu glauben, dass Menschen über fünfzig diese nicht mehr in dem Maße ausleben, wie jüngere Paare. Einen erfreulichen Beleg dazu findet sich am 15. Februar 2006 diesbezüglich in der Süddeutschen Zeitung. Im Feuilleton unter einer Schlagzeile mit dem Titel „Die Lust der späten Jahre“ folgt sogleich die mutmachende Feststellung: *„Leidenschaft ist keine Frage des Alters: Menschen zwischen 56 und 65 sind sexuell aktiver als junge Leute unter 25“*. Jawohl, verehrte Leser, bitte noch mal lesen, es ist nirgendwo ein Tippfehler! Und es wird erläutert: *„Menschen im Rentenalter sind im Bett weit aktiver, als es das tradierte Bild glauben macht, und der Spaß am Sex hat bei Älteren in den letzten Jahren noch zugenommen“*. Stimmt etwa doch was immer behauptet wird: „Je oller, desto doller!“ und außerdem hat man ja auch schon so seine Geschichten aus den Altersheimen gehört. Offensichtlich halten sich Prostatavergrößerungen und Spätfolgen der Wechseljahre doch in erträglichen Grenzen.

Der Bericht verheißt in jedem Falle Gutes, denn bei einer Umfrage des Psychologen Elmar Brähler von der Universität Leipzig erklärten zwei Drittel der Befragten, dass ihnen Sex überhaupt nicht gleichgültig sei – und sogar bei den über 75-jährigen (!) sagten 58 Prozent der Männer und 61 Prozent der Frauen, dass ihnen körperliche Liebe immer noch wichtig sei. Warum nun ausgerechnet der Personenkreis zwischen 56 und 65 häufiger aktiv ist als der von Hormonen weitaus stärker getriebene Kreis der unter 25-jährigen liegt wohl daran, so die Folgerung, dass Letztere meist nicht in festen Beziehungen leben. Aber immerhin, es scheint wohl was dran zu sein, wenn ältere Geschlechtsgenossen im so genannten „vertraulichen“ Kreis zum „Thema Eins“ oder manchmal auch erst nach dem dritten Bier mit gespielter Leidensmiene tönen: *„Es hört wohl nie auf!"* Man(n) – und Frau auch – sollten ob dieser Fakten erfreut sein! Zumindest diejenigen, die sich noch zum Kreis der Bettaktiven zählen.

Spaß beiseite, – oder nein, gerade weil es Spaß macht! Sexualität ist für einen großen Teil der Menschen im jugendlichen Alter wichtig, und im Alter ist es nicht viel anders. Nur wird Sexualität in den Medien, in der Werbung – und dadurch getrieben in den Köpfen, maßlos überhöht! Tatsache ist jedoch, dass es schlicht und einfach Menschen gibt, für die ist und war es wichtig – und andere, für die läuft dieses Thema unter „ferner liefen". Egal ob zwanzig oder siebzig! Heikel wird dieser Punkt erst dann, wenn sich Paare im Alter verschieden entwickeln. Dies kann sich aufgrund einer ziemlich normalen hormonellen Umstellung, in der Regel bei der Frau nach den Wechseljahren, oder auch beim Mann im Verlauf des ganz normalen Älterwerdens, einstellen. Es kann aber genauso eine Krankheit sein, wie Prostatakrebs, Diabetes, oder eine Depression, unter der Er oder Sie leidet und der andere nicht. Dann gilt es praktikable Lösungen zu finden, mit denen beide leben können. Ein Gang zum Arzt oder Psychotherapeuten des Vertrauens ist in jedem Fall ratsam, denn häufig helfen einfache Mittel wie ein gutes Gespräch, eine sinnvolle Ausgleichsdosis von Hormonen oder für den Mann die berühmte blaue Pille in der Rautenform, mit dem kunstvollen Namen Viagra. Manchmal bedarf es auch schlicht und einfach gewisser Fingerfertigkeiten. Details möge man bitte anderen Werken entnehmen. Wer Hemmungen hat, dem sei nur die Frage gestellt: *„Warum eigentlich nicht?"* Und die muss jede/r für sich selbst beantworten. Ziemlich sicher ist, dass ein älterer, mit faltiger und schlaffer Haut versehener Körper nicht mehr ganz so Leidenschaft entfachend wirkt wie ein junger, knackiger Korpus. Es ist aber nicht nur das Fleisch, das Lust erzeugen kann, es gehören auch eine Vorgeschichte dazu und so etwas wie ein Hors d'Oeuvre vor dem Hauptgang. Es kann allerdings passieren, dass man manchmal schon nach der Vorspeise satt ist. Auch gut! Dann vielleicht wieder bei der nächsten Mahlzeit.

Sich nicht gehen lassen

Grundsätzlich kann man davon ausgehen, dass einhergehend mit der „demographischen Entwicklung“ (der neudeutsche Soziologen- und Politikerbegriff, der nichts anderes aussagt, als dass die Leute zunehmend älter werden und damit länger Rente kosten) Mann und Frau über sechzig insgesamt gesünder und fitter sind als die Generationen davor. Damit verbunden ist logischerweise auch eine erhöhte Freude am Leben insgesamt, und Sexualität ist ein Teil davon. Einen erheblichen Part an seiner persönlichen Attraktivität muss man dazu selbst leisten. Ja, leisten! Es erfordert häufig Disziplin, nämlich dass der Bierbauch im ansehnlichen Rahmen bleibt oder gar ganz verschwindet, und es kann auch buchstäblich die „extra Meile“ sein, die man täglich laufen muss, um insgesamt gesund und attraktiv zu bleiben. Es können auch so simple Sachen sein, wie der Gang zu einer guten Friseurin, Stylistin, oder auch eine neue Ausstattung an Klamotten. Es darf sogar der Gang zum Schönheitschirurgen sein. Allerdings sollte es dabei nicht so sein, wie ein bekannter Arzt dieser Spezies neulich im Fernsehen erzählte: *„Es gibt Männer, die mit ihrer Frau ankommen und mich bitten: „Schauen Sie doch mal, was Sie mit meiner Frau machen können.“* Worauf er sich diesen Mann genau anschaut und auf dessen Bierbauch deutet mit der Bemerkung: *„Fangen Sie doch erst mal bei sich selbst an!“* Gut so, Herr Doktor!

An ein generelles Lebensmotto sollte man sich namentlich auch in späteren Jahren erinnern: *„Sich nur nicht gehen lassen“*, sich immer wieder selbst anschieben, in den Spiegel schauen und sich selbst mit gütiger Kritik in Frage stellen! Und vor allem – die Liebe zu einander nicht verlieren. Wenn auch diese, wie alles im Leben, einer Wandlung unterliegt. War eine Beziehung am Anfang von Forte geprägt, verwandelt sich diese im Laufe eines Lebens meist in Pianissimo. Damit mag die Sexualität ohnehin am Stellenwert der jüngeren Jahre verlieren.

Die Beziehung *insgesamt* stellt jedoch den eigentlichen Wert dar, der meist über Jahrzehnte aufgebaut werden konnte und damit für ältere Menschen einmalig ist. Das lodernde Feuer der Leidenschaft kann relativ rasch entfacht werden. Oft brennt es doch nur wie Zunder und bleibt an der Oberfläche hängen.

Eine Ehe, so wie auch Freundschaften, brauchen dagegen die lange Reifung, die dauerhaften Erfahrungen des Miteinander-Tuns, die erlebten gemeinsamen Höhen und Tiefen. Diese sind in ihrer Großartigkeit nicht beliebig wiederholbar. Ganz einfach deshalb, weil die verbleibende Zeit fehlt, je näher man an deren Ende kommt. Deswegen sind „alte, gewachsene Lieben", ebenso wie langjährige Freundschaften, besonders kostbar (denken Sie dabei auch an Kollegen). Man möge bewusst und behutsam damit umgehen! Wenn sie brechen – oder gebrochen werden – entstehen unauffüllbare Löcher. Sie sind kostbarer als jede Art von Materie, weil sie etwas mit Seele, mit Erinnerungen und mit gelebten Leben zu tun haben, mit dessen Einmaligkeiten und Tiefgängen. Auch weil die Neuauflagen ab einem gewissen Alter immer schwieriger werden!

Falls Sie feststellen müssen, dass Sie sich, möglicherweise aufgrund der vielen Arbeit, in Ihrer Paarbeziehung etwas auseinander gelebt haben, versuchen Sie es doch einmal mit einem gemeinsamen Tanzkurs, oder der längeren Reise, die vorher schon empfohlen wurde. Manchmal ist es auch nur das tiefe Gespräch, in dem Einer dem Anderen zuhört, bis dieser ganz fertig ist und ausgesprochen hat (ohne unterbrochen zu werden!), - und dann umgekehrt.

Diese sehr einfachen Rezepte können manchmal Wunder wirken, dass man sich neu entdeckt und wieder schätzen lernt. Denken Sie daran, dass die verbleibenden Jahre viel zu kostbar sind, als dass man lediglich „nebeneinander her lebt", nur weil man schon so lange zusammen ist.

Wenn das Wochenende 7 Tage hat

„Solange man Pläne schmiedet, gehört man nicht zum alten Eisen."
(Werner Mitsch)

Wenn das Wochenende 7 Tage hat, dann ist dies für den einen ein erreichter Traum, für manchen jedoch ein Albtraum. Letzteres zu vermeiden, ist das Anliegen dieses Buchs. Bleiben zum Schluss noch ein paar zusätzliche Hinweise für die Zeit, wenn es schließlich so weit ist, umschrieben in der Beantwortung der mir selbst häufig gestellten Frage: *„Was machen Sie eigentlich den ganzen Tag?"* oder auch *„Wie geht es Ihnen?"* Inzwischen habe ich den Abschied von meinem früheren Beruf mehrere Jahre hinter mir und offiziell bin ich mittlerweile im regulären Rentneralter. Zeit vielleicht für ein persönliches Resümee und ein paar letzte Hinweise.

Ein normaler Tagesablauf

Immer wieder werde ich gefragt, wie so ein ganz „normaler" Tag in dieser Lebensphase bei mir selbst verläuft. Ziemlich strukturiert. Ich stehe zwischen sieben und halb acht Uhr auf, verbringe eine halbe Stunde im Bad und eine gute weitere halbe Stunde mit Yogaübungen und Meditation. Dann frühstücke ich in aller Ruhe und lese ausgiebig die Süddeutsche Zeitung oder die FAZ. In der Regel ist es dann 10 Uhr. Die nächsten 2 bis 3 Stunden brauche ich für meine Post, meine Mails und den üblichen Bürokram, manchmal auch zum Einkaufen oder den Cappuccino in der Stadt und „people watching". Irgendwo zwischen 13 und 14 Uhr ist Mittagessen, gefolgt von einer erholsamen Siesta, von der mich ein kräftiger Kaffee zurück ins Leben befördert. So um 15 Uhr herum beginnt mein regulärer „Arbeitstag", also Schreiben, manchmal Malen oder eine Seminarvorbereitung. Mitunter fällt dieser Teil aus, weil das Leben anderweitig lockt. Pflicht und Kür sind nicht mehr so genau getrennt! Gegen 19 Uhr koche ich für meine Frau und mich, häufig auch für Freunde. Ja, und wie Sie merken, war dann der Tag gut gefüllt – und ich freue mich auf jeden nächsten, den ich noch erleben darf.

Was war davor

Diese „Entdeckung der Langsamkeit" musste ich jedoch schrittweise wieder erlernen, um sie inzwischen umso mehr schätzen zu können. Davor war die Freude an diesem Altersabschnitt gut durchwachsen wie ein zarter Braten. Von dem Tief, durch das auch ich leider gehen musste, habe ich berichtet und auch davon, wie ich wieder heraus kam und schließlich erneuert die Zufriedenheit fand, mit der mich mein Glück – aber auch mein eigenes Tun - den längsten Teil meines Lebens beschenkt haben. Was mich meine verschiedenen Löcher lehrten und wie ich in ihnen nicht auf Dauer stecken blieb, lässt sich in wenigen Worten zusammenfassen, denn letztlich war es immer dieselbe Rezeptur. Die Momente meiner Panik und Ängste habe ich durch die Besinnung auf meinen Geist und meine ureigenen Kräfte überwunden.

Häufig hat es dazu mehr Zeit gebraucht, als mir lieb war. Die Leere, die auch ich erfahren musste, habe ich mit Disziplin und einer neuen Struktur, die ich mir auferlegte, füllen können. Dabei musste ich manchmal Wege angehen, um festzustellen, dass es nicht die meinen waren, um dann den Mut zur Umkehr oder zum Abbrechen zu finden. Der stete Neuanfang, impliziert durch den permanenten Wandel, darf dabei nicht als Plage, sondern als Herausforderung gesehen werden. Mein großes Netzwerk an Freunden und Bekannten hat mir namentlich in den späteren Jahren viel Kraft und Unterstützung gegeben und die große Lücke gefüllt, die durch den Wegfall mannigfaltiger beruflicher Kommunikationsmöglichkeiten aufgetreten war. Es kam ein Punkt, da habe ich in meinem Leben Inventur gemacht und aufgeräumt, dabei Ballast abgeworfen, materiell und menschlich, der mich nur belastet hat. Es hat zwar viel Kraft gekostet, mich jedoch enorm erleichtert und dabei Raum geschaffen für Neues!

Ich habe gelernt zu verzeihen – mir selbst und auch anderen. Es hat mich erlöst von Bitterkeit, von Reue und von Rachegefühlen. Teilweise auch von Schuldgefühlen. Ich habe erkannt, dass es besser ist, mit sich selbst nachsichtig zu sein und mit seiner Zeit bewusst umzugehen. Ich muss keine Meriten mehr erreichen und auch keine Titel. Ich versuche der zu sein, der ich bin, weil ich dieser geworden bin. Ein Graffiti, auf eine Wand der „German Bakery" in Kathmandu gemalt, ist zu einem meiner Leitmotive geworden:

„Life uncertain – eat cake now!"
oder umgewandelt:
„Life uncertain – enjoy now!"

Auf gut Deutsch: *„Lebe jetzt – bevor es zu spät ist!"* Dabei ist „Leben" für mich nicht ein „Dahinleben", ein „Vegetieren", sondern ein Leben, das seine Inhalte braucht, ein stetes Tun, geprägt von seinem tieferen Sinn. Mein Ziel, das ich nicht immer erreiche, ist, insgesamt einen möglichst hohen Level von innerer Zufriedenheit zu finden. Ich eile nicht mehr durch mein Leben, sondern nehme mir für den Rest, der noch bleibt, möglichst viel bewusste Zeit. Und das Gleiche, verehrte Leserin oder Leser, wünsche ich Ihnen!

In eigener Sache

Nachdem Sie dieses Buch bis hierher gelesen haben, haben Sie damit auch wesentliche Inhalte und Strukturen unseres Seminars zu diesem Themenkomplex kennengelernt. Dennoch verstecken sich noch einige Überraschungen im Seminarkoffer. Ein Buch ist etwas anderes als die direkte und unmittelbare Erfahrung, die durch die Arbeit in der Gruppe, mit Menschen in der gleichen Situation und damit im direkten Austausch mit Gleichgesinnten gegeben ist. Da sind noch zusätzliche Werkzeuge, die Ihre Kreativität fördern können und potenzielle Ängste, soweit vorhanden, abbauen helfen, um diesen Schritt in den neuen Lebensabschnitt möglichst erfolgreich zu begehen. Des Weiteren können viele Ihrer noch offenen Fragen an Ort und Stelle in einer neutralen Runde besprochen werden und Sie können sich von den Anderen inspirieren lassen.

Ergänzend zu den Seminaren bieten wir Einzelberatung oder Coaching an. In diesem individuellen Rahmen kann in wenigen Stunden ganz gezielt Ihre persönliche Problemstellung bearbeitet werden. Nachdem die Aufgabe des Berufs – oder des Geschäfts – häufig die ganze Familie betreffen, sind diesbezüglich auch Paare willkommen.

Mehr dazu auf unserer Website:
www.50plusconsulting.de

Und für Aktuelles mein blog:
blog.50plusconsulting.de

Falls unsere Seminare oder Coaching-Termine künftig weniger werden sollten, weil so vieles an Informationen zwischen diese beiden Buchdeckel gepackt ist, so soll mir dies auch recht sein. Dann suche ich mir eine neue Aufgabe mit einem neuen Ziel. Denn nur zum Nichtstun ist die Zeit zu schade! Bliebe da noch ein Gedicht von Jack London, das mich seit meiner Jugend begleitet und das ich gerne an Sie in der Originalfassung weiter geben möchte:

> I would rather be ashes than dust!
> I would rather, that my spark should burn out in
> a brilliant blaze than it should be stifled by dry-rot.
> I would rather be a superb meteor, every atom of
> me in magnificient glow, than a sleepy and
> permanent planet.
> The proper function of man is to live, not to exist.
> I shall not waste my days in trying to prolong them.
> I shall use my time.

Vieles, was Sie hier gelesen haben, wird Sie nachdenklich gemacht haben. Dies war mein Ziel!

Adressen und Literaturhinweise

1. Aktivitäten suchen und finden

Inzwischen besitzen weit über 80 Prozent der Bevölkerung einen Zugang zum Netz. Auch für einen älteren Personenkreis sind Computer und Netzverbindung somit eine wichtige Verbindung zur Außenwelt geworden. Mit diesem Hintergrund möchte führe ich im Folgenden einige brauchbare Adressen nur mit deren Website-Adresse auf.

Wer von den Lesern immer noch um Mobiltelefon (genannt Handy) und Computer einen Bogen macht und meint darauf verzichten zu können, dem sei prophezeit, dass er oder sie nie mehr darauf verzichten mag, sobald diese selbst gesetzte Hürde erst mal überwunden ist, und man sich entschlossen hat, sich endlich damit zu befassen. Es ist wirklich einfacher als man (oder frau) glaubt und verschafft teils lebensnotwendige Vorteile und auch Erleichterungen.

So seien für Immer-noch-Zögerer an erster Stelle einige Adressen genannt, die Computer- oder Internetkurse für Senioren anbieten. Als Beispiel nehme ich das Umfeld, in dem ich selbst wohne. Ähnliche Anbieter gibt es jedoch in allen mittleren und größeren Ortschaften, als Anlaufstelle empfiehlt sich stets die örtliche Volkshochschule oder das Bildungszentrum Ihrer Stadt. So gibt es in Nürnberg den Computer-Club Nürnberg 50plus (CCN 50 plus). Details sind über das Seniorenamt zu erfragen:

www.senioren.nuernberg.de/projekte/computer.html

Und in der kleineren Nachbarstadt Erlangen findet man das Seniorennetz Erlangen (SNE), das mit Hilfe einer Gruppe computererfahrener Mitbürger unter vielen anderen Angeboten einem möglichst breiten Personenkreis älterer Menschen den Zugang zu diesem Medium beibringen will:

www.seniorennetz-erlangen.de

Sehr zu empfehlen ist die Website der **Bundesarbeitsgemeinschaft der Senioren-Organisationen** (BAGSO), über die Sie jede Menge an verschiedenartigsten Aktivitäten und Angeboten auf bundesweiter Ebene – und sicher auch in Ihrer näheren Umgebung – finden:

www.bagso.de

oder auch bei

www.seniorenbueros.org

Gleichgesinnte für die unterschiedlichsten **Hobbies und auch Begegnungen** findet man unter:

www.seniorenportal.de

Und wer auf **Partner(in)suche** ist, versuche eine der folgenden Adressen:

www.seniorentreff.de
www.50plus-treff.de
(bietet auch eine eigene Seite für Österreich
und die Schweiz)

Zum Thema **Gesundheit**, bzw. Krankheiten gibt es eine Menge guter Adressen. Eine davon ist:

www.apotheken-umschau.de

Auch die Krankenkassen haben zum Thema Gesundheit eine Fülle an Informationen über das Internet zu bieten. Stellvertretend für die fast 300 gesetzlichen Krankenkassen sei diejenige der Techniker-Kasse genannt:

www.tk-online.de

Wer der englischen Sprache mächtig ist und Details zu seinem Krankheitssymptom und dessen möglicher Heilung erfahren möchte, der versuche doch mal:

www.mayoclinic.com

Wer einen Wegweiser zur **Verbesserung der Lebenssituation hilfsbedürftiger Senioren** sucht, findet diesen, gegliedert nach Regionen, unter diesem Portal:

www.senporta.de

Für diejenigen, die ihr berufliches **Können und Wissen weiterhin** der Gesellschaft zur Verfügung stellen möchten, finden sich Hinweise im Kapitel „Was will ich noch erreichen", inklusive Adressen. Zur Erinnerung seien an dieser Stelle nur einige wenige wiederholt:

www.aktivsenioren.de (für Bayern)
www.senioren-aktiv-nord.de (Raum Düsseldorf)
www.ses-bonn.de
(Senior-Experten-Service für Tätigkeiten im Ausland - aber nicht nur)
www.erfahrung-deutschland.de
(Senior-Experten im In- und Ausland)

Für spezielle Berufsgruppen wie beispielsweise Ärzte, Zahnärzte und Ingenieure , die sich als Entwicklungshelfer engagieren möchten

www.aerzte-ohne-grenzen.de
www.zahnaerzte-ohne-grenzen.de

Und eine Seite, die ich persönlich hervorheben möchte, nachdem etwa 60 % meiner Seminarteilnehmer/innen aus technischen Berufen kommen:

www.ingenieure-ohne-grenzen.de

Bereits mehr als 1.000 Menschen führen in dieser gemeinnützigen Organisation ingenieurbasierende Projekte in Entwicklungsländern durch. In Deutschland existiert ein Netzwerk mit inzwischen 22 Regionalgruppen, bei einer gemischten Altersstruktur der Mitglieder, vom Studenten bis zum sogenannten Ruheständler.

An dieser Stelle setze ich einen Punkt. Denn wer die Möglichkeiten des Internets zu nutzen weiß, wird keine weiteren Hinweise benötigen. Der Rest sei ermutigt, sich einen wohlgesonnenen Netzbenutzer zu suchen und eine der oben genannten Adressen zum persönlichen Interessengebiet einzugeben. Wer dann immer noch nicht überzeugt ist, sich die wirklich kinderleichten Kenntnisse zur Benutzung des Internets anzueignen, scheint mit dem was ist, zufrieden zu sein. Und so sei es dann. Wer aber dennoch das eine oder andere wenigstens in gedruckter Form zum Thema Pensionierung oder Alter lesen möchte, dem seien noch einige Buchtipps gegeben.

2. Buchtipps

Wolfgang Prosinger
In Rente – Der größte Einschnitt unseres Lebens
(Rowohlt)

Henning Scherf
Grau ist bunt – Was im Alter möglich ist
(Herder)
Der ehemalige Oberbürgermeister von Bremen schreibt sehr lebendig über seine eigene und andere Altenwohngemeinschaften sowie seine Ansichten zum Prozess des Älterwerdens.

Bettina von Kleist
Wenn der Wecker nicht mehr klingelt – Partner im Ruhestand
(dtv)
Es geht in erster Linie um das Verhältnis der Paare, das veränderte Zueinander, wenn der Beruf zu Ende ist.

Herb Stumpf
Ausstieg mit Mitte 50 – Frühpensionierung als Chance zum Neubeginn
(BoD)
Ich beschreibe in diesem Buch meine eigenen

Erlebnisse von der Phase des Angebots zur Frühpensionierung bis zum Finden eines neuen Selbstverständnisses.

Richard David Precht
Wer bin ich und wenn ja, wie viele? – Eine philosophische Reise
Goldmann
Flüssig geschrieben und sehr empfehlenswert!
Passend zum Thema Älterwerden das Schlusswort:
„... füllen Sie Ihre Tage mit Leben und nicht Ihr Leben mit Tagen."

Dies ist nur eine kleine Sammlung aus einem Füllhorn von Büchern zum Thema Berufsende und Älterwerden. Meine eigene Erfahrungen mit dem Älterwerden und dem damit verbundenen Reifungsprozess haben mir gezeigt, dass Ratgeber sehr wohl einen hohen Wert haben, um Situationen erst einmal zu sortieren und zu strukturieren. Diesbezüglich geben sie häufig sehr gute Anregungen. Aber es ist wie mit der Erlangung des Führerscheins. Danach muss man seinen eigenen Fahrstil finden. Nach der Sachebene, der Sicherheit und dem „vollem Bauch" kommen die Kreativität, die Philosophie, die Mystik und die Spiritualität (siehe Maslow). Bücher und andere Medien, Veranstaltungen und Fortbildungsmöglichkeiten zu diesen Bereichen gibt es beinahe endlos viele. Es wäre vermessen, hier spezielle Hinweise zu geben, denn wer suchet der findet – und jeder Weg hat seine Individualität. Die Suche und das Ausprobieren lohnen sich allemal!

3. Beratung für die Altersfinanzierung

Hier noch zwei Adressen für Interessierte, die bezüglich Ihrer Altersfinanzierung Beratung suchen:

www.vermoegenszentrum.de
(mit Niederlassungen u. a. in München, Frankfurt, Nürnberg und in der Schweiz)

„Finanzberatung (nicht nur) für Frauen", so das Motto von Helma Sick, die Sie möglicherweise von ihren Kolumnen zum Thema Finanzen aus Brigitte woman kennen:

www.frau-und-geld.com

4. Zusammenfassung nach Interessengebieten, die Sie auch auf unserer Website finden

(www.50plusconsulting.de)

Allgemeine

www.bagso.de (Bundesarbeitsgemeinschaft der Senioren)
www.seniorenbueros.org
www.freiwilligendienst-aller-generationen.org
www.bmfsfj.de/bmfsfj/themen/engagement-und-gesellschaft
www.ef.de/sem
www.freiwilligenarbeit.de/freiwilligendienste
www.ses-bonn.de
ingenieure-ohne-grenzen.org
www.aktivsenioren.de
www.senioren-aktiv-nord.de
www.erfahrung-deutschland.de/unternehmen.html
www.darmstadt.de/
www.wiesloch.de/pb/Lde/Home/
www.heidelberg.de/hd,Lde/HD/Leben/
www.koblenzerehrenamtsagentur.de
www.mannheim.de/ehrenamt
www.ehrenamtsportal.de

Gestaltung des Ruhestands

Plus Ultra Themen für den Ruhestand
Studieren im Alter
Ratgeber zum Seniorenstudium

Verschiedene Senioren-Portale

www.deutsches-seniorenportal.de
50plus.faz.net
www.seniorentreff.de
www.deutsche-seniorenliga.de
www.zwar.org (zwischen Arbeit und Ruhestand / NRW)
www.seniorenbund.at (Österreich)
www.seniorweb.ch (Schweiz)
www.praktikawelten.de/unser-service/
(für „junggebliebene Weltenbummler“: im Ausland engagieren, Reisen, Weiterbildung)

Gesundheit

www.deutscher-seniorenlotse.de
www.sparmedo.de/ratgeber-fit-im-alter
www.gesundheit.de
www.apotheken-umschau.de
www.dve.info/ergotherapie/tatkraft
www.24-stunden-pflege.net/thema/pflegepersonal

Gesundheit und Reisen

www.fit-for-travel.de
www.auswaertiges-amt.de (zum Thema Reisen und Gesundheit)

Ideen für Naturliebhaber

www.nabu.de
www.bund.de
www.wwf.de
www.greenpeace.de
www.adfc.de
www.tierschutzbund.de

Ideen für kreative Menschen

VHS vor Ort » Google
Theater Förderverein vor Ort » Google
Musikschulen vor Ort » Google
Malschulen vor Ort » Google

Ideen für Wissensinteressierte

www.bildungsserver.de
www.kbe-bonn.de (Kath. Bundesarbeitsgem. für Bildung)
www.sprachkurse-weltweit.de

Ideen für Sozialengagement

www.leihomas-leihopas.de

Ideen für initiative Menschen

www.ses-bonn.de
www.erfahrung-deutschland.de
www.althilftjung.de
www.business-angels.de

Ideen für praktisch veranlagte Menschen

www.thw.de
www.ingenieure-ohne-grenzen.org
www.heimwerker.de
www.selbst.de
www.heimwerker-tipps.net
www.basteln-gestalten.de
www.basteln.net

Trauerarbeit

www.epubli.de/shop/buch ... /49841
www.epubli.de/shop/buch ... /49842
(zwei lesenswerte Bücher zum Thema)

Beruflich weiter arbeiten

www.aktivsenioren.de (Bayern)
www.senioren-aktiv-nord.de (Düsseldorf)
www.ses-bonn.de (Senior Experten Service / nicht nur Bonn)
www.erfahrung-deutschland.de („Silver Workers")
www.deutsche-seniorenliga.de
www.zew.uni-hannover.de/seniorstudentpartnership.html

www.freiwilligenzentrum-hannover.de/ausbildungs-paten.html

Bürger-Engagement

www.frankfurt.de (Frankfurt/M.)
www.buergerengagement.bremen.de
www.gemeinsam-aktiv.de (Hessen)
www.freiwilligenboerse-hamburg.org
www.infopool-nrw.de
www.ehrenamtsportal.de
Bundesfreiwilligendienst „Bufdi"

Engagement allgemein

www.bagfa.de (Bundesarbeitsgem der Freiwilligen-agenturen)
www.buergergesellschaft.de
www.mitarbeit.de (Stiftung Mitarbeit)

Computer Clubs für Senioren

www.uni-ulm.de/LiLL/lerncafe (siehe dort „Internetgruppen")
dscc-berlin.de (Berlin)
www.senioren-computerclub.de (Hamburg)
www.computerclub-senioren-leipzig.de (Leipzig)
www.cco-ev.de (Ostfriesland)
www.senioren-computer-service.de (Köln)

Anlageberatung

www.vermögenszentrum.de
www.frau-und-geld.com

Seminare, Einzelberatung, Coaching zum Thema Ruhestand

www.50PlusConsulting.de

„Solange man nicht tot ist, hat man noch Zeit, jung zu sein“
(Marcel Mathiot)

So urteilen Leser/innen über „Wenn das Wochenende 7 Tage hat"

„Das Buch *Wenn das Wochenende 7 Tage hat* haben wir mit Vergnügen gelesen. Ich empfinde den Schreibstil wie ein angenehmes und humorvolles Gespräch in guter Atmosphäre."

Sigrid Mindermann, Achim

„... eine umfassende, ganzheitliche, brandaktuelle Betrachtung des Themas, trotzdem sehr amüsant und kurzweilig zu lesen."

Powerreader, Frystadt (amazon.de)

„... Ich kenne kein Buch, welches das Thema *Berufsende – Rente – Älterwerden* so fachlich diszipliniert, prozessstrukturiert und zugleich philosophisch klug durchkonjugiert, wie jenes von Herb Stumpf."

Helmut Dasing, Schönholzerswilen, Schweiz (amazon.de)

„Ihre beiden Bücher sind seit Jahren *meine Begleiter* und haben mir geholfen, jetzt die freiwillige Entscheidung zu treffen, das Berufsleben ausklingen zu lassen. [...] Während der Jahre zuvor Ihre Bücher quasi eine Zukunftsbeschreibung für mich waren, dienen sie jetzt [...] kapitelweise *real time* als Ermutigung."

Lothar Reusch, Hanau

„Endlich ein Buch für meinen Midlife-Crisis geschüttelten Mann, der sich mit der anstehenden vorzeitigen Berentung auseinandersetzt und nicht so ganz weiß, wo man langgeht oder gehen könnte."

Rose Rauch (amazon.de)

„Das Buch war Klasse [...] es ist lesenswert und mein neues Lebensmotto ist aus Ihrem Buch: Zu lernen, wer wir sind und warum wir so sind, wie wir sind. Dies allein ist der wichtigste Lebensauftrag."

B. Laskowski, Hamburg

„Mein Mann hat zum Abschied von seinen Kollegen dieses Buch geschenkt bekommen und (!!!) er hat es sogar gelesen. Das war das erste Buch, das er komplett gelesen hat. Der Autor hat den Nagel auf den Kopf getroffen, genau so ist es und hoffentlich lesen es noch viele Ruheständler – keine Angst vorm Ruhestand – lesen und lachen."
sozimbad (amazon.de)

„Dieses Buch haben wir nicht selber gelesen, sondern es diente als Geschenk zur Pensionierung. Der Beschenkte hat sofort interessiert die Nase in ́s Buch gesteckt und es gab eine dankbare Rückmeldung ... also ein guter Kauf."
Anonymus (amazon.de)

„Dies ist kein 08-15-Buch, sondern ein Buch MIT Inhalt."
Marianne Schreiber (amazon.de)

„ – sehr gute Auswahl von Leitgedanken/-sätzen
– gute Darstellung der sozial-rechtlichen Gegebenheiten
– gute Anregungen/Beispiele und Hinweise auf den neuen Lebensabschnitt"
Josef Mitterberger (amazon.de)

„Das Buch war ein Geschenk für meinen Vater, der bald in den Ruhestand gehen wird. Er hat sich auf das Buch gestürzt und es gar nicht mehr weggelegt. War ein super Geschenk!"
T. Stahl (amazon.de)

Herb Stumpf

Ausstieg mit Mitte 50
Frühpensionierung als Chance zum Neubeginn

166 Seiten, Softcover
ISBN: 9783744812726
Books on Demand, 2017

Ausstieg mit Mitte 50 oder Frühpensionierung ab 63 - viele Menschen müssen oder wollen sich vorzeitig aus dem Berufsleben verabschieden. Dabei tauchen für die meisten, die Altersteilzeit oder Frühpensionierung in Anspruch nehmen, drängende Fragen auf. Der Ausstieg aus dem Berufsleben will innerlich und äußerlich verarbeitet sein. Der Autor beschreibt, wie es ihm persönlich dabei erging und wie er selbst, aber auch andere, zu neuen Wegen und Herausforderungen fand.
Dieses Buch ist ein wichtiger Begleiter für alle, die sich gedanklich oder tatsächlich auf die Zeit „nach dem Beruf" vorbereiten möchten.

„Herb Stumpf hat ein lehrreiches Buch über den Übergang in die dritte Lebensphase geschrieben."
(PERSONALFÜHRUNG)

„ ... eine gute Orientierungsgrundlage für einen neuen Anfang nach dem Berufsleben."
(PSYCHOLOGIE HEUTE)

„Sein Thema, die Ausstiegsplanung, ist aktuell wie eh und je..."
(PERSONALFÜHRUNG)

„Er beschreibt offen seine Ängste, zeigt beispielhaft eine solide Altersfinanzierung auf und beschreibt schließlich Möglichkeiten, um wieder eine neue Identität zu finden."
(HR-TODAY, dt. Ausgabe)

„In seinem Buch beschreibt er praxisnah die Herausforderungen und bietet für die auftretenden Probleme ganzheitliche Lösungen an."
(CAPITAL)

Herb Stumpf

Zwei Jahre mit dem VW-Bus um die Welt
Eine Reiseerzählung mit praktischen Tipps

308 Seiten, Softcover
ISBN-13: 9781503313415
E-Book: ISBN-10: 1503313417
amazon-createspace, Neuauflage 2014

Zwei Jahre „Er-leben" im VW-Bus um die Welt

Tausende von Kilometern durch Wüste, Sumpf und Schlaglöcher, auf den Superhighways der großen Kontinente. Kein übliches Tipbuch, kein Abenteuer-roman, kein Tagebuch und auch kein Almanach, sondern der Versuch, innere und äußere Erlebnisse, Spannungen, Sorgen und Freuden, gute und schlechte Erfahrungen, sowie zahlreiche Tips und Informationen in einer Reiseerzählung zusammen-zufassen, den Leser zur Nachahmung anzuregen oder den, der lieber zu Hause bleibt, zum Träumen zu bringen.

(Covertext der Originalausgabe, 1983)

Dieses Buch beschreibt nicht nur den zeitlosen Menschheitstraum vom Reisen, vom Entdecken verschiedener Kulturen und Kontinente, sondern auch die Sehnsucht des Normalbürgers von heute, sein Leben irgendwann selbst in die Hand zu nehmen, und - sei es auch nur für eine überschaubare Zeit - das zu tun, was er (oder sie) schon immer mal tun wollte. Vielleicht mit dem einzigen Ziel, um danach ruhiger leben zu können.